地方高校社科能力提升系列丛书　总主编　文传浩

国家社科基金项目申报
规范、技巧与案例（第七版）

GUOJIA SHEKE
JIJIN XIANGMU SHENBAO
GUIFAN,JIQIAO YU ANLI(2025)

文传浩　夏　宇　杨绍军◎等　编著

西南财经大学出版社
Southwestern University of Finance & Economics Press
中国·成都

图书在版编目(CIP)数据

国家社科基金项目申报规范、技巧与案例/文传浩,夏宇,杨绍军等 编著.--7 版.--成都:西南财经大学出版社,2025.2.
--ISBN 978-7-5504-6510-7

Ⅰ.C36

中国国家版本馆 CIP 数据核字第 2024UM5235 号

国家社科基金项目申报规范、技巧与案例(第七版)

文传浩　夏　宇　杨绍军 等 编著

策划编辑:李晓嵩　李特军
责任编辑:李晓嵩
责任校对:杜显钰
封面摄影:吉舒雷
封面设计:滕　丹　墨创文化
责任印制:朱曼丽

出版发行	西南财经大学出版社(四川省成都市光华村街 55 号)
网　　址	http://cbs.swufe.edu.cn
电子邮件	bookcj@swufe.edu.cn
邮政编码	610074
电　　话	028-87353785
照　　排	四川胜翔数码印务设计有限公司
印　　刷	成都国图广告印务有限公司
成品尺寸	170 mm×240 mm
印　　张	24.25
字　　数	507 千字
版　　次	2025 年 2 月第 7 版
印　　次	2025 年 2 月第 1 次印刷
印　　数	1—5000 册
书　　号	ISBN 978-7-5504-6510-7
定　　价	59.80 元

大力提升地方高校对教育强国建设的支撑力和贡献力

——平民高等教育的生成逻辑

盖教育，经国之大业，不朽之盛事，开民智、启民慧之利器。2024 年 9 月，习近平总书记在全国教育大会上强调："建成教育强国是近代以来中华民族梦寐以求的美好愿望，是实现以中国式现代化全面推进强国建设、民族复兴伟业的先导任务、坚实基础、战略支撑。"建设教育强国，龙头是高等教育，短板在地方高校。

统筹中华民族伟大复兴战略全局和世界百年未有之大变局需要各个地方高校有一支理论透彻、学养深厚、胸怀天下、服务大局的社科教育人才队伍。然而，由于教育资源配置的不平衡不充分，当前地方高校特别是民办高校的社科教育人才队伍无论是数量还是质量与地方经济社会高质量发展的矛盾仍然十分尖锐。痛感于此，长江上游【流域】复合生态系统管理创新团队（以下简称"上游团队"），拟开展平民高等教育系列工程，以社科素养提升为突破口，以高校教师培养为主抓手，培养教师发现真问题、真解决问题的本领，通过教师高水平教育带动高质量地方人才培养，以资政建议等高水平研究推动地方经济社会高质量发展，从而为中国式现代化贡献教育力量和社科智慧。

一、平民高等教育的历史逻辑

平民高等教育的思想渊源最早可以追溯到先秦的私学，近现代发端于陶行知、晏阳初等的平民教育，核心是推动更多的普罗大众掌握当时前沿的思想、理念、技能，以此推动经济社会的进步。平民高等教育就是培育更多地方高校教师运用科学方法发现真问题、真解决问题的本领，以此带动更多地方高质量人才培养，推动地方经济社会高质量发展。

（一）平民教育的缘起

在西周时期，教育主要以"学在官府"为主导。然而，随着春秋战国时期的到来，周王室的权威日渐衰弱，官办学校逐渐衰败，学术知识开始向民间转移，私学随之兴起。以孔子为代表的教育家们引领了这一潮流。孔子广纳弟子，结束了贵族对教育的独占局面，提倡"有教无类"的教育理念，主张不论社会地位高低，人人都有受教育的权利。孔子开私人讲学之先河、倡有教无类之先声，让教育从贵族走向平民，实为平民教育之滥觞，后世私学之鼻祖。在两汉时期，许多名儒在民间聚徒讲学，规模较大，如马融、郑玄等，为社会培养了大量人才。在唐宋时期，平民教育进一步发展，除了传统的私塾外，还出现了书院这一特殊的形式。特别是到了宋代，在一些名儒大师热心倡导和官方的鼓励下，书院发展较快。例如，南宋时期，随着理学发展，官学衰落，书院受到青睐，林立各地，盛况空前。其中，白鹿洞书院、石鼓书院、应天府书院、岳麓书院、嵩阳书院最为有名。宋朝书院专司学问，师生通常不为利禄所动，潜心研究经学。在元明清时期，以书院为载体的平民教育形式基本延续了唐宋的发展模式，但受到官方教育政策和科举制度的影响较大。元朝政府对书院采取控制与利用的政策；明清时期，书院在数量上继续增长，但在思想上受到八股取士等制度的束缚，逐渐变得僵化。鸦片战争后，中国屡遭列强侵略，民族危机日益加深，科技落后弊端显现，书院这一传统平民教育形式与国家现实需要相去甚远，最终被废除。

（二）千年变局下的平民教育

1840 年鸦片战争以后，国家蒙辱、人民蒙难、文明蒙尘，中华民族遭受了前所未有的劫难，值逢千年未有之大变局。为了拯救民族危亡，仁人志士奔走呐喊，以陶行知、晏阳初等为代表的有识之士深切认识到贫穷落后的根源在于广泛的劳苦大众没有觉醒，而觉醒的关键在于教育。因此，他们积极推进平民大众的教育，将毕生心血融入大众教育。这些先辈们在教育大众化上的艰辛探索，为我们推动地方高校高等教育系列工程提供了不竭的精神动力、总结了丰富的经验教训。

晏阳初先生以"民为邦本，本固邦宁"作为信条，一生致力于教育大众化。一战末期，晏阳初先生赴法为参加欧战的华工担任翻译，在那里他目睹了华工们的悲惨生活，深感要减少他们的痛苦必须从教育入手。1920 年，晏阳初先生开始在国内提倡"平民教育"，旨在让每个人都拥有享受公平教育的机会。1923 年，晏阳初先生联络陶行知先生等人成立中华平民教育促进会，此后在华北、华中、华东等地开展义务扫盲活动。在对全国的平民教育现状进行考察调研的基础上，晏阳初先生总结出旧农村普遍存在的"愚、穷、弱、私"四个病害，并提出用文艺教育攻"愚"、用卫生教育制"弱"、用生计教育除"穷"、用公民教育克"私"的四大教育思想。在救国救民的道路上，晏阳初先生致力于平民教育 70 余年，被誉为"世界平民教育运动之父"，与陶行知先生并称"南陶北晏"。与晏阳初先生不同的是，陶行知先生推行的平民教育主要以学校为中心展开，他创办了多所平民教育学校，其中最著名的就是南京市晓庄师范学校。在推行平民教育的过程中，陶行知先生将其教育理论于教学活动中一一实践，深刻影响着中国教育的未来。

二、平民高等教育的现实逻辑

（一）发展不平衡不充分的中国高等教育需要平民高等教育

中国高等教育从严重不足到建成世界最大规模高等教育体系，从发展不足的矛盾转变为发展不平衡不充分的矛盾。从 1999 年高校扩招开始，经过 20 多年的发展，2023 年我国高等教育的毛入学率已达到 60.2%，高等教育进入世界公认的普及化阶段。然而，由于我国不同区域间自然资源禀赋、经济发展水平、文化底蕴程度以及人口结构等存在较大差异，加之高等教育管理体制、经济发展战略等共性原因的深刻影响，我国的高等教育呈现出发展不平衡不充分的特征，包括区域发展不平衡不充分等。

中国高等院校区域发展不平衡不充分。据统计，截至 2024 年 6 月底，全国高等学校共计 3 117 所[①]，高等学校集中分布在北京、广州、武汉、重庆等大城市，其中高等学校数量排名前 10 位的城市集中了全国近 1/4 的高校。东部地区普通高等学校数量是西部地区普通高等学校数量的约 1.56 倍。此外，教育部直属普通高等学校主要分布在 23 个城市，西藏、新疆等没有教育部直属高等学校。教育部直属高等学校集中分布在北京、上海、武汉、南京、西安和成都，其合计占比超过 64.47%。其中，北京有 25 所，占比高达 33%；上海有 8 所，占比接近 11%；武汉有 7 所，占比约为 9%。相较于西部地区教育资源散点式分布，北京、上海等中心城市享有的教学资源更为集中，教师入职与学生升学选择也更倾向于这些地区，继而形成"区域教育集聚"。相应地，这些中心城市培养出来的学生的质量也往往会高于非中心城市培养出来的学生的质量。久而久之，这种

[①] 数据来自教育部公布的全国高等学校名单（http://www.moe.gov.cn/jyb_xxgk/s5743/s5744/A03/202406/t20240621_1136990.html）。

现状进一步拉大了不同地区的教育水平的差距，加深了中心城市和非中心城市之间的教育资源布局的不平衡不充分情况。

中国高等院校经费支持的不平衡。办学经费是反映高校发展的重要支撑，学校人才培养、科学研究等各项事业的开展，都有赖于教育经费的支持。从 2024 年公示的预算数据来看①，教育部直属重点高校经费预算占据绝对优势地位。据统计，教育部直属高校经费预算 6 023.05 亿元，占比超所有高校经费预算的 42.15%。其中，有 24 所高校经费预算超过 100 亿元；有 54 所高校经费预算超过 50 亿元。与之形成鲜明对比的是很多地方高校经费预算非常紧张，其中甘肃、海南、青海、西藏、宁夏等地的地方公办高校整体经费预算均未超过 100 亿元。经费预算排名前 10 位的高校包括清华大学（385.69 亿元）、浙江大学（328.81 亿元）、上海交通大学（281.58 亿元）、北京大学（243.30 亿元）、哈尔滨工业大学（194.63 亿元）、复旦大学（182.26 亿元）、中山大学（178.39 亿元）、同济大学（161.31 亿元）、西安交通大学（160.98 亿元）、东南大学（160.70 亿元）。其中，有 8 所高校地处东部地区，而东北地区和西部地区仅各有 1 所。地方普通高校教育经费预算排名前 10 名的高校全部来自东部地区。

中国高等教育人才流向在空间布局上存在着区域不均衡问题，高素质人才区域差距逐步拉大。人才培养和分布与地区经济发展水平呈现高度正相关关系，我国人才分布存在着典型的"东多西少"特征。京津冀地区、长三角地区、珠三角地区等经济总量大、发展速度快、收入水平高、就业机会多，吸引人才的能力最强，并且这些地区汇聚了大量的高校和科研机构，应用市场广阔，各类人才供

---

① 数据来自高绩（ID：gaojidata）发布的《中国高校经费概览（2024 版）》。

给充足，有利于高素质人才的培养与流动。中西部地区受制于经济发展、交通区位、发展机会等因素，对中高端人才的吸引力不强，人才相对匮乏。同时，东部发达地区对中西部地区人才有较强的"虹吸作用"，导致人才分布更加不均衡，进而加剧区域间经济发展不平衡，进一步形成人才流动中的"马太效应"。

（二）地方高校是平民高等教育的重要力量

地方高校数量众多，分布广泛，凭借其庞大的招生规模，极大地拓宽了人民群众接受高等教育的渠道。在地方高校中，民办高校和高职院校是平民高等教育不可忽视的两股重要力量。

民办高校是平民高等教育的重要支撑。民办高校属于民办教育中的高等教育层次，涵盖了独立设置的民办高等学校和独立学院等。近年来，我国民办高等教育无论是数量还是质量都发生了巨大变化，在扩大教育资源供给、促进高等教育大众化和普及化等方面做出了积极贡献。根据教育部统计公报①，截至 2023 年年底，全国民办高校有 789 所，占全国高校总数的比例为 25.67%。其中，普通本科学校 391 所，本科层次职业学校 22 所，高职（专科）学校 374 所，成人高等学校 2 所。民办普通、职业本专科在校生 994.38 万人，比上年增加 69.49 万人，占全国普通、职业本专科在校生的比例为26.34%。我国通过平民高等教育推动民办高校聚焦国家和地方发展战略需求，实现特色化、差异化发展，充分运用自身灵活的体制机制比较优势，以大格局、大视野、大担当积极参与到解决中国高等教育发展不平衡不充分问题的历史进程中，围绕地区发展产业链、创新链构建特色专业集群，提高民办高校教学科研与区域经济社会

---

① 数据来自 2024 年 10 月教育部发布的 2023 年全国教育事业发展统计公报（http://www.moe.gov.cn/jyb_sjzl/sjzl_fztjgb/202410/t20241024_1159002.html）。

发展需求的匹配度。

高职院校是平民高等教育的特色力量。 高等职业教育始终与中国经济发展同频共振，支撑着现代化产业体系建设。高职院校是树立工匠精神，培养大国工匠、能工巧匠、高技能人才的前沿阵地。党的十八大以来，我国建成了世界上最大规模的职业教育体系。高职院校 2023 年达到 1 580 所（含 33 所本科层次职业学校），2023 年高职（专科）招生 555.07 万人，职业本科招生 8.99 万人，高职招生规模连续 5 年超过普通本科，其中 2023 年超过普通本科近 70 万人①。国家通过平民高等教育推动高职院校紧密结合国家战略布局、重点产业需求、地方经济社会发展需求，全面深化产教融合、校企合作，将教育过程与产业实际需求紧密结合，形成教育与产业相互促进、优势互补的良性循环。

三、平民高等教育的实践逻辑

（一）平民高等教育的实践进路

中国高等教育发展不平衡不充分的关键在地方高校。地方普通高校特别是脱贫地区、边疆地区、生态脆弱地区等现代化进程中最复杂、最薄弱的地区也是高质量平民高等教育的发展短板和重点。推进高质量平民高等教育发展的关键在于提升地方高校教师的科学研究素养。科学研究素养提升的关键在于提升解决现实问题的哲学社会科学本领。教师本领提升的核心目的在于人尽其才、才尽其用，更好地服务于国家和社会的发展，推动社会进步。

平民高等教育的关键在于提升地方高校教师的科学研究素养。 当今世界，全球化趋势不可阻挡。国与国之间联系日益密切，竞争

---

① 杨梓樱，杨建. 中国特色高等职业教育"质"的内涵、特征和实现路径 [J]. 职业技术教育，2024（28）：56-63.

也与日俱增。要想在全球化浪潮中风帆屹立、勇立潮头，赢得国际竞争与发展的主动权，实现中华民族伟大复兴，就必须大力提升我国的自主创新能力。创新是引领发展第一动力，科学技术从来没有像今天这样深刻影响着国家前途命运和人民生活福祉。创新之道，唯在得人。人才是高水平创新的源头活水，是实现高质量发展的根本依托。"得人之要，必广其途以储之。"人才的培养与成长离不开教育事业的改革与进步。中国的高等教育的发展既在于北大、清华等顶尖名校的高水平引领带动，又在于遍布中国大地的众多地方高校的整体水平的提升。地方高校的科学研究水平又在很大程度上取决于教师的科研素养和科研能力。因此，帮助地方高校教师提升科研水平，通过科研能力提升促进教学质量跃升，从而带动地方高校高水平人才培养，是解决目前高等教育发展不平衡不充分问题的一条重要途径。

教师素养提升的关键在于提升解决现实问题的哲学社会科学本领。哲学社会科学是人认识世界、改造世界的重要工具，是管方向、管长远的，是推动历史发展和社会进步的重要力量，其发展水平反映了一个民族的思维能力、精神品格、文明素质，体现了一个国家的综合国力和国际竞争力。哲学社会科学研究首先应该回应国家和社会的现实需要，着力解决阻碍国家发展和社会进步的现实问题。地方高校教师作为哲学社会科学研究中举足轻重的力量，培养其解决现实问题的能力不仅对国家和地方经济、政治、文化、社会等方面的发展具有重要现实意义，而且通过教师科研能力的实质性提升能够更好地转化到学生研究解决实际问题能力的培养，有利于形成"教—学—产—政"科研实力提升的正向互动和良性循环。

教师本领提升的核心目的在于人尽其才、才尽其用，更好地服务于国家和社会的现实发展，推动社会进步。功以才成，业由才广。

我们应通过培育高水平教师人才，集聚人才之力、人才之智，将目光聚焦经济社会各领域发展亟待解决的现实问题，不断深化理论探究与现实实践，真正做到发现真问题、研究真问题、解决真问题，同社会现实难点堵点斗真碰硬，多措并举；同时，通过问题反察、实践反哺、成果反馈，在潜移默化中促进师资人才队伍科研兴趣深化、实践知识积累、专业能力提升，形成一个完整的热爱科学、用心钻研、善作善成的人才循环体系。高水平创新人才不断服务于各行各业，多点开花、百家争鸣，推动整个社会的综合发展与整体进步。这就是高质量平民高等教育推动人才培养的初心使命，也是高质量平民高等教育服务国家社会发展大局的现实路径。

（二）平民高等教育的培育倡议

为了更好地推动平民高等教育，实现培育更多地方高校教师运用科学方法发现真问题、真解决问题的本领，带动地方高质量人才培养，推动地方经济社会高质量发展，上游团队围绕科研强化、思政研究、资政服务等提出平民高等教育系列工程培育倡议，期待协同推动地方高校科学研究、思政教育、服务地方等水平跃升。

平民高等教育系列工程之科研强化工程。该工程以培养地方人才为出发点，聚焦教育强国建设科技支撑力提升，以高水平哲学社会科学项目为抓手，以全面培养地方高校教师在高水平哲学社会科学项目选题、申报、结题等方面的科研能力为关键点，以切实提高地方高校教师寻找真问题、研究真问题、真研究问题、真解决问题的能力为落脚点。近年来，上游团队多次受邀到长江师范学院等地方高校开展高水平哲学社会科学项目交流培训，并由上游团队核心成员对高校部分教师进行一对一或多对一专项指导。值得一提的是，这些地方高校在国家社科基金项目等高水平哲学社会科学项目立项方面常年取得优异成绩。

平民高等教育系列工程之思政研究工程。该工程围绕新时代思想政治教育面临的新形势与新任务，聚焦教育强国建设思想引领力提升，面向高校思想政治工作队伍开展科研培训和专业辅导，切实提升思政社科研究的能力素养和专业水平。由思政课教师、辅导员、班主任、党政干部、共青团干部、党务工作者、党校教师组成的思政工作队伍，是新时代落实立德树人根本任务的关键力量。上游团队通过"六位一体"思政社科研究养成计划，帮助思政研究者找准来路、厘清思路，摸清套路、指明进路，打破认知壁垒，探究底层逻辑，跨越行动鸿沟。

　　平民高等教育系列工程之资政服务工程。该工程长期坚持"资政为民"的理念，聚焦教育强国建设社会协同力提升，为国家、社会、人民在现实中所面临的众多真问题提供最可行、最务实、最高效的解决方案。上游团队利用多年撰写资政建议的宝贵经验，争做地方高校相关资政理念普及宣传的先行者，帮助地方高校成为地方政府决策的好参谋，为党委和政府决策提供及时有力的智力支撑。围绕地方经济社会发展，上游团队自身及带动的一批地方高学者撰写了大量资政建议，获得相关领导的批示，为推动地方经济社会发展贡献了智力支持。

　　平民高等教育系列工程之人才培养工程。该工程以"专精特新"为理念，聚焦教育强国建设人才竞争力提升，培养适合地方经济社会发展的专业人才、精品人才、特殊人才、新兴人才，具体包括研究生人才梯度培养、访问学者培养、创新创业人才培养、学科建设培养。研究生人才梯度培养主张对攻读硕士、博士学位的地方高校学子优先展开怀抱，优先考虑、优先招收、优先培养，努力实现学习资源的全面倾斜、日常生活的多元关怀、锻炼机会的充分覆盖。访问学者培养主张通过接纳一定数量的地方高校青年教师开展访学活动，充分学习交流科学研究、团队管理、智库运营、人才培养等方面的成果与经验。创新创业人才培养主张围绕实践平台搭建的困难、创新创业教育与专业教育融合的瓶颈、学生创业项目落地的阻碍、创新创业资源对接的不顺畅、创新创业文化氛围的不浓厚等堵点问题，为地方高校的创新创业工程提供全方位、有价值的指导和帮助，助力地方高校在创新创业领域取得突破性的进展和成就。学科建设培养围绕各类人才培养需求及地方高校学科建设的痛点、难点、堵点，积极发现与挖掘地方高校学科最具特色、最有竞争力的优势，推动地方高校特色学科建设。

平民高等教育系列工程之社会公益工程。该工程聚焦教育强国建设民生保障力提升，主张支持经费紧张、人才缺失的地方高校，设立各种专项奖学金，支持无数有科研理想、创业梦想的地方高校莘莘学子，形成"本土培养，本土贡献"的良性循环。近年来，上游团队设立了"浩燃奖学金"，以期助力地方高校学子圆梦科研。2019 年 11 月，上游团队在长江师范学院设立"浩燃奖学金"并成功捐赠 3 万元启动资金。2022 年 6 月，上游团队在重庆财经学院设立"浩燃奖学金"，将上游团队核心成员在 2020 年荣获的教育部第八届高等学校科学研究优秀成果奖一等奖 6 万元奖金作为首批基金赠予重庆财经学院，以此奖励拟录取为全日制硕士研究生的大四毕业生。

上游团队围绕这一系列工程开展了大量的实践工作，拟推出的系列丛书就是对这些实践经验的探索、总结和思考，期望通过实践经验的传播和推广推动更多的高校及高校教师加入这个系列工程，并推动地方高校高质量发展。

目前，上游团队对系列工程整体图书的规划包括《国家社科基金项目申报规范、技巧与案例》《高校思政社科研究规范、技巧与案例》《决策咨询研究规范、技巧与案例》《地方高校社科研究有组织科研：理论与实践》《地方高校交叉复合型团队建设：从探索到行动》《地方高校"专精特新"学科建设：理论与实践》《地方高校应用型本科人才培养：产教融合探索》《地方高校创新创业孵化与培育：理论与案例》《地方高校应用复合型研究生培养：探索与实践》《地方高校社科研究方法论：理论与实务》等。

平民高等教育的发展，离不开一位位热衷于高等教育的朋友的关心和支持。正是真切认识到"众人拾柴火焰高"的智慧，上游团队始终坚持"海纳百川，有容乃大"的信念，始终对志同道合者敞开合作的大门。我们也在此诚邀和欢迎所有对平民高等教育感兴趣的高校、企业、科研机构和学者们加入平民高等教育系列工程，共同实现中国高等教育的现代化，助力实现中国式现代化和中华民族伟大复兴。

地方高校社科能力提升系列丛书总主编

2025 年 1 月于昆明

第七版序

　　《国家社科基金项目申报规范、技巧与案例》已经从 2018 年第一版的"纯属偶然"走到了 2025 年第七版的"学术使然"。这本书的成长，就像我的成长史一样。我从本科到硕士、博士所学专业都是理学中的生物教育、生态学专业（如果再追溯到我的"五年初中学制"和"四年高中学制"的中学时代，我常被我的部分"胆大妄为"的徒弟戏谑为"习惯留级生"），跌跌撞撞走到今天从事哲学社会科学研究规范、素养等领域的研究，就像石漠化地区岩石里面长出来的小灌木，歪歪扭扭的，虽然不"材"，但有着坚韧、旺盛的生命力，是一种"成长偶然"，也是一种奋斗的"历史使然"。2002年，我在博士毕业后进入当时"名不见经传"的贵州财经学院（后更名为贵州财经大学）工作，并于 2003 年先后创建该校资源与环境管理系（后更名为资源与环境管理学院）和研究生工作部并主持工作。我在资源与环境管理系和研究生部工作的过程中发现，包括我在内的诸多青年教师、研究生在科研素养、论文开题以及学位论文写作等方面存在诸多研究"误区"或"盲区"。这些普遍现象引发了我对如何提升哲学社会科学研究能力的关注与思考。2007 年，我进入重庆工商大学社科处、教育部人文社科重点研究基地长江上游经济研究中心（后更名为成渝地区双城经济圈建设研究院）负责行政管理和科研管理工作，再次发现地方高校青年教师，甚至一些名校毕业的博士，获得副教授、教授职称的教师在国家社科基金项目等高级别课题申报过程中常踩一些不经意的"雷区"。2016 年，因各种原因，我"裸辞"在重庆工商大学的所有行政职务，被地处重庆市涪陵区的长江师范学院（2003年由涪陵师范专科学校升本更名至今）聘为特聘教授，孕育了我个人的"平民高等教育"思想，也开启了我践行"平民高等教育"之旅，指导青年教师提升社科科研能力与素养。在长江师范学院，我将国家社科基金年度项目申报分解为10个专题（其中专题10专门设置了"国家社科基金项目申报管理痛点、堵点、难点"专题，结合我于2007年在重庆工商大学进行社科管理式团队创新提出的"三级论证"，开启了地方高校的"有组织社科科研"），针对国家社科基金项目申报书的每一个指标，逐一分解为相关专题进行系统学习、研究和讲解。经过2016年和2017年连续两年的系统讲解，我们发现效果出奇的好（该校省部级项目及国家社科基金项目立项几乎呈现翻番的喜庆局面）。效果如此之好，与其说是得益于国家社科基金项目申报的规范、技巧，还不如说是得益于我们将过去十多年在地方高校社科管理和研究过程中经历的诸多教训总结出来的"结晶"。2017年11月，在长江师范学院第二次系统交流结束之际，我觉得这些教训和"结晶"只在一所高校分享似乎不够，于是思考能否结集出版后与青年教师分享。在西南财经大学出版社李特军、李晓嵩两位编辑的全力支持下，《国家社科基金项目申报规范、技巧与案例》于2018年1月首次出版面世。因此，从这个角度来说，这本书的面世及这本书为广大社科工作者带来的"福祉"，得益于长江师范学院当初聘请我开展社科辅导的战略眼光和宽广格局，尤其是时任财经学院院长范云峰教授、时任校长黄大勇教授和时任书记彭寿清教授的大力支持。

本书初版上市的2 000册在2个月内迅速被抢购一空，考虑到初版只是尝试与国内地方高校青年教师分享个人及团队过去所走过的"弯路"和经历的"教训"，加上国家社科基金项目学科、类型繁多，我们的一孔之见会在初版中有诸多不成熟之处，于是我决定全面修订，并于2018年11月推出第二版，随后于2019年10月、2020年12月、2021年11月、2022年11月分别推出第三版、第四版、第五版、第六版，并得到社科学术界的高度认可。在第四版、第五版的修订过程中，我增加了国家社科基金重大招标、艺术学、冷门绝学、后期资助等内容。诸多高校，如中央党校、广州大学、云南大学、浙江工商大学等科研管理部门向青年教师广泛推介本书，尤其是青年教师在本书帮助下屡屡获得国家社科基金项目立项，并微信联系和感谢我们，这对于我本人及团队而言是一种莫大的鼓励和鞭策。与此同时，本书在第六版出版后半年便"洛阳纸贵"，网上诸多平台及其网店，不同水平的盗版络绎不绝。本书作为社科研究类科普读物，得到了广大读者的认可和青睐，我屡屡收到受益于本书而获得国家社科基金项目、教育部人文社科规划项目及其他省部级项目立项的读者的"微信"感谢，这是对写作团队莫大的肯定和鼓励。

与此同时，近年来，我先后受邀到中南财经政法大学、中央民族大学、华中科技大学、华中师范大学、重庆大学、上海财经大学、云南大学、南昌大学、西南财经大学、贵州大学、江西师范大学、山东理工大学、曲阜师范大学、南京财经大学、南京审计大学、南通大学、扬州大学、西北工业大学、青海大学、重庆医科大学、重庆邮电大学、重庆交通大学、西南政法大学、四川美术学院、四川外国语大学、重庆师范大学、温州大学、温州医科大学、三峡大学、西安建筑科技大学、重庆工商大学、重庆财经学院、西华大学、四川农业大学、广西财经大学、长江师范学院、盐城师范学院、天水师范学院、玉溪师范学院、曲靖师范学院、文山学院、兴义民族师范学院、河套学院、济宁学院、贵州理工学院、贵州商学院、深圳大学、深圳职业技术大学、中共毕节市委党校、中共重庆市委党校、中共贵州省委党校、中共成都市委党校等 200 余所高校或研究机构进行国家社科基金项目申报辅导和交流，成效比较显著。据不完全统计，我及我的团队成功指导多名青年教师成功获得国家社科基金重大项目、重点项目、一般项目、青年项目、西部项目或教育部人文社科规划项目立项，立项学科涵盖教育学、艺术学、马列·科社、党史·党建、政治学、应用经济、理论经济、统计学、民族学、社会学、人口学、中国文学、外国文学、法学、管理学、后期资助等多个学科或专项，继续呈现"高"入围率、"高"立项率的"双高"特征。例如，我领衔的长江上游【流域】复合生态系统管理创新团队在近 7 年时间里有 39 人次申报的国家社科基金项目获批立项。我交流辅导过的高校，如长江师范学院（近年来在学士学位授予资格的地方应用型本科院校中，国家社科基金项目立项数量最多的高校，在所有高校中位列 160 名左右）、山东理工大学以及重庆财经学院（民办高校）都先后创造了诸多国家社科基金项目申报的"奇迹"。在 2024 年度国家社科基金项目立项当中，长江上游【流域】复合生态系统管理创新团队除获得 1 项国家社科基金重大项目，1 项国家自然科学基金项目，2 项国家社科基金重点项目，5 项国家社科基金一般项目、青年项目和西部项目，2 项教育部人文社科规划项目外，通过组织假期"研学之旅"等多种形式，为诸多地方高校青年教师"传经送宝"，帮助他们在社科研究服务国家战略和促进地方经济社会发展方面"少走弯路"，部分地方高校取得立项数一跃成为所在地区前三名的好成绩，也有立项数翻番的民办高校，还有实现地方高校建校以来首个国家社科基金项目立项的"空前"壮举。我们尤其是看到部分地方应用型本科高校实现国家社科基金项目零的突破后全校前所未有的喜报宣传，这对提升地方高校教师的自信心和推动高校的发展有着重要的示范效应。这种多点开花、多学科突破和零的突破，既是对申报教师和所在高校不懈辛苦付出的肯定，也是对我及我的团队为国家社科研究基本规范、素养和能力提升所做出的基础性、普及性贡献的肯定，更加增强了我们推进"平民高等教育"理念的行动自觉。

本次修订主要做了如下补充和完善：一是详细分析了2024年度国家社科基金项目23个立项学科的基本情况，并根据"双一流"建设高校、"双非"高校、民办院校与专科院校等院校特征与办学特色，对不同类型高校的立项情况进行了深入研究。在此基础上，我们对近5年国家社科基金项目立项的情况进行了拓展分析。二是根据国家社科基金项目申报形势的新变化，修订了如何准备、注意事项、如何选题、选题依据等大部分专题的内容。三是邀请三峡大学冯方老师和西南大学蹇世琼老师分别撰写了国家社科基金思政研究专项与国家社科基金教育学研究专项，进一步增强了本书的适用性。四是在附录中新增了近30年来以"山地社会生态系统"和"流域"为立项主题的国家社科基金项目的立项情况分析，并选录了2024年度多位成功取得国家社科基金项目立项的青年教师在申报过程中的感想和体会。

我一直在各种场合强调，帮助地方院校教师成功申报国家社科基金项目不是本书的根本目的。在我们指导的少数青年教师中的确存在"重申报、重名利"的现象，我担心本书的出版会让更多年轻人"急功近利"地申报国家社科基金项目。因此，我建议读者在使用本书的过程中首先应打消这种功利心态，坚守本书和团队长期倡导的"寻找真问题，研究真问题，真研究问题，真解决问题"，以便更好地推进社科研究服务"国家之需、社会之需、人民之需、学术之需"。基于此，我建议读者阅读本书时，仔细理解本书关于社科研究基本素养的训练和培养，从社科研究的基本规范入手，不要过多地重视社科研究和项目申报的"术"，而要回归到社科研究的本质和科学精神上来，尤其要真正领会学习国家社科基金项目申报的"初心"，要深刻认识国家社科基金项目研究的"使命"，更要在研究的过程中将"为天地立心，为生民立命，为往圣继绝学，为万世开太平"植根于学者内心和灵魂之中，更好地"服务党和国家工作大局"，更好地"为人民服务"，而不是为项目经费服务，更不是为自己的职称和"帽子"服务。我时刻提醒青年学者，从事社科研究，应该时时围绕发展的"痛点、堵点、难点"展开问题导向研究。

在某种程度上，我国高校"阶层固化"和"内卷化"长期存在。地方高校，尤其是地处西部地区的地方应用型本科高校和民办高校，地方财政资金短缺、师资队伍参差不齐、学术平台高低不平、学术素养能力不强、学术资源捉襟见肘、学术自信严重不足等，与"双一流"建设高校以及处于优势竞争地位的硕士、博士培养单位形成高等教育领域的一种较为严重的"不平衡不充分"。鉴于上述想法，我们的团队有了一个更具学术情怀的"平民高等教育"理念。长江上游【流域】复合生态系统管理创新团队和上游智库在云南大学、中南财经政法大学、重庆工商大学等资深专家的指导、熏陶和关心下，积极探索"平民高等教育"从理念到行动的系列举措。我们的主要目标有三个：一是借助我们的团队在社科研究素养提升与国家社科基金项目申报方面的经验，与西部地区有需求的地方院校形成结对帮扶计划，提升这些高校相关学科青年教师的社科研究能力和素养；二是通过这种"一对一"的帮扶计划，凝聚一批流域可持续发展交叉学科研究的青年教师作为创新团队的新鲜血液，共同围绕流域的可持续发展展开多学科交叉融合研究，积极推进"政产学研用"五位一体的开放包容和融合模式；三是将科研能力提升转化为地方高校应用型人才培养能力的创新培养源泉，在理论研究和实践领域双向融入与推进西部地区和长江上游流域的可持续发展，最终在围绕大江大河流域可持续发展方面贡献创新团队的绵薄之力。从2022年开始，我们的团队积极主动与西部地区地方院校对接，"一对一"式辅导2~3所高校进行"试验"。这一想法目前已经在部分地方院校开始实施，我们的团队的这一"平民高等教育"计划是"三年打基础、五年见成效、十年磨一剑"，旨在打破社科研究在高校之间和学科之间的"闭门造车"和"老死不相往来"的"职称帽子学术"尴尬传统，打破"地域、政域、流域"研究相互掣肘的传统局限和知识产权壁垒，坚持"不等、不靠、不要"并试图利用"市场化路径"来实现该计划的实施，以此实现真正的"平民高等教育"理想。虽然我们的这一"平民高等教育"理想还很稚嫩，但有志者事竟成，前有陶行知、晏阳初等"平民教育"思想引领，相信在新时代，我们的"平民高等教育"学术情怀已然在路上，将会得到越来越多的教育工作者的认可和同行，我们也希望更多有共同情怀的社科界朋友加入我们的行列，为"平民高等教育"添一块砖、加一把火。

本次修订由文传浩负责全书修订工作的整体设计与安排。本书具体撰写或修订分工如下：王若、王俊兵修订专题一，杨绍军、方刘花修订专题二，文传浩、尹家林修订专题三，陈震、马锦程修订专题四，罗胤晨、夏宇修订专题五，赵柄鉴、李晶晶修订专题六和专题七，胡江霞、马锦程、李晶晶修订专题八、专题九和专题十，滕祥河、王俊兵修订专题十一，文传浩、张键宇修订专题十二和专题十三，文传浩、尹家林修订专题十四和专题十五，文传浩、张智勇修订专题十六，陈震、马锦程修订专题十七，冯方、葛万鹏、李晶晶修订专题十八并撰写专题十九，蹇世琼、王俊兵撰写专题二十。本书能够在七年时间里更新至第七版，除了感谢为前六版出版工作默默做出贡献的诸君外，还要特别感谢贵州大学王雲民、贵州省社会科学院何茂旭、重庆师范大学马文斌、贵州理工学院蓝文思、云南财经大学林彩云、昆明理工大学施蔚然、贵州民族大学李响等为本书撰写了申报感想、建议和经验。感谢虽未提及但为本书的出版做出重要贡献的其他领导、教师、同行和同学。我们相信，本书的修订出版，能为读者提供一种"触类旁通、举一反三"的作用，对其他正为各级各类人文社科规划项目申报而奋斗的青年教师也会有所裨益。由于编者水平所限，本书修订后依然存在诸多不足或疏漏之处，请读者对我们的工作持续提出批评和修改建议，联系邮箱附在本页下方①。希望了解我们的团队的社科基金项目申报或项目组织管理等方面的经验、做法的高校及研究机构或个人，关注"上游智库"公众号或联系我们。

2024 年 10 月于昆明

扫一扫，关注上游智库

扫一扫，联系我们

"上游团队"2018—2024 年
国家社科基金项目立项名单

---

① 联系邮箱：liuhua_chris9@163.com

目　录

专题一

立项概述

专题二

如何准备

目　录

专题三

注意事项

专题四

如何选题

专题五

选题依据

专题六

研究内容

目 录

专题十

参考文献

专题十一

研究基础

目 录

目 录

专题十七

组织管理

专题十八

撰写小结

目 录

专题一

立项概述

2024 年国家社科基金年度项目已完成受理申报、通讯初评、会议评审、网上公示等程序，经全国哲学社会科学工作领导小组批准，公布立项课题 5 633 项。其中，重点项目 392 项，每项资助 35 万元；一般项目 2 757 项，青年项目 1 989 项，西部项目立项 495 项，每项资助额度均为 20 万元①。2024 年，国家社科基金立项总数比 2023 年增加 416 项。

一、立项类别分布

从表 1-1 中可以看出，2024 年度国家社科基金立项项目中，重点项目 392 项，比上一年减少 4 项，立项数量占立项总数的比例为 6.96%，比上一年减少 1.01%；一般项目 2 757 项，比上一年减少 425 项，立项数量占立项总数的比例为 48.94%，比上一年减少 15.4%；青年项目 1 989 项，比上一年增加 777 项，立项数量占立项总数的比例为 35.31%，比上一年增加 39.1%；西部项目 495 项，比上一年增加 67 项，立项数量占立项总数的 8.79%，比上一年增加 13.5%。

———————————

① 本专题数据均来自全国哲学社会科学工作办公室公开数据，网站链接 http://www.nopss. gov.cn/，下同。数据如有疏漏，敬请谅解并请联系编写组。

表 1-1　2024 年度国家社科基金项目立项类别分布

项目类别	立项数量/项	比上一年增加/项	立项占比/%	比上一年增幅/%
重点项目	392	−4	6.96	−1.01
一般项目	2 757	−425	48.94	−15.4
青年项目	1 989	777	35.31	39.1
西部项目	495	67	8.79	13.5

数据来源：根据全国哲学社会科学工作办公室有关公开资料整理。

二、立项学科情况

从表 1-2 中可以看出，2024 年度国家社科基金立项学科总计 23 个，其中管理学、应用经济学和社会学的立项总数居前三位，立项数分别为546 项、447 项和 372 项，占比分别为 9.69%、7.94%和 6.60%，是国家社科基金重点资助学科。宗教学、考古学、人口学的立项总数居后三位，立项数分别为 110 项、97 项和 85 项，三者立项数之和仅占总体立项数的5.18%。

表 1-2　2024 年度国家社科基金立项学科汇总

序号	学科	重点项目/项	一般项目/项	青年项目/项	西部项目/项	总计/项	占比/%
1	管理学	40	313	144	49	546	9.69
2	应用经济学	36	218	145	48	447	7.94
3	社会学	18	180	142	32	372	6.60
4	马列·科社	27	170	127	32	356	6.32
5	法学	28	165	129	21	343	6.09
6	民族学	15	120	114	92	341	6.05
7	语言学	27	159	117	34	337	5.98

表1-2(续)

序号	学科	重点项目/项	一般项目/项	青年项目/项	西部项目/项	总计/项	占比/%
8	中国文学	26	160	119	29	334	5.93
9	中国历史	22	140	122	20	304	5.40
10	哲学	23	113	88	9	233	4.14
11	理论经济学	17	115	67	13	212	3.76
12	党史·党建	12	102	81	16	211	3.75
13	政治学	11	100	77	9	197	3.50
14	新闻学与传播学	14	92	69	17	192	3.41
15	区域国别学和国际问题研究	16	82	74	18	190	3.37
16	图书馆·情报与文献学	10	93	70	9	182	3.23
17	体育学	11	114	37	17	179	3.18
18	外国文学	10	63	46	5	124	2.20
19	统计学	4	74	39	5	122	2.17
20	世界历史	6	54	57	2	119	2.11
21	宗教学	8	56	38	8	110	1.95
22	考古学	8	33	51	5	97	1.72
23	人口学	3	41	36	5	85	1.51

数据来源:根据全国哲学社会科学工作办公室有关公开资料整理。

三、立项单位情况

从表1-3中可以看出,2024年度国家社科基金项目共有587所高校取得立项,分别来自12类不同学科的高校。其中,综合类高校多达164所,以27.94%的占比位居第一;理工类高校和师范类高校分别以24.70%和15.67%的占比紧随其后,位居第二和第三;军事类高校和艺术类高校各有7所,均占比为1.19%。

从表 1-4 至表 1-14 中可以看出，在综合类高校中，四川大学以 66 项的总立项数位居第一，山东大学和复旦大学分别以 59 项和 54 项的总立项数位居第二和第三，这三所高校的立项总数相比 2023 年（四川大学 64 项、山东大学 45 项、复旦大学 48 项）均有进步，其中山东大学进步最大，比上一年增加了 14 项，展示出强劲的势头。在理工类高校中，作为"双非"高校①的山东理工大学以 27 项的总立项数位居第一，浙江工业大学（25项）位居第二，大连理工大学（24 项）位居第三。在师范类高校中，华中师范大学以 53 项的总立项数位居第一，华东师范大学（49 项）和上海师范大学（39 项）分别位居第二、第三。在财经类高校中，作为"双非"高校的浙江工商大学以 39 项的总立项数位居第一，在国家社科基金项目申报方面展现了强劲的实力，中南财经政法大学（38 项）、江西财经大学（34 项）分别位居第二、第三。在农林类高校中，中国农业大学和华中农业大学均以 12 项的总立项数并列第一。在医药类高校中，温州医科大学以6 项的总立项数位居第一，首都医科大学以 4 项的总立项数位居第二。其中，温州医科大学和首都医科大学都是"双非"高校。在语言类高校中，上海外国语大学以 21 项的总立项数位居第一，北京外国语大学以 14 项的总立项数位居第二。在政法类高校中，中国政法大学以 36 项的总立项数位居第一，华东政法大学（25 项）、西南政法大学（23 项）分别位居第二和第三。其中，华东政法大学和西南政法大学均为"双非"高校。在体育类高校中，成都体育学院以 6 项的总立项数位居第一，武汉体育学院以 5 项的总立项数位居第二。在民族类高校中，中央民族大学以 27 项的总立项数位居第一，作为"双非"高校的中南民族大学（19 项）、云南民族大学（17 项）分别位居第二和第三。在艺术类高校中，有 7 所高校立项国家社科基金项目，分别是浙江传媒学院（8 项）、山东艺术学院（2 项）、四川

---

① 根据 2017 年 9 月 20 日《教育部 财政部 国家发展改革委关于公布世界一流大学和一流学科建设高校及建设学科名单的通知》，本书将名单内的高校统称为"双一流"建设高校，未在名单内的高校统称为"双非"高校，下同。

美术学院（2 项）、中央戏剧学院（1 项）、南京艺术学院（1 项）、云南艺术学院（1 项）、广西艺术学院（1 项）。

　　从表 1-15 至表 1-16 中可以看出，在民办高校中，福州外语外贸学院以 3 项的总立项数位居第一。该校在 2023 年实现国家社科基金项目立项零的突破后，又实现了由 1 项到 3 项的飞跃，展现了该校强劲的发展势头。另外，还有 6 所专科高校在 2024 年度国家社科基金项目中获得立项，为专科高校申请国家社科基金项目提供了案例，树立了榜样，是非常值得一提的。

　　从表 1-17 至表 1-19 中可以看出，在一流大学建设高校中，四川大学以 66 项的总立项数位居一流大学建设高校榜首，山东大学（59 项）位居第二，复旦大学（54 项）位居第三。在一流学科建设高校中，华中师范大学以 53 项的总立项数排名第一，西南大学（47 项）位居第二，上海大学（46 项）位居第三。在国家社科基金项目立项"双非"高校前 50 名中，浙江工商大学和上海师范大学展现出了强劲的实力，均以 39 项的总立项数并列第一。

表 1-3　2024 年度国家社科基金项目立项高校分类情况

院校类型	计数/所	占比/%
综合	164	27.94
理工	145	24.70
师范	92	15.67
财经	51	8.69
医药	33	5.62
农林	29	4.94
政法	18	3.07
体育	15	2.56
语言	12	2.04
民族	12	2.04
军事	7	1.19
艺术	7	1.19
其他	2	0.34
合计	587	—

数据来源：根据全国哲学社会科学工作办公室有关公开资料整理。

表1-4 2024年度国家社科基金项目立项综合类高校前20名

单位：项

序号	学校名称	总计	重点项目	一般项目	青年项目	西部项目	"双一流"建设	工程建设	主管单位	学位授予单位类型
1	四川大学	66	7	19	24	16	一流大学A类	985	教育部	博士学位授予单位
2	山东大学	59	2	37	20	—	一流大学A类	985	教育部	博士学位授予单位
3	复旦大学	54	3	25	26	—	一流大学A类	985	教育部	博士学位授予单位
4	中国人民大学	53	10	24	19	—	一流大学A类	985	教育部	博士学位授予单位
5	武汉大学	53	6	19	28	—	一流大学A类	985	教育部	博士学位授予单位
7	郑州大学	48	5	27	16	—	一流大学B类	211	河南省人民政府	博士学位授予单位
6	厦门大学	48	5	23	20	—	一流大学A类	985	教育部	博士学位授予单位
8	浙江大学	47	6	20	21	—	一流大学A类	985	教育部	博士学位授予单位
9	南京大学	47	4	24	19	—	一流大学A类	985	教育部	博士学位授予单位
10	西南大学	47	3	15	19	10	一流学科建设高校	211	教育部	博士学位授予单位
11	中山大学	47	1	24	22	—	一流大学A类	985	教育部	博士学位授予单位
12	上海大学	46	4	23	19	—	一流学科建设高校	211	上海市人民政府	博士学位授予单位
13	北京大学	45	3	11	31	—	一流大学A类	985	教育部	博士学位授予单位
14	云南大学	44	3	15	17	9	一流大学B类	211	云南省人民政府	博士学位授予单位
15	安徽大学	44	2	19	23	—	一流学科建设高校	211	安徽省人民政府	博士学位授予单位
16	南开大学	40	4	20	16	—	一流大学A类	985	教育部	博士学位授予单位
17	上海交通大学	40	3	19	18	—	一流大学A类	985	教育部	博士学位授予单位
18	西北大学	39	3	9	17	10	一流学科建设高校	211	陕西省人民政府	博士学位授予单位
19	暨南大学	39	2	24	13	—	一流学科建设高校	211	中央统战部	博士学位授予单位
20	河南大学	38	6	15	17	—	一流学科建设高校	—	河南省人民政府	博士学位授予单位

数据来源：根据全国哲学社会科学工作办公室和中华人民共和国教育部网站有关公开资料整理。

表1-5 2024年度国家社科基金项目立项理工类高校前20名

单位：项

序号	学校名称	总计	重点项目	一般项目	青年项目	西部项目	"双一流"建设	工程建设	主管单位	学位授予单位类型
1	山东理工大学	27	1	20	6	—	—	—	山东省人民政府	博士学位授予单位
2	浙江工业大学	25	3	12	10	—	—	—	浙江省人民政府	博士学位授予单位
3	大连理工大学	24	2	11	11	—	一流大学A类	985	教育部	博士学位授予单位
4	华南理工大学	20	2	12	6	—	一流大学A类	985	教育部	博士学位授予单位
5	北京邮电大学	17	1	10	6	—	一流学科建设高校	211	教育部	博士学位授予单位
6	电子科技大学	17	1	5	6	5	一流大学A类	985	教育部	博士学位授予单位
7	常州大学	16	1	10	5	—	—	—	江苏省人民政府	博士学位授予单位
8	福州大学	15	2	7	6	—	一流学科建设高校	211	福建省人民政府	博士学位授予单位
9	杭州电子科技大学	14	1	8	5	—	—	—	浙江省人民政府	博士学位授予单位
10	河南工业大学	13	1	7	5	—	—	—	河南省人民政府	博士学位授予单位
11	南京信息工程大学	13	1	6	6	—	一流学科建设高校	—	江苏省人民政府	博士学位授予单位
12	华东理工大学	13	—	7	6	—	一流学科建设高校	211	教育部	博士学位授予单位
13	浙江理工大学	12	1	8	3	—	—	—	浙江省人民政府	博士学位授予单位
14	北京理工大学	11	3	3	5	—	一流大学A类	985	工业和信息化部	博士学位授予单位
15	北京航空航天大学	11	1	6	4	—	一流大学A类	985	工业和信息化部	博士学位授予单位
16	河北工业大学	11	1	6	4	—	一流学科建设高校	211	河北省教育厅	博士学位授予单位
17	西南交通大学	11	—	4	2	5	一流学科建设高校	211	教育部	博士学位授予单位
18	合肥工业大学	10	1	6	3	—	一流学科建设高校	211	教育部	博士学位授予单位
19	大连海事大学	10	—	7	3	—	一流学科建设高校	211	交通运输部	博士学位授予单位
20	上海理工大学	10	—	7	3	—	—	—	上海市人民政府	博士学位授予单位

表 1-6 2024 年度国家社科基金项目立项师范类高校前 20 名

单位：项

序号	学校名称	总计	重点项目	一般项目	青年项目	西部项目	"双一流"建设	工程建设	主管单位	学位授予单位类型
1	华中师范大学	53	6	27	20	—	一流学科建设高校	211	教育部	博士学位授予单位
2	华东师范大学	49	5	26	18	—	一流大学 A 类	985	教育部	博士学位授予单位
3	上海师范大学	39	—	15	24	—	—	—	上海市人民政府	博士学位授予单位
4	福建师范大学	35	4	19	12	—	—	—	福建省人民政府	博士学位授予单位
5	北京师范大学	35	3	15	17	—	一流大学 A 类	985	教育部	博士学位授予单位
6	安徽师范大学	34	5	16	13	—	—	—	安徽省人民政府	博士学位授予单位
7	陕西师范大学	34	4	12	11	7	一流学科建设高校	211	教育部	博士学位授予单位
8	南京师范大学	32	4	10	18	—	一流学科建设高校	211	江苏省人民政府	博士学位授予单位
9	湖南师范大学	29	4	14	11	—	一流学科建设高校	211	湖南省人民政府	博士学位授予单位
10	贵州师范大学	28	1	12	3	12	—	—	贵州省人民政府	博士学位授予单位
11	华南师范大学	27	3	15	9	—	一流学科建设高校	211	广东省人民政府	博士学位授予单位
12	河南师范大学	27	3	12	12	—	—	—	河南省人民政府	博士学位授予单位
13	江西师范大学	27	3	12	12	—	—	—	江西省人民政府	博士学位授予单位
14	浙江师范大学	25	4	12	9	—	—	—	浙江省人民政府	博士学位授予单位
15	东北师范大学	24	2	18	4	—	一流学科建设高校	211	教育部	博士学位授予单位
16	首都师范大学	19	1	8	10	—	一流学科建设高校	—	北京市人民政府	博士学位授予单位
17	天津师范大学	19	—	10	9	—	—	—	天津市人民政府	博士学位授予单位
18	山东师范大学	18	1	10	7	—	—	—	山东省人民政府	博士学位授予单位
19	云南师范大学	18	1	8	3	6	—	—	云南省人民政府	博士学位授予单位
20	广西师范大学	18	1	7	4	6	—	—	广西壮族自治区人民政府	博士学位授予单位

表1-7 2024年度国家社科基金项目立项财经类高校前20名

单位：项

序号	学校名称	总计	重点项目	一般项目	青年项目	西部项目	"双一流"建设	工程建设	主管单位	学位授予单位类型
1	浙江工商大学	39	3	24	12	—	—	—	浙江省人民政府	博士学位授予单位
2	中南财经政法大学	38	2	25	11	—	一流学科建设高校	211	教育部	博士学位授予单位
3	江西财经大学	34	4	20	10	—	—	—	江西省人民政府	博士学位授予单位
4	浙江财经大学	31	3	18	10	—	—	—	浙江省人民政府	博士学位授予单位
5	重庆工商大学	29	2	12	6	9	—	—	重庆市人民政府	博士学位授予单位
6	首都经济贸易大学	27	1	14	12	—	—	—	北京市人民政府	博士学位授予单位
7	中央财经大学	22	2	13	7	—	一流学科建设高校	211	教育部	博士学位授予单位
8	山东财经大学	22	—	16	6	—	—	—	山东省人民政府	博士学位授予单位
9	山东工商学院	20	1	17	2	—	—	—	山东省人民政府	硕士学位授予单位
10	对外经济贸易大学	20	—	11	9	—	一流学科建设高校	211	教育部	博士学位授予单位
11	安徽财经大学	19	2	14	3	—	—	—	安徽省人民政府	博士学位授予单位
12	西南财经大学	19	1	8	7	3	一流学科建设高校	211	教育部	博士学位授予单位
13	南京财经大学	19	1	7	11	—	—	—	江苏省人民政府	博士学位授予单位
14	湖南工商大学	19	—	14	5	—	—	—	湖南省人民政府	博士学位授予单位
15	南京审计大学	18	2	8	8	—	—	—	江苏省人民政府	博士学位授予单位
16	山西财经大学	17	1	10	6	—	—	—	山西省人民政府	博士学位授予单位
17	云南财经大学	17	—	9	2	6	—	—	云南省人民政府	博士学位授予单位
18	东北财经大学	14	3	10	1	—	—	—	辽宁省人民政府	博士学位授予单位
19	上海财经大学	14	1	10	3	—	一流学科建设高校	211	教育部	博士学位授予单位
20	河南财经政法大学	14	1	8	5	—	—	—	河南省人民政府	博士学位授予单位

表 1-8　2024 年度国家社科基金项目立项目农林类高校前 20 名

单位：项

序号	学校名称	总计	重点项目	一般项目	青年项目	西部项目	"双一流"建设	工程建设	主管单位	学位授予单位类型
1	中国农业大学	12	3	3	6	—	一流大学A类	985	教育部	博士学位授予单位
2	华中农业大学	12	—	9	3	—	一流学科建设高校	211	教育部	博士学位授予单位
3	湖南农业大学	11	1	8	2	—	—	—	湖南省人民政府	博士学位授予单位
4	南京农业大学	11	—	8	3	—	一流学科建设高校	211	教育部	博士学位授予单位
5	华南农业大学	11	—	7	4	—	一流大学A类	—	广东省人民政府	博士学位授予单位
6	西北农林科技大学	11	—	1	5	5	一流大学B类	985	教育部	博士学位授予单位
7	南京林业大学	9	—	5	4	—	一流学科建设高校	—	江苏省人民政府	博士学位授予单位
8	浙江农林大学	9	—	3	6	—	—	—	浙江省人民政府	博士学位授予单位
9	四川农业大学	8	—	1	1	6	一流学科建设高校	211	四川省人民政府	博士学位授予单位
10	福建农林大学	7	1	2	4	—	—	—	福建省人民政府	博士学位授予单位
11	中南林业科技大学	6	—	4	2	—	—	—	湖南省人民政府	博士学位授予单位
12	北京林业大学	6	—	3	3	—	一流学科建设高校	211	教育部	博士学位授予单位
13	东北林业大学	5	—	5	—	—	一流学科建设高校	211	教育部	博士学位授予单位
14	安徽农业大学	5	—	1	4	—	—	—	安徽省人民政府	博士学位授予单位
15	河南农业大学	4	—	3	1	—	—	—	河南省人民政府	博士学位授予单位
16	云南农业大学	4	—	3	—	1	—	—	云南省人民政府	博士学位授予单位
17	东北农业大学	3	1	2	—	—	一流学科建设高校	211	黑龙江省人民政府	博士学位授予单位
18	江西农业大学	3	—	3	—	—	—	—	江西省人民政府	博士学位授予单位
19	吉林农业大学	3	—	2	1	—	—	—	吉林省人民政府	博士学位授予单位
20	山东农业大学	3	—	2	1	—	—	—	山东省人民政府	博士学位授予单位

表 1-9　2024 年度国家社科基金项目立项医药类高校前 20 名

单位：项

序号	学校名称	总计	重点项目	一般项目	青年项目	西部项目	"双一流"建设	工程建设	主管单位	学位授予单位类型
1	温州医科大学	6	—	3	3	—	—	—	浙江省人民政府	博士学位授予单位
2	首都医科大学	4	—	4	—	—	—	—	北京市人民政府	博士学位授予单位
3	湖南中医药大学	3	—	3	—	—	—	—	湖南省人民政府	博士学位授予单位
4	南京中医药大学	3	—	1	2	—	一流学科建设高校	—	江苏省人民政府	博士学位授予单位
5	成都中医药大学	3	—	1	1	1	一流学科建设高校	—	四川省人民政府	博士学位授予单位
6	北京中医药大学	3	—	—	3	—	一流学科建设高校	211	教育部	博士学位授予单位
7	安徽医科大学	2	—	2	—	—	—	—	安徽省人民政府	博士学位授予单位
8	河南中医药大学	2	—	2	—	—	—	—	河南省人民政府	博士学位授予单位
9	南方医科大学	2	—	2	—	—	—	—	广东省人民政府	博士学位授予单位
10	遵义医科大学	2	—	2	—	—	—	—	贵州省人民政府	博士学位授予单位
11	广东药科大学	2	—	1	1	—	—	—	广东省人民政府	博士学位授予单位
12	浙江中医药大学	2	—	1	1	—	—	—	浙江省人民政府	博士学位授予单位
13	贵州医科大学	2	—	1	—	1	—	—	贵州省人民政府	博士学位授予单位
14	四川医科大学	2	—	1	—	1	—	—	四川省人民政府	博士学位授予单位
15	新疆医科大学	2	—	1	—	1	—	—	新疆维吾尔自治区人民政府	博士学位授予单位
16	云南中医药大学	2	—	1	—	1	—	—	云南省人民政府	博士学位授予单位
17	安徽中医药大学	1	—	1	—	—	—	—	安徽省人民政府	博士学位授予单位
18	广东医科大学	1	—	1	—	—	—	—	广东省人民政府	博士学位授予单位
19	福建医科大学	1	—	—	1	—	—	—	福建省人民政府	博士学位授予单位
20	川北医学院	1	—	—	—	1	—	—	四川省人民政府	硕士学位授予单位

表 1-10 2024 年度国家社科基金项目立项语言类高校排名

单位：项

序号	学校名称	总计	重点项目	一般项目	青年项目	西部项目	"双一流"建设	工程建设	主管单位	学位授予单位类型
1	上海外国语大学	21	3	14	4	—	一流学科建设高校	211	教育部	博士学位授予单位
2	北京外国语大学	14	3	4	7	—	一流学科建设高校	211	教育部	博士学位授予单位
3	北京语言大学	9	1	3	5	—	—	—	教育部	博士学位授予单位
4	四川外国语大学	9	—	4	2	3	—	—	重庆市人民政府	博士学位授予单位
5	西安外国语大学	7	1	1	5	—	—	—	陕西省人民政府	博士学位授予单位
6	大连外国语大学	7	—	4	3	—	—	—	辽宁省人民政府	博士学位授予单位
7	浙江外国语学院	6	—	5	1	—	—	—	浙江省人民政府	硕士学位授予单位
8	北京第二外国语学院	5	2	2	1	—	—	—	北京市人民政府	硕士学位授予单位
9	天津外国语大学	4	—	4	—	—	—	—	天津市人民政府	博士学位授予单位
10	黑龙江外国语学院	2	—	2	—	—	—	—	黑龙江省教育厅	学士学位授予单位
11	湖南女子学院	2	—	1	1	—	—	—	湖南省人民政府	学士学位授予单位
12	外交学院	1	—	—	1	—	一流学科建设高校	—	外交部	博士学位授予单位

表1-11 2024年度国家社科基金项目立项政法类高校排名

单位：项

序号	学校名称	总计	重点项目	一般项目	青年项目	西部项目	"双一流"建设	工程建设211	主管单位	学位授予单位类型
1	中国政法大学	36	3	19	14	—	一流学科建设高校	211	教育部	博士学位授予单位
2	华东政法大学	25	1	17	7	—	—	—	上海市人民政府	博士学位授予单位
3	西南政法大学	23	—	11	5	7	—	—	重庆市人民政府	博士学位授予单位
4	西北政法大学	13	—	7	3	3	—	—	陕西省人民政府	博士学位授予单位
5	上海政法学院	6	—	4	2	—	—	—	上海市人民政府	博士学位授予单位
6	中国人民公安大学	6	—	2	4	—	一流学科建设高校	—	公安部	博士学位授予单位
7	甘肃政法大学	4	—	—	—	4	—	—	甘肃省人民政府	博士学位授予单位
8	中国劳动关系学院	3	—	3	—	—	—	—	中华全国总工会	硕士学位授予单位
9	浙江警察学院	3	—	1	2	—	—	—	浙江省人民政府	硕士学位授予单位
10	中国人民警察大学	2	—	1	1	—	—	—	公安部	硕士学位授予单位
11	北京警察学院	2	—	—	2	—	—	—	北京市人民政府	学士学位授予单位
12	山东警察学院	1	—	1	—	—	—	—	山东省人民政府	硕士学位授予单位
13	河南警察学院	1	—	1	—	—	—	—	河南省人民政府	硕士学位授予单位
14	湖南警察学院	1	—	1	—	—	—	—	湖南省人民政府	学士学位授予单位
15	江苏警官学院	1	—	1	—	—	—	—	江苏省人民政府	硕士学位授予单位
16	国际关系学院	1	—	—	1	—	—	—	教育部	博士学位授予单位
17	四川警察学院	1	—	—	1	—	—	—	四川省人民政府	硕士学位授予单位
18	云南警官学院	1	—	—	—	1	—	—	云南省人民政府	硕士学位授予单位

表 1-12 2024 年度国家社科基金项目立项体育类高校排名

单位：项

序号	学校名称	总计	重点项目	一般项目	青年项目	西部项目	"双一流"建设	工程建设	主管单位	学位授予单位类型
1	成都体育学院	6	—	2	2	2	—	—	四川省人民政府	博士学位授予单位
2	武汉体育学院	5	1	2	2	—	—	—	湖北省人民政府	博士学位授予单位
3	上海体育大学	4	—	3	1	—	一流学科建设高校	—	上海市人民政府	博士学位授予单位
4	山东体育学院	4	—	3	1	—	—	—	山东省人民政府	硕士学位授予单位
5	哈尔滨体育学院	3	1	2	—	—	—	—	黑龙江省人民政府	博士学位授予单位
6	广州体育学院	3	—	3	—	—	—	—	广东省人民政府	硕士学位授予单位
7	西安体育学院	3	—	2	—	1	—	—	陕西省人民政府	硕士学位授予单位
8	北京体育大学	2	—	2	—	—	一流学科建设高校	211	国家体育总局	博士学位授予单位
9	天津体育学院	2	—	2	—	—	—	—	天津市人民政府	博士学位授予单位
10	沈阳体育学院	2	—	2	—	—	—	—	辽宁省人民政府	博士学位授予单位
11	首都体育学院	2	—	2	—	—	—	—	北京市人民政府	博士学位授予单位
12	吉林体育学院	2	—	—	2	—	—	—	吉林省人民政府	硕士学位授予单位
13	河北体育学院	1	—	1	—	—	—	—	河北省人民政府	学士学位授予单位
14	南京体育学院	1	—	1	—	—	—	—	江苏省人民政府	硕士学位授予单位
15	郑州大学体育学院	1	—	1	—	—	—	—	河南省体育局	硕士学位授予单位

表 1-13 2024 年度国家社科基金项目立项民族类高校排名

单位：项

序号	学校名称	总计	重点项目	一般项目	青年项目	西部项目	"双一流"建设	工程建设	主管单位	学位授予单位类型
1	中央民族大学	27	1	18	8	—	一流大学A类	985	国家民委	博士学位授予单位
2	中南民族大学	19	1	16	2	—	—	—	国家民委	博士学位授予单位
3	云南民族大学	17	—	7	6	4	—	—	云南省人民政府	博士学位授予单位
4	西南民族大学	16	3	3	4	6	—	—	国家民委	博士学位授予单位
5	贵州民族大学	16	—	4	3	9	—	—	贵州省人民政府	博士学位授予单位
6	广西民族大学	11	—	4	2	5	—	—	广西壮族自治区人民政府	博士学位授予单位
7	青海民族大学	10	1	3	1	5	—	—	青海省人民政府	博士学位授予单位
8	西藏民族大学	8	1	—	1	6	—	—	西藏自治区人民政府	博士学位授予单位
9	大连民族大学	4	—	2	2	—	—	—	国家民委	硕士学位授予单位
10	湖北民族大学	4	—	2	—	2	—	—	湖北省人民政府	硕士学位授予单位
11	北方民族大学	4	—	—	—	4	—	—	国家民委	博士学位授予单位
12	呼和浩特民族学院	2	—	1	—	1	—	—	内蒙古自治区人民政府	硕士学位授予单位

表 1-14 2024 年度国家社科基金项目立项艺术类高校排名

单位：项

序号	学校名称	总计	重点项目	一般项目	青年项目	西部项目	"双一流"建设	工程建设	主管单位	学位授予单位类型
1	浙江传媒学院	8	—	4	4	—	—	—	浙江省人民政府	硕士学位授予单位
2	山东艺术学院	2	—	2	—	—	—	—	山东省人民政府	硕士学位授予单位
3	四川美术学院	2	—	1	—	1	—	—	重庆市人民政府	博士学位授予单位

表1-14（续）

序号	学校名称	总计	重点项目	一般项目	青年项目	西部项目	"双一流"建设	工程建设	主管单位	学位授予单位类型
4	中央戏剧学院	1	—	1	—	—	一流学科建设高校	—	教育部	博士学位授予单位
5	南京艺术学院	1	—	1	—	—	—	—	江苏省人民政府	博士学位授予单位
6	云南艺术学院	1	—	—	—	1	—	—	云南省人民政府	硕士学位授予单位
7	广西艺术学院	1	—	—	—	1	—	—	广西壮族自治区人民政府	硕士学位授予单位

表1-15　2024年度国家社科基金项目民办高校立项情况

单位：项

序号	学校名称	总计	重点项目	一般项目	青年项目	西部项目	院校类型	主管单位
1	福州外语外贸学院	3	—	3	—	—	财经	福建省教育厅
2	黑龙江外国语学院	2	—	2	—	—	语言	黑龙江省教育厅
3	浙江树人学院	2	—	2	—	—	综合	浙江省教育厅
4	温州商学院	2	—	2	—	—	财经	浙江省教育厅
5	宁波财经学院	2	—	—	2	—	财经	浙江省教育厅
6	安徽新华学院	1	—	1	—	—	理工	安徽省教育厅
7	北京城市学院	1	—	1	—	—	综合	北京市教委
8	广州南方学院	1	—	1	—	—	综合	广东省教育厅
9	湖南涉外经济学院	1	—	1	—	—	综合	湖南省教育厅
10	南昌工学院	1	—	1	—	—	理工	江西省教育厅
11	武汉东湖学院	1	—	1	—	—	理工	湖北省教育厅

表1-15（续）

单位：项

序号	学校名称	总计	重点项目	一般项目	青年项目	西部项目	院校类型	主管单位
12	武汉工商学院	1	—	1	—	—	财经	湖北省教育厅
13	宁夏大学新华学院	1	—	—	1	—	综合	宁夏回族自治区教育厅
14	南宁学院	1	—	—	—	1	理工	广西壮族自治区教育厅

表1-16 2024年度国家社科基金项目专科高校立项情况

单位：项

序号	学校名称	总计	重点项目	一般项目	青年项目	西部项目	院校类型	主管单位
1	泸州职业技术学院	1	—	1	—	—	综合	四川省人民政府
2	宁波卫生职业技术学院	1	—	1	—	—	医药	浙江省人民政府
3	宁波职业技术学院	1	—	1	—	—	综合	浙江省人民政府
4	重庆电子工程职业学院	1	—	—	—	1	理工	重庆市教委
5	拉萨师范高等专科学校	1	—	—	—	1	师范	西藏自治区人民政府
6	宁夏职业技术学院	1	—	—	—	1	综合	宁夏回族自治区人民政府

表1-17 2024年度国家社科基金项目立项一流大学建设高校前20名

单位：项

序号	学校名称	总计	重点项目	一般项目	青年项目	西部项目	"双一流"建设	工程建设	主管单位
1	四川大学	66	7	19	24	16	一流大学A类	985	教育部
2	山东大学	59	2	37	20	—	一流大学A类	985	教育部

表1-17（续）

序号	学校名称	总计	重点项目	一般项目	青年项目	西部项目	"双一流"建设	工程建设	主管单位
3	复旦大学	54	3	25	26	—	一流大学A类	985	教育部
4	中国人民大学	53	10	24	19	—	一流大学A类	985	教育部
5	武汉大学	53	6	19	28	—	一流大学A类	985	教育部
6	华东师范大学	49	5	26	18	—	一流大学A类	985	教育部
7	郑州大学	48	5	27	16	—	一流大学B类	211	河南省人民政府
8	厦门大学	48	5	23	20	—	一流大学A类	985	教育部
9	浙江大学	47	6	20	21	—	一流大学A类	985	教育部
10	南京大学	47	4	24	19	—	一流大学A类	985	教育部
11	中山大学	47	1	24	22	—	一流大学A类	985	教育部
12	北京大学	45	3	11	31	—	一流大学A类	985	教育部
13	云南大学	44	3	15	17	9	一流大学B类	211	云南省人民政府
14	南开大学	40	4	20	16	—	一流大学A类	985	教育部
15	上海交通大学	40	3	19	18	—	一流大学A类	985	教育部
16	湖南大学	38	5	16	17	—	一流大学B类	985	教育部
17	西安交通大学	38	1	12	19	6	一流大学A类	985	教育部
18	北京师范大学	35	3	15	17	—	一流大学A类	985	教育部
19	清华大学	31	4	10	17	—	一流大学A类	985	教育部
20	吉林大学	31	3	11	17	—	一流大学A类	985	教育部

表 1-18 2024 年度国家社科基金项目立项项一流学科建设高校前 20 名

单位：项

序号	学校名称	总计	重点项目	一般项目	青年项目	西部项目	211工程建设	主管单位
1	华中师范大学	53	6	27	20	—	211	教育部
2	西南大学	47	3	15	19	10	211	教育部
3	上海大学	46	4	23	19	—	211	上海市人民政府
4	安徽大学	44	2	19	23	—	211	安徽省人民政府
5	西北大学	39	3	9	17	10	211	陕西省人民政府
6	暨南大学	39	2	24	13	—	211	中央统战部
7	河南大学	38	6	15	17	—	—	河南省人民政府
8	中南财经政法大学	38	2	25	11	—	211	教育部
9	中国政法大学	36	3	19	14	—	211	教育部
10	陕西师范大学	34	4	12	11	7	211	教育部
11	南京师范大学	32	4	10	18	—	211	江苏省人民政府
12	湖南师范大学	29	4	14	11	—	211	湖南省人民政府
13	苏州大学	27	4	13	10	—	211	江苏省人民政府
14	华南师范大学	27	3	15	9	—	211	广东省人民政府
15	南昌大学	26	1	15	10	—	211	江西省人民政府
16	东北师范大学	24	2	18	4	—	211	教育部
17	南京邮电大学	23	—	14	9	—	—	江苏省人民政府
18	中央财经大学	22	2	13	7	—	211	教育部
19	上海外国语大学	21	3	14	4	—	211	教育部
20	对外经济贸易大学	20	—	11	9	—	211	教育部

表 1-19　2024 年度国家社科基金项目立项"双非"高校前 50 名

单位：项

序号	学校名称	总计	重点项目	一般项目	青年项目	西部项目	主管单位
1	浙江工商大学	39	3	24	12	—	浙江省人民政府
2	上海师范大学	39	—	15	24	—	上海市人民政府
3	广州大学	37	2	20	15	—	广东省人民政府
4	福建师范大学	35	4	19	12	—	福建省人民政府
5	安徽师范大学	34	5	16	13	—	安徽省人民政府
6	江西财经大学	34	4	20	10	—	江西省人民政府
7	浙江财经大学	31	3	18	10	—	浙江省人民政府
8	重庆工商大学	29	2	12	6	9	重庆市人民政府
9	广东外语外贸大学	28	1	18	9	—	广东省人民政府
10	贵州师范大学	28	1	12	3	12	贵州省人民政府
11	重庆师范大学	28	1	5	6	16	重庆市人民政府
12	河南师范大学	27	3	12	12	—	河南省人民政府
13	江西师范大学	27	3	12	12	—	江西省人民政府
14	深圳大学	27	2	14	11	—	广东省人民政府
15	山东理工大学	27	1	20	6	—	山东省人民政府
16	首都经济贸易大学	27	1	14	12	—	北京市人民政府
17	浙江师范大学	25	4	12	9	—	浙江省人民政府
18	浙江工业大学	25	3	12	10	—	浙江省人民政府
19	华东政法大学	25	1	17	7	—	上海市人民政府
20	西南政法大学	23	—	11	5	7	重庆市人民政府
21	山东财经大学	22	—	16	6	—	山东省人民政府
22	湖北大学	22	—	11	11	—	湖北省人民政府
23	湖南科技大学	21	1	15	5	—	湖南省人民政府
24	华侨大学	21	1	14	6	—	中央统战部
25	青岛大学	21	1	8	12	—	山东省人民政府

表1-19（续）

序号	学校名称	总计	重点项目	一般项目	青年项目	西部项目	主管单位
26	河北大学	20	4	11	5	—	河北省人民政府
27	济南大学	20	2	13	5	—	山东省人民政府
28	山东工商学院	20	1	17	2	—	山东省人民政府
29	安徽财经大学	19	2	14	3	—	安徽省人民政府
30	西北师范大学	19	2	4	5	8	甘肃省人民政府
31	中南民族大学	19	1	16	2	—	国家民委
32	南通大学	19	1	15	3	—	江苏省人民政府
33	南京财经大学	19	1	7	11	—	江苏省人民政府
34	湖南工商大学	19	—	14	5	—	湖南省人民政府
35	天津师范大学	19	—	10	9	—	天津市人民政府
36	南京审计大学	18	2	8	8	—	江苏省人民政府
37	扬州大学	18	1	16	1	—	江苏省人民政府
38	山东师范大学	18	1	10	7	—	山东省人民政府
39	云南师范大学	18	1	8	3	6	云南省人民政府
40	广西师范大学	18	1	7	4	6	广西壮族自治区人民政府
41	杭州师范大学	17	3	7	7	—	浙江省人民政府
42	山西财经大学	17	1	10	6	—	山西省人民政府
43	云南财经大学	17	—	9	2	6	云南省人民政府
44	云南民族大学	17	—	7	6	4	云南省人民政府
45	曲阜师范大学	16	4	8	4	—	山东省人民政府
46	西南民族大学	16	3	3	4	6	国家民委
47	北京工商大学	16	2	8	6	—	北京市人民政府
48	常州大学	16	1	10	5	—	江苏省人民政府
49	河北师范大学	16	1	6	9	—	河北省人民政府
50	贵州民族大学	16	—	4	3	9	贵州省人民政府

四、2020—2024 年度国家社科基金立项情况分析

1. 立项类别情况

从表 1-20 中可以看出，从立项总数来看，2020—2024 年，国家社科基金重点项目、一般项目、青年项目和西部项目立项总数呈现逐年递增的趋势。尤其是 2024 年，立项总数较 2023 年增加 416 项，增幅较大。从各类别项目立项情况来看，2020—2024 年国家社科基金重点项目、一般项目、青年项目和西部项目的立项数分别为 1 892 项、15 468 项、6 509 项和 2 417 项。其中，2024 年是一般项目和青年项目立项数变化最大的一年，一般项目在 2023 年的基础上减少 425 项，而青年项目在 2023 年的基础上增加 777 项，增幅较大。

表 1-20　2020—2024 年度国家社科基金项目立项类别变化情况　单位：项

年份	重点项目	比上一年增加	一般项目	比上一年增加	青年项目	比上一年增加	西部项目	比上一年增加	总计	比上一年增加
2020	363	14	3 184	−1	1 078	−15	496	−3	5 121	−5
2021	370	7	3 168	−16	1 103	25	499	3	5 140	19
2022	371	1	3 177	9	1 127	24	500	1	5 175	35
2023	396	25	3 182	5	1 212	85	427	−73	5 217	42
2024	392	−4	2 757	−425	1 989	777	495	68	5 633	416
总计	1 892	—	15 468	—	6 509	—	2 417	—	26 286	

2. 立项学科情况

从表 1-21 中可以看出，2020—2024 年度国家社科基金立项学科总计 23 个，其中管理学、应用经济学和法学的立项总数居前三位，立项数分别为 2 358 项、2 018 项和 1 750 项，三者立项数之和占总立项数的 27.0%。这三个学科是国家社科基金重点资助学科，而宗教学、考古学、人口学的立项总数居后三位，立项数分别为 518 项、444 项和 387 项，三者立项数之和仅占总立项数的 5.9%。

表1-21　2020—2024年度国家社科基金项目立项学科变化情况

单位：项

学科	2020年	比上一年增加	2021年	比上一年增加	2022年	比上一年增加	2023年	比上一年增加	2024年	比上一年增加	总计
管理学	445	4	425	-20	455	30	487	32	546	59	2 358
应用经济学	380	3	387	7	404	17	400	-4	447	47	2 018
法学	349	6	350	1	350	0	357	7	344	-13	1 750
中国文学	322	11	336	14	333	-3	334	1	334	0	1 659
马列·科社	340	1	315	-25	310	-5	323	13	356	33	1 644
语言学	331	1	312	-19	333	21	318	-15	337	19	1 631
民族学	314	-15	327	13	309	-18	317	8	340	23	1 607
社会学	313	5	302	-11	305	3	296	-9	372	76	1 588
中国历史	299	6	294	-5	284	-10	281	-3	304	23	1 462
哲学	242	3	240	-2	233	-7	225	-8	233	8	1 173
理论经济学	215	3	197	-18	201	4	197	-4	212	15	1 022
党史·党建	147	3	195	48	213	18	209	-4	211	2	975
政治学	173	3	185	12	184	-1	184	0	197	13	923
新闻学与传播学	178	-1	169	-9	171	2	177	6	192	15	887
图书馆·情报与文献学	159	-1	177	18	172	-5	176	4	182	6	866
体育学	163	-9	168	5	167	-1	160	-7	179	19	837
国际问题研究	156	-13	162	6	159	-3	169	10	190	21	836
外国文学	106	-18	110	4	116	6	120	4	124	4	576
世界历史	120	3	112	-8	107	-5	109	2	119	10	567
统计学	94	7	114	20	113	-1	115	2	122	7	558
宗教学	105	-8	101	-4	99	-2	103	4	110	7	518
考古学	84	-15	89	5	88	-1	86	-2	97	11	444
人口学	86	16	73	-13	69	-4	74	5	85	11	387
总计	5 121	—	5 140	—	5 175	—	5 217	—	2 024	—	22 677

3. 立项单位情况

据统计，2020—2024年度国家社科基金项目共有822所高校取得立项。从表1-22中可以看出，从总体立项情况来看，四川大学、中国人民大学和厦门大学三所高校居前三位，五年总计立项数分别为293项、268项和260项。在立项总数前20名的高校中，有15所高校是"985工程"建设高校，5所高校是"211工程"建设高校。

从表1-23中可以看出，2020—2024年，"985工程"建设高校国家社科基金项目立项数量从2020年的948项到增加到2024年的1160项；"211工程"建设高校国家社科基金项目立项数量从2020年的973项增加到2024年的1136项。"985工程"建设高校国家社科基金项目立项相对上一年增加最多是2021年，增加92项；"211工程"建设高校国家社科基金项目立项相对上一年增加最多的是2024年，增加96项。整体来看，2020—2024年，"985工程"建设高校和"211工程"建设高校国家社科基金项目立项数量占全国高校国家社科基金项目立项数量的40%左右，"985工程"建设高校和"211工程"建设高校在社科研究方面能力突出。

从表1-24中可以看出，"985工程"建设高校国家社科基金项目立项数量居前三位的分别是四川大学、中国人民大学和厦门大学，2020—2024年总计立项数分别为293项、268项和260项。2020—2024年总计立项数超过200项的有10所高校，包括中山大学、山东大学、北京大学、武汉大学等。此外，在重点项目中，中国人民大学以总计55项位居第一；在一般项目中，厦门大学以总计169项位居第一；在青年项目中，北京大学以总计117项位居第一。

从表1-25中可以看出，2020—2024年，"211工程"建设高校国家社科基金项目立项数量居前三位的分别是云南大学、西南大学和郑州大学，2020—2024年总计立项数分别为217项、201项、196项。其中，郑州大学重点项目总计立项24项，云南大学一般项目总计立项124项，郑州大学青年项目总计立项72项，分别位列相应项目第一。

从表 1-26 至表 1-28 中可以看出，2020—2024 年，"双一流"建设高校国家社科基金立项数总体呈现上升趋势。一流大学 A 类高校国家社科基金新增立项数量最多的是 2021 年，比上一年增加 88 项；一流大学 B 类、一流学科建设高校国家社科基金立项数量比上一年增加最多的是 2024 年，分别增加 24 项和 115 项。2020—2024 年，国家社科基金项目"一流大学"高校立项数量排名前三位的依次是四川大学、中国人民大学和厦门大学；排名前 20 名中，"985 工程"建设高校有 18 所，"211 工程"建设高校有 2 所。一流学科建设高校立项数量排名前三位的依次是西南大学、华中师范大学和暨南大学。

从表 1-29 至表 1-32 中可以看出，2020—2024 年，国家社科基金项目立项单位中，学位授予单位类型以博士学位授予单位为主，总计立项 21 069 项，占比 80.15%。不同学位授予单位类型的高校新增立项数最多的都是 2024 年，博士学位授予单位、硕士学位授予单位、学士学位授予单位分别增加 323 项、37 项、13 项。博士学位授予单位高校立项数量排名前三位的依次是四川大学、中国人民大学、厦门大学。硕士学位授予单位高校立项数量排名前三位的依次是广西财经学院、山东工商学院、湖南财政经济学院，总计立项数量分别为 64 项、58 项、49 项。学士学位授予单位高校立项数量排名前三位的依次是怀化学院（16 项）、商丘师范学院（15 项）和成都师范学院（13 项）。

从表 1-33 至表 1-35 中可以看出，国家社科基金项目立项单位以公办高校为主，占比约 90%。国家社科基金项目立项单位中，公办高校 2020—2024 年总计立项数量居前三位的分别是四川大学、中国人民大学、厦门大学，民办高校 2020—2024 年总计立项数量居前三位的分别是三亚学院（16 项）、宁波财经学院（13 项）和浙江越秀外国语学院（8 项）。近年来，民办高校的社科研究能力提升迅速。

单位：项

表1-22 2020—2024年度国家社科基金项目立项总数前20名的高校

排名	学校名称	总计	重点项目	一般项目	青年项目	西部项目	工程建设	"双一流"建设	主管单位
1	四川大学	293	28	135	82	48	985	一流大学A类	教育部
2	中国人民大学	268	55	133	80	—	985	一流大学A类	教育部
3	厦门大学	260	32	169	59	—	985	一流大学A类	教育部
4	中山大学	233	11	139	83	—	985	一流大学A类	教育部
5	山东大学	230	16	139	75	—	985	一流大学A类	教育部
6	北京大学	229	19	93	117	—	985	一流大学A类	教育部
7	武汉大学	226	31	119	76	—	985	一流大学A类	教育部
8	云南大学	217	15	124	51	27	211	一流大学B类	云南省人民政府
9	南开大学	209	30	108	71	—	985	一流大学A类	教育部
10	复旦大学	209	18	104	87	—	985	一流大学A类	教育部
11	华东师范大学	208	20	135	53	—	985	一流大学A类	教育部
12	西南大学	201	14	111	52	24	211	一流学科建设高校	教育部
13	郑州大学	196	24	100	72	—	211	一流大学B类	河南省人民政府
14	上海交通大学	196	20	116	60	—	985	一流大学A类	教育部
15	吉林大学	195	35	92	68	—	985	一流大学A类	教育部
16	南京大学	192	32	99	61	—	985	一流大学A类	教育部
17	浙江大学	192	22	93	77	—	985	一流大学A类	教育部
18	北京师范大学	188	23	105	60	—	985	一流大学A类	教育部
19	华中师范大学	188	17	118	53	—	211	一流学科建设高校	教育部
20	暨南大学	185	21	111	53	—	211	一流学科建设高校	中央统战部

表 1-23 2020—2024 年度国家社科基金项目 "985 工程" "211 工程" 建设高校立项变化情况　单位：项

工程建设	2020年	比上一年增加	2021年	比上一年增加	2022年	比上一年增加	2023年	比上一年增加	2024年	比上一年增加	总计
985	948	-3	1 040	92	1 069	29	1 094	25	1 160	66	5 311
211	973	-8	1 008	35	1 001	-7	1 040	39	1 136	96	5 158
非985/211	3 200	6	3 092	-108	3 105	13	3 083	-22	3 337	254	15 817
总计	5 121	-5	5 140	19	5 175	35	5 217	42	5 633	416	26 286

表 1-24 2020—2024 年度国家社科基金项目 "985 工程" "211 工程" 建设高校立项排名前 20 名　单位：项

排名	学校名称	总计	重点项目	一般项目	青年项目	西部项目	"双一流" 建设类型	学位授予单位类型	主管单位
1	四川大学	293	28	135	82	48	一流大学A类	博士学位授予单位	教育部
2	中国人民大学	268	55	133	80	—	一流大学A类	博士学位授予单位	教育部
3	厦门大学	260	32	169	59	—	一流大学A类	博士学位授予单位	教育部
4	中山大学	233	11	139	83	—	一流大学A类	博士学位授予单位	教育部
5	山东大学	230	16	139	75	—	一流大学A类	博士学位授予单位	教育部
6	北京大学	229	19	93	117	—	一流大学A类	博士学位授予单位	教育部
7	武汉大学	226	31	119	76	—	一流大学A类	博士学位授予单位	教育部
8	南开大学	209	30	108	71	—	一流大学A类	博士学位授予单位	教育部
9	复旦大学	209	18	104	87	—	一流大学A类	博士学位授予单位	教育部
10	华东师范大学	208	20	135	53	—	一流大学A类	博士学位授予单位	教育部
11	上海交通大学	196	20	116	60	—	一流大学A类	博士学位授予单位	教育部
12	吉林大学	195	35	92	68	—	一流大学A类	博士学位授予单位	教育部
13	南京大学	192	32	99	61	—	一流大学A类	博士学位授予单位	教育部

表1-24（续）

排名	学校名称	总计	重点项目	一般项目	青年项目	西部项目	学位授予单位类型	"双一流"建设	主管单位
14	浙江大学	192	22	93	77	—	博士学位授予单位	一流大学A类	教育部
15	北京师范大学	188	23	105	61	—	博士学位授予单位	一流大学A类	教育部
16	中央民族大学	148	13	99	36	—	博士学位授予单位	一流大学A类	国家民委
17	西安交通大学	148	11	70	49	18	博士学位授予单位	一流大学A类	教育部
18	清华大学	146	16	41	89	—	博士学位授予单位	一流大学A类	教育部
19	湖南大学	140	13	75	52	—	博士学位授予单位	一流大学B类	教育部
20	兰州大学	133	8	57	41	28	博士学位授予单位	一流大学A类	教育部

表1-25 2020—2024年度国家社科基金项目"211工程"建设高校立项排名前20名　　单位：项

排名	学校名称	总计	重点项目	一般项目	青年项目	西部项目	学位授予单位类型	"双一流"建设	主管单位
1	云南大学	217	15	124	51	27	博士学位授予单位	一流大学B类	云南省人民政府
2	西南大学	201	14	111	52	24	博士学位授予单位	一流学科建设高校	教育部
3	郑州大学	196	24	100	72	—	博士学位授予单位	一流大学B类	河南省人民政府
4	华中师范大学	188	17	118	53	—	博士学位授予单位	一流学科建设高校	教育部
5	暨南大学	185	21	111	53	—	博士学位授予单位	一流学科建设高校	中央统战部
6	南京师范大学	179	19	89	71	—	博士学位授予单位	一流学科建设高校	江苏省人民政府
7	中南财经政法大学	177	14	121	42	—	博士学位授予单位	一流学科建设高校	教育部
8	中国政法大学	171	17	89	65	—	博士学位授予单位	一流学科建设高校	教育部
9	上海大学	168	14	103	51	—	博士学位授予单位	一流学科建设高校	上海市人民政府
10	西北大学	165	13	77	50	25	博士学位授予单位	一流学科建设高校	陕西省人民政府

表1-25（续）

排名	学校名称	总计	重点项目	一般项目	青年项目	西部项目	学位授予单位类型	"双一流"建设	主管单位
11	陕西师范大学	164	14	82	45	23	博士学位授予单位	一流学科建设高校	教育部
12	湖南师范大学	151	17	100	34	—	博士学位授予单位	一流学科建设高校	湖南省人民政府
13	安徽师范大学	148	8	75	65	—	博士学位授予单位	一流学科建设高校	安徽省人民政府
14	东北师范大学	127	10	96	21	—	博士学位授予单位	一流学科建设高校	教育部
15	华南师范大学	114	11	76	27	—	博士学位授予单位	一流学科建设高校	广东省人民政府
16	苏州大学	112	9	70	33	—	博士学位授予单位	一流学科建设高校	江苏省人民政府
17	南昌大学	108	7	67	34	—	博士学位授予单位	一流学科建设高校	江西省人民政府
18	贵州大学	107	4	43	22	38	博士学位授予单位	一流学科建设高校	贵州省人民政府
19	内蒙古大学	99	9	47	13	30	博士学位授予单位	一流学科建设高校	内蒙古自治区人民政府
20	海南大学	94	5	44	15	30	博士学位授予单位	一流学科建设高校	海南省人民政府

表1-26　2020—2024年度国家社科基金项目"双一流"建设高校立项变化情况　　单位：项

"双一流"建设	2020年	比上一年增加	2021年	比上一年增加	2022年	比上一年增加	2023年	比上一年增加	2024年	比上一年增加	总计
一流大学A类	900	-1	988	88	1 019	31	1 046	27	1 099	53	5 052
一流大学B类	200	8	189	-11	192	3	196	4	220	24	997
一流学科建设高校	1 016	18	1 057	41	1 035	-22	1 107	72	1 222	115	5 437
其他	3 005	-43	2 906	-99	2 929	23	2 868	-61	3 092	224	14 800
总计	5 121	-18	5 140	19	5 175	35	5 217	42	5 633	416	26 286

表 1-27 2020—2024 年度国家社科基金项目 "一流大学" 高校立项排名前 20 名　　　　　单位：项

排名	学校名称	总计	重点项目	一般项目	青年项目	西部项目	学位授予单位类型	工程建设	主管单位
1	四川大学	293	28	135	82	48	博士学位授予单位	985	教育部
2	中国人民大学	268	55	133	80	—	博士学位授予单位	985	教育部
3	厦门大学	260	32	169	59	—	博士学位授予单位	985	教育部
4	中山大学	233	11	139	83	—	博士学位授予单位	985	教育部
5	山东大学	230	16	139	75	—	博士学位授予单位	985	教育部
6	北京大学	229	19	93	117	—	博士学位授予单位	985	教育部
7	武汉大学	226	31	119	76	—	博士学位授予单位	985	教育部
8	云南大学	217	15	124	51	27	博士学位授予单位	211	云南省人民政府
9	南开大学	209	30	108	71	—	博士学位授予单位	985	教育部
10	复旦大学	209	18	104	87	—	博士学位授予单位	985	教育部
11	华东师范大学	208	20	135	53	—	博士学位授予单位	985	教育部
12	郑州大学	196	24	100	72	—	博士学位授予单位	211	河南省人民政府
13	上海交通大学	196	20	116	60	—	博士学位授予单位	985	教育部
14	吉林大学	195	35	92	68	—	博士学位授予单位	985	教育部
15	南京大学	192	32	99	61	—	博士学位授予单位	985	教育部
16	浙江大学	192	22	93	77	—	博士学位授予单位	985	教育部
17	北京师范大学	188	23	105	60	—	博士学位授予单位	985	教育部
18	中央民族大学	148	13	99	36	—	博士学位授予单位	985	国家民委
19	西安交通大学	148	11	70	49	18	博士学位授予单位	985	教育部
20	清华大学	146	16	41	89	—	博士学位授予单位	985	教育部

表1-28 2020—2024年度国家社科基金项目 "一流学科" 高校立项排名前20名　　单位：项

排名	学校名称	总计	重点项目	一般项目	青年项目	西部项目	学位授予单位类型	工程建设	主管单位
1	西南大学	201	14	111	52	24	博士学位授予单位	211	教育部
2	华中师范大学	188	17	118	53	—	博士学位授予单位	211	教育部
3	暨南大学	185	21	111	53	—	博士学位授予单位	211	中央统战部
4	南京师范大学	179	19	89	71	—	博士学位授予单位	211	江苏省人民政府
5	中南财经政法大学	177	14	121	42	—	博士学位授予单位	211	教育部
6	河南大学	171	20	103	48	—	博士学位授予单位	—	河南省人民政府
7	中国政法大学	171	17	89	65	—	博士学位授予单位	211	教育部
8	上海大学	168	14	103	51	—	博士学位授予单位	211	上海市人民政府
9	西北大学	165	13	77	50	25	博士学位授予单位	211	陕西省人民政府
10	陕西师范大学	164	14	82	45	23	博士学位授予单位	211	教育部
11	湖南师范大学	151	17	100	34	—	博士学位授予单位	211	湖南省人民政府
12	安徽师范大学	149	9	75	65	—	博士学位授予单位	211	安徽省人民政府
13	东北师范大学	127	10	96	21	—	博士学位授予单位	211	教育部
14	华南师范大学	114	11	76	27	—	博士学位授予单位	211	广东省人民政府
15	苏州大学	112	9	70	33	—	博士学位授予单位	211	江苏省人民政府
16	南昌大学	108	7	67	34	—	博士学位授予单位	211	江西省人民政府
17	贵州大学	107	4	43	22	38	博士学位授予单位	211	贵州省人民政府
18	内蒙古大学	99	9	47	13	30	博士学位授予单位	211	内蒙古自治区人民政府
19	海南大学	94	5	44	15	30	博士学位授予单位	211	海南省人民政府
20	对外经济贸易大学	92	10	54	28	—	博士学位授予单位	211	教育部

表 1-29　2020—2024 年度国家社科基金项目学位授予单位立项情况变化

单位：项

学位授予单位类型	2020年	比上一年增加	2021年	比上一年增加	2022年	比上一年增加	2023年	比上一年增加	2024年	比上一年增加	总计
博士学位授予单位	4 033	23	4 116	83	4 133	17	4 232	99	4 555	323	21 069
硕士学位授予单位	451	-6	436	-15	437	1	424	-13	461	37	2 209
学士学位授予单位	102	2	101	-1	98	-3	106	8	119	13	526
其他	535	-37	487	-48	507	20	455	-52	498	43	2 482
总计	5 121	-18	5 140	19	5 175	35	5 217	42	5 633	416	26 286

表 1-30　2020—2024 年度国家社科基金项目"博士学位授予单位"高校立项排名前 20 名

单位：项

排名	学校名称	计数	重点项目	一般项目	青年项目	西部项目	学位授予单位类型	工程建设	主管单位
1	四川大学	293	28	135	82	48	博士学位授予单位	985	教育部
2	中国人民大学	268	55	133	80	—	博士学位授予单位	985	教育部
3	厦门大学	260	32	169	59	—	博士学位授予单位	985	教育部
4	中山大学	233	11	139	83	—	博士学位授予单位	985	教育部
5	山东大学	230	16	139	75	—	博士学位授予单位	985	教育部
6	北京大学	229	19	93	117	—	博士学位授予单位	985	教育部
7	武汉大学	226	31	119	76	—	博士学位授予单位	985	教育部
8	云南大学	217	15	124	51	27	博士学位授予单位	211	云南省人民政府
9	南开大学	209	30	108	71	—	博士学位授予单位	985	教育部
10	复旦大学	209	18	104	87	—	博士学位授予单位	985	教育部
11	华东师范大学	208	20	135	53	—	博士学位授予单位	985	教育部

表1-30（续）

排名	学校名称	计数	重点项目	一般项目	青年项目	西部项目	学位授予单位类型	工程建设	主管单位
12	西南大学	201	14	111	52	24	博士学位授予单位	211	教育部
13	郑州大学	196	24	100	72	—	博士学位授予单位	211	河南省人民政府
14	上海交通大学	196	20	116	60	—	博士学位授予单位	985	教育部
15	吉林大学	195	35	92	68	—	博士学位授予单位	985	教育部
16	南京大学	192	32	99	61	—	博士学位授予单位	985	教育部
17	浙江大学	192	22	93	77	—	博士学位授予单位	985	教育部
18	北京师范大学	188	23	105	60	—	博士学位授予单位	985	教育部
19	华中师范大学	188	17	118	53	—	博士学位授予单位	211	教育部
20	暨南大学	185	21	111	53	—	博士学位授予单位	211	中央统战部

表1-31　2020—2024年度国家社科基金项目"硕士学位授予单位"高校立项排名前20名　　单位：项

排名	学校名称	总计	重点项目	一般项目	青年项目	西部项目	学位授予单位类型	工程建设	主管单位
1	广西财经学院	64	1	30	9	24	硕士学位授予单位	—	广西壮族自治区人民政府
2	山东工商学院	58	3	49	6	—	硕士学位授予单位	—	山东省人民政府
3	湖南财政经济学院	49	2	36	11	—	硕士学位授予单位	—	湖南省教育厅
4	内蒙古财经大学	45	1	25	1	18	硕士学位授予单位	—	内蒙古自治区人民政府
5	长江师范学院	45	1	24	5	15	硕士学位授予单位	—	重庆市人民政府
6	湖北经济学院	41	2	28	11	—	硕士学位授予单位	—	湖北省人民政府
7	聊城大学	37	6	28	3	—	硕士学位授予单位	—	山东省人民政府

表 1-31（续）

排名	学校名称	总计	重点项目	一般项目	青年项目	西部项目	学位授予单位类型	工程建设	主管单位
8	郑州航空工业管理学院	37	3	23	11	—	硕士学位授予单位	—	河南省人民政府
9	河北经贸大学	35	2	22	11	—	硕士学位授予单位	—	河北省人民政府
10	盐城师范学院	33	2	27	4	—	硕士学位授予单位	—	江苏省人民政府
11	湖州师范学院	33	1	27	5	—	硕士学位授予单位	—	浙江省人民政府
12	湖南第一师范学院	32	1	26	5	—	硕士学位授予单位	—	湖南省人民政府
13	广东金融学院	29	—	22	7	—	硕士学位授予单位	—	广东省人民政府
14	湖北民族大学	29	1	16	1	11	硕士学位授予单位	—	湖北省人民政府
15	浙江传媒学院	28	3	16	9	—	硕士学位授予单位	—	浙江省教育厅
16	北京第二外国语学院	27	2	14	11	—	硕士学位授予单位	—	北京市人民政府
17	信阳师范学院	27	1	16	10	—	硕士学位授予单位	—	河南省人民政府
18	上海立信会计金融学院	26	2	17	7	—	硕士学位授予单位	—	上海市人民政府
19	湖南理工学院	24	—	20	4	—	硕士学位授予单位	—	湖南省人民政府
20	淮北师范大学	23	—	20	3	—	硕士学位授予单位	—	安徽省人民政府

表 1-32　2020—2024 年度国家社科基金项目 "学士学位授予单位" 高校立项排名前 20 名　单位：项

排名	学校名称	总计	重点项目	一般项目	青年项目	西部项目	学位授予单位类型	工程建设	主管单位
1	怀化学院	16	—	13	3	—	学士学位授予单位	—	湖南省人民政府
2	商丘师范学院	15	—	12	3	—	学士学位授予单位	—	河南省人民政府

表1-32（续）

排名	学校名称	总计	重点项目	一般项目	青年项目	西部项目	学位授予单位类型	工程建设	主管单位
3	成都师范学院	13	2	4	1	6	学士学位授予单位	—	四川省人民政府
4	宁波财经学院	13	—	8	5	—	学士学位授予单位	—	浙江省教育厅
5	桂林旅游学院	13	—	6	—	7	学士学位授予单位	—	广西壮族自治区人民政府
6	梧州学院	13	—	6	—	7	学士学位授予单位	—	广西壮族自治区人民政府
7	丽水学院	12	1	9	2	—	学士学位授予单位	—	丽水市人民政府
8	山东管理学院	12	—	9	3	—	学士学位授予单位	—	山东省人民政府
9	湖南科技学院	10	—	9	1	—	学士学位授予单位	—	湖南省人民政府
10	凯里学院	9	1	4	1	3	学士学位授予单位	—	贵州省人民政府
11	许昌学院	9	—	8	1	—	学士学位授予单位	—	河南省人民政府
12	福建江夏学院	9	—	7	2	—	学士学位授予单位	—	福建省人民政府
13	百色学院	9	—	5	—	4	学士学位授予单位	—	广西壮族自治区人民政府
14	宁德师范学院	9	—	2	1	6	学士学位授予单位	—	福建省人民政府
15	浙江越秀外国语学院	8	—	8	—	—	学士学位授予单位	—	浙江省教育厅
16	廊坊师范学院	8	—	5	3	—	学士学位授予单位	—	河北省人民政府
17	巢湖学院	8	—	4	4	—	学士学位授予单位	—	安徽省人民政府
18	滇西科技师范学院	8	—	4	1	3	学士学位授予单位	—	云南省人民政府
19	兰州文理学院	8	—	4	—	4	学士学位授予单位	—	甘肃省人民政府
20	湖南女子学院	7	—	4	3	—	学士学位授予单位	—	湖南省人民政府

表 1-33 2020—2024 年度国家社科基金项目公办、民办高校立项情况变化

单位：项

高校性质	2020 年	比上一年增加	2021 年	比上一年增加	2022 年	比上一年增加	2023 年	比上一年增加	2024 年	比上一年增加	总计
公办	4 565	18	4 635	70	4 648	13	4 738	90	5 119	381	23 705
民办	23	-37	26	3	22	-4	26	4	20	-6	117
其他	533	1	479	-54	505	26	453	-52	494	41	2 464
总计	5 121	19	5 140	19	5 175	35	5 217	42	5 633	416	26 286

表 1-34 2020—2024 年度国家社科基金项目立项单位中公办高校立项排名前 20 名

单位：项

排名	学校名称	总计	重点项目	一般项目	青年项目	西部项目	主管单位
1	四川大学	293	28	135	82	48	教育部
2	中国人民大学	268	55	133	80	—	教育部
3	厦门大学	260	32	169	59	—	教育部
4	中山大学	233	11	139	83	—	教育部
5	山东大学	230	16	139	75	—	教育部
6	北京大学	229	19	93	117	—	教育部
7	武汉大学	226	31	119	76	—	教育部
8	云南大学	217	15	124	51	27	云南省人民政府
9	南开大学	209	30	108	71	—	教育部
10	复旦大学	209	18	104	87	—	教育部
11	华东师范大学	208	20	135	53	—	教育部

表1-34（续）

排名	学校名称	总计	重点项目	一般项目	青年项目	西部项目	主管单位
12	西南大学	201	14	111	52	24	教育部
13	郑州大学	196	24	100	72	—	河南省人民政府
14	上海交通大学	196	20	116	60	—	教育部
15	吉林大学	195	35	92	68	—	教育部
16	南京大学	192	32	99	61	—	教育部
17	浙江大学	192	22	93	77	—	教育部
18	北京师范大学	188	23	105	60	—	教育部
19	华中师范大学	188	17	118	53	—	教育部
20	暨南大学	185	21	111	53	—	中央统战部

表1-35　2020—2024年度国家社科基金项目立项单位中民办高校立项排名前20名　单位：项

排名	学校名称	总计	重点项目	一般项目	青年项目	西部项目	主管单位
1	三亚学院	16	1	5	4	6	海南省教育厅
2	宁波财经学院	13	—	8	5	—	浙江省教育厅
3	浙江越秀外国语学院	8	—	8	—	—	浙江省教育厅
4	阳光学院	6	—	4	2	—	福建省教育厅
5	浙江树人学院	5	1	4	—	—	浙江省教育厅
6	温州商学院	5	—	5	—	—	浙江省教育厅
7	福州外语外贸学院	5	—	4	1	—	福建省教育厅

表1-35（续）

排名	学校名称	总计	重点项目	一般项目	青年项目	西部项目	主管单位
8	重庆财经学院	4	—	1	—	3	重庆市教委
9	西京学院	3	2	1	—	—	陕西省教育厅
10	黑龙江外国语学院	3	—	3	—	—	黑龙江省教育厅
11	江西工程学院	3	—	3	—	—	江西省教育厅
12	海口经济学院	3	—	2	—	1	海南省教育厅
13	北京城市学院	2	—	2	—	—	北京市教委
14	湖南涉外经济学院	2	—	2	—	—	湖南省教育厅
15	吉林外国语大学	2	—	2	—	—	吉林省教育厅
16	宁波大学科学技术学院	2	—	2	—	—	浙江省教育厅
17	三江学院	2	—	2	—	—	江苏省教育厅
18	浙江财经大学东方学院	2	—	2	—	—	浙江省教育厅
19	浙江工商大学杭州商学院	2	—	1	1	—	浙江省教育厅
20	宁夏大学新华学院	2	—	—	2	—	宁夏回族自治区教育厅

从表 1-36 至表 1-47 可以看出，2020—2024 年，国家社科基金项目总计立项中综合类高校（9 968 项）立项数占比最高，其次是师范类（4 432 项），第三是理工类（3 510 项）。在综合类高校中，四川大学以总计立项 293 项位居第一，中国人民大学和厦门大学分别以 268 项和 260 项的总计立项数位居第二和第三。这三所高校的立项总数发展稳定。在师范类高校中，华东师范大学以总计立项 208 项位居第一，北京师范大学（188 项）与华中师范大学（188 项）并列第二。在理工类高校中，作为"双非"高校的浙江工业大学以总计立项数 124 项位居第一，发展势头迅猛。华南理工大学（121 项）和大连理工大学（108 项）分别位居第二和第三。在财经类高校中，作为"双非"高校的浙江工商大学以总计立项 180 项位居第一，展现了在国家社科基金项目研究方面强劲的实力。中南财经政法大学以总计立项 177 项位居第二，江西财经大学以总计立项 123 项位居第三。在民族类高校中，中央民族大学以总计 148 项的立项数位居第一，远超民族类其他高校。云南民族大学（98 项）和中南民族大学（93 项）分别位居第二和第三。在政法类高校中，中国政法大学大学以总计 171 项的立项数位居第一，西南政法大学（134 项）、华东政法大学（101 项）分别位居第二和第三。其中，西南政法大学和华东政法大学均为"双非"高校。在农林类高校中，华中农业大学以总计 63 项的立项数位居第一，华南农业大学和南京农业大学的总计立项数都是 46 项，并列第二。在语言类高校中，上海外国语大学以总计 69 项的立项数位居第一，北京外国语大学（61 项）、四川外国语大学（49 项）分别位居第二、第三。在医药类高校中，温州医科大学以总计 28 项的立项数位居第一，首都医科大学（12 项）、北京中医药大学（11 项）分别位居第二、第三。其中，温州医科大学、首都医科大学均为"双非"高校。在体育类高校中，成都体育学院以总计 33 项的立项数位居第一，武汉体育学院（23 项）和上海体育学院（22 项）分别位居第二、第三。在艺术类高校中，浙江传媒学院以总计 28 项的立项数位居第一，四川美术学院以总计 7 项的立项数位居第二，广西艺术学院和南京艺术学院均以总计 4 项的立项数并列第三。

表1-36 2020—2024年度国家社科基金项目不同类型高校立项变化情况

单位：项

院校类型	2020年	比上一年增加	2021年	比上一年增加	2022	比上一年增加	2023年	比上一年增加	2024年	比上一年增加	总计
综合	1 861	7	1 964	103	1918	-46	2 030	112	2 195	165	9 968
师范	891	-3	844	-47	882	38	916	34	899	-17	4 432
理工	691	-1	702	11	678	-24	654	-24	785	131	3 510
财经	534	21	528	-6	535	7	535	0	612	77	2 744
民族	185	-12	171	-14	191	20	184	-7	138	-46	869
农林	120	11	128	8	117	-11	132	15	158	26	655
政法	121	13	118	-3	144	26	123	-21	130	7	636
语言	77	-5	76	-1	82	6	73	-9	95	22	403
医药	38	-8	60	22	50	-10	48	-2	59	11	255
体育	36	6	48	12	44	-4	43	-1	41	-2	212
军事	28	-2	16	-12	24	8	11	-13	15	4	94
艺术	4	-4	4	0	5	1	11	6	8	-3	32
其他	2	-3	2	0	2	0	4	2	4	0	14
总计	2 727	20	2 697	73	4 672	11	4 764	92	5 139	375	23 824

表 1-37 2020—2024 年度国家社科基金项目立项综合类高校前 20 名

单位：项

排名	学校名称	2020 年	比上一年增加	2021 年	比上一年增加	2022 年	比上一年增加	2023 年	比上一年增加	2024 年	比上一年增加	总计
1	四川大学	42	-4	57	15	64	7	64	0	66	2	293
2	中国人民大学	41	-9	56	15	60	4	58	-2	53	-5	268
3	厦门大学	45	0	68	23	51	-17	48	-3	48	0	260
4	中山大学	53	-4	50	-3	43	-7	40	-3	47	7	233
5	山东大学	43	0	41	-2	42	1	45	3	59	14	230
6	北京大学	49	-2	42	-7	44	2	49	5	45	-4	229
7	武汉大学	34	-3	49	15	40	-9	50	10	53	3	226
8	云南大学	48	2	48	0	40	-8	37	-3	44	7	217
9	复旦大学	33	7	34	1	41	7	47	6	54	7	209
10	南开大学	36	4	48	12	43	-5	42	-1	40	-2	209
11	西南大学	34	5	45	11	36	-9	39	3	47	8	201
12	上海交通大学	34	-1	28	-6	51	23	43	-8	40	-3	196
13	郑州大学	38	1	35	-3	35	0	40	5	48	8	196
14	吉林大学	32	6	39	7	43	4	50	7	31	-19	195
15	南京大学	32	-6	35	3	35	0	43	8	47	4	192
16	浙江大学	33	4	36	3	39	3	37	-2	47	10	192
17	暨南大学	45	7	37	-8	32	-5	32	0	39	7	185
18	河南大学	32	2	39	7	23	-16	39	16	38	-1	171
19	上海大学	31	5	24	-7	31	7	36	5	46	10	168
20	西北大学	22	-4	31	9	36	5	37	1	39	2	165

表1-38 2020—2024年度国家社科基金项目立项师范类高校前20名

单位：项

排名	学校名称	2020年	比上一年增加	2021年	比上一年增加	2022年	比上一年增加	2023年	比上一年增加	2024年	比上一年增加	总计
1	华东师范大学	44	3	35	-9	37	2	43	6	49	6	208
2	北京师范大学	30	-2	46	16	42	-4	35	-7	35	0	188
3	华中师范大学	31	-2	28	-3	39	11	37	-2	53	16	188
4	南京师范大学	38	2	36	-2	34	-2	39	5	32	-7	179
5	陕西师范大学	30	-3	32	2	33	1	35	2	34	-1	164
6	湖南师范大学	39	2	30	-9	24	-6	29	5	29	0	151
7	福建师范大学	21	1	27	6	29	2	35	6	35	0	147
8	上海师范大学	27	0	26	-1	29	3	25	-4	39	14	146
9	江西师范大学	27	-1	23	-4	26	3	27	1	27	0	130
10	东北师范大学	24	0	24	0	27	3	28	1	24	-4	127
11	广西师范大学	23	2	28	5	28	0	27	-1	18	-9	124
12	山东师范大学	27	-2	29	2	18	-11	26	8	18	-8	118
13	华南师范大学	20	1	21	1	17	-4	29	12	27	-2	114
14	河南师范大学	20	-4	17	-3	18	1	29	11	27	-2	111
15	云南师范大学	19	-5	24	5	25	1	23	-2	18	-5	109
16	安徽师范大学	12	-1	13	1	21	8	26	5	34	8	106
17	贵州师范大学	20	2	21	1	20	-1	14	-6	28	14	103
18	浙江师范大学	23	-3	17	-6	15	-2	17	2	25	8	97
19	天津师范大学	23	3	14	-9	17	3	22	5	19	-3	95
20	内蒙古师范大学	18	-2	15	-3	26	11	20	-6	11	-9	90

表 1-39 2020—2024 年度国家社科基金项目立项理工类高校前 20 名

单位：项

排名	学校名称	2020年	比上一年增加	2021年	比上一年增加	2022年	比上一年增加	2023年	比上一年增加	2024年	比上一年增加	总计
1	浙江工业大学	28	2	21	-7	31	10	19	-12	25	6	124
2	华南理工大学	36	6	26	-10	20	-6	19	-1	20	1	121
3	大连理工大学	18	0	27	9	22	-5	17	-5	24	7	108
4	常州大学	26	2	20	-6	11	-9	18	7	16	-2	91
5	山东理工大学	14	-4	22	8	12	-10	11	-1	27	16	86
6	杭州电子科技大学	19	4	14	-5	16	2	10	-6	14	4	73
7	长沙理工大学	8	-1	15	7	16	1	19	3	10	-9	68
8	福州大学	11	3	17	6	17	0	8	-9	15	7	68
9	电子科技大学	11	2	9	-2	10	1	10	0	17	7	57
10	西南交通大学	11	0	8	-3	13	5	14	1	11	-3	57
11	浙江理工大学	11	1	18	7	7	-11	8	1	12	4	56
12	北京理工大学	8	5	12	4	9	-3	15	6	11	-4	55
13	北京航空航天大学	10	1	5	-5	11	6	17	6	11	-6	54
14	华东理工大学	9	-2	9	0	12	3	11	-1	13	2	54
15	南京信息工程大学	11	0	8	-3	12	4	10	-2	13	3	54
16	河南工业大学	9	0	11	2	4	-7	9	5	13	4	46
17	南京航空航天大学	8	3	6	-2	9	3	11	2	9	-2	43
18	东北大学	6	1	13	7	12	-1	7	-5	4	-3	42
19	北京科技大学	7	-1	4	-3	11	7	13	2	6	-7	41
20	北京交通大学	6	0	5	-1	9	4	11	2	9	-2	40

GUOJIA SHEKE JIJIN XIANGMU SHENBAO GUIFAN JIQIAO YU ANLI

国家社科基金项目申报规范、技巧与案例

表1-40 2020—2024年度国家社科基金项目立项财经类高校前20名

单位：项

排名	学校名称	2020年	比上一年增加	2021年	比上一年增加	2022年	比上一年增加	2023年	比上一年增加	2024年	比上一年增加	总计
1	浙江工商大学	33	4	36	3	31	-5	41	10	39	-2	180
2	中南财经政法大学	23	-3	42	19	32	-10	42	10	38	-4	177
3	江西财经大学	17	2	22	5	23	1	27	4	34	7	123
4	重庆工商大学	21	0	24	3	22	-2	20	-2	29	9	116
5	浙江财经大学	26	1	21	-5	16	-5	17	1	31	14	111
6	首都经济贸易大学	20	4	16	-4	21	5	22	1	27	5	106
7	山东财经大学	16	1	21	5	21	0	23	2	22	-1	103
8	对外经济贸易大学	17	2	21	4	18	-3	16	-2	20	4	92
9	中央财经大学	23	0	13	-10	17	4	15	-2	22	7	90
10	贵州财经大学	18	5	21	3	16	-5	20	4	12	-8	87
11	南京审计大学	20	4	15	-5	10	-5	24	14	18	-6	87
12	南京财经大学	21	0	17	-4	13	-4	11	-2	19	8	81
13	安徽财经大学	15	1	16	1	11	-5	19	8	19	0	80
14	西南财经大学	17	-1	16	-1	16	0	10	-6	19	9	78
15	湖南工商大学	19	1	13	-6	17	4	8	-9	19	11	76
16	山西财经大学	16	-4	8	-8	25	17	10	-15	17	7	76
17	东北财经大学	12	2	10	-2	12	2	21	9	14	-7	69
18	广西财经学院	12	-1	14	2	16	2	13	-3	9	-4	64
19	上海财经大学	17	4	9	-8	10	1	13	3	14	1	63
20	山东工商学院	9	1	7	-2	12	5	10	-2	20	10	58

表 1-41　2020—2024 年度国家社科基金项目立项民族类高校排名

单位：项

排名	学校名称	2020年	比上一年增加	2021年	比上一年增加	2022年	比上一年增加	2023年	比上一年增加	2024年	比上一年增加	总计
1	中央民族大学	28	-8	28	0	36	8	29	-7	27	-2	148
2	云南民族大学	17	-3	17	0	20	3	27	7	17	-10	98
3	中南民族大学	22	-1	17	-5	14	-3	21	7	19	-2	93
4	西南民族大学	16	1	16	0	17	1	20	3	16	-4	85
5	北方民族大学	18	-2	24	6	22	-2	15	-7	4	-11	83
6	贵州民族大学	17	0	14	-3	16	2	19	3	16	-3	82
7	西藏民族大学	21	-3	13	-8	20	7	14	-6	8	-6	76
8	青海民族大学	15	2	15	0	17	2	16	-1	10	-6	73
9	广西民族大学	15	1	12	-3	15	3	12	-3	11	-1	65
10	湖北民族大学	6	0	6	0	7	1	6	-1	4	-2	29
11	呼和浩特民族学院	5	1	5	0	3	-2	4	1	2	-2	19
12	大连民族大学	4	-1	3	-1	4	1	0	-4	4	4	15
13	四川民族学院	1	1	1	0	0	-1	1	1	0	-1	3

表1-42 2020—2024年度国家社科基金项目立项政法类高校前20名

单位：项

排名	学校名称	2020年	比上一年增加	2021年	比上一年增加	2022年	比上一年增加	2023年	比上一年增加	2024年	比上一年增加	总计
1	中国政法大学	21	2	32	11	48	16	34	-14	36	2	171
2	西南政法大学	25	4	28	3	27	-1	31	4	23	-8	134
3	华东政法大学	21	0	14	-7	22	8	19	-3	25	6	101
4	西北政法大学	11	0	13	2	13	0	11	-2	13	2	61
5	上海政法学院	7	3	8	1	9	1	8	-1	6	-2	38
6	甘肃政法大学	6	3	6	0	4	-2	2	-2	4	2	22
7	中国人民公安大学	5	-1	3	-2	5	2	3	-2	6	3	22
8	中国劳动关系学院	8	1	2	-6	3	1	2	-1	3	1	18
9	国际关系学院	4	0	1	-3	0	-1	3	3	1	-2	9
10	浙江警察学院	1	0	2	1	0	-2	2	2	3	1	8
11	云南警官学院	3	1	1	-2	1	0	1	0	1	0	7
12	新疆警察学院	3	2	1	-2	1	0	0	-1	0	0	5
13	中国人民警察大学	1	0	0	-1	2	2	0	-2	2	2	5
14	新疆政法学院	0	0	0	0	2	2	2	0	0	-2	4
15	北京警察学院	0	0	1	1	0	-1	0	0	2	2	3
16	贵州警察学院	0	0	0	0	1	1	1	0	0	-1	3
17	南京森林警察学院	2	0	0	-2	0	0	1	1	0	-1	3
18	山东政法学院	0	0	0	0	1	1	1	0	1	0	3
19	四川警察学院	0	-1	1	1	1	0	0	-1	1	1	3
20	福建警察学院	0	0	1	1	0	-1	1	1	0	-1	2

表 1-43 2020—2024 年度国家社科基金项目立项农林类高校前 20 名

单位：项

排名	学校名称	2020 年	比上一年增加	2021 年	比上一年增加	2022 年	比上一年增加	2023 年	比上一年增加	2024 年	比上一年增加	总计
1	华中农业大学	9	1	16	7	8	-8	18	10	12	-6	63
2	华南农业大学	6	2	9	3	7	-2	13	6	11	-2	46
3	南京农业大学	10	0	9	-1	8	-1	8	0	11	3	46
4	中国农业大学	8	2	8	0	5	-3	8	3	12	4	41
5	四川农业大学	6	-1	8	2	10	2	8	-2	8	0	40
6	南京林业大学	6	3	8	2	7	-1	5	-2	9	4	35
7	西北农林科技大学	7	0	5	-2	6	1	6	0	11	5	35
8	福建农林大学	5	1	6	1	7	1	7	0	7	0	32
9	湖南农业大学	7	1	5	-2	5	0	4	-1	11	7	32
10	中南林业科技大学	7	-1	5	-2	7	2	6	-1	6	0	31
11	浙江农林大学	6	2	2	-4	6	4	4	-2	9	5	27
12	北京林业大学	3	3	7	4	2	-5	7	5	6	-1	25
13	东北农业大学	2	0	6	4	6	0	6	0	3	-3	23
14	东北林业大学	3	1	3	0	6	3	4	-2	5	1	21
15	河北农业大学	4	-2	7	3	2	-5	3	1	0	-3	16
16	新疆农业大学	4	-1	5	1	1	-4	4	3	1	-3	15
17	河南农业大学	0	0	2	2	4	2	4	0	4	0	14
18	浙江海洋大学	3	-1	1	-2	3	2	2	-1	3	1	12
19	西南林业大学	3	-1	2	-1	3	1	2	-1	1	-1	11
20	云南农业大学	2	0	1	-1	2	1	1	-1	4	3	10

表 1-44　2020—2024 年度国家社科基金项目立项语言类高校排名

单位：项

排名	学校名称	2020年	比上一年增加	2021年	比上一年增加	2022年	比上一年增加	2023年	比上一年增加	2024年	比上一年增加	总计
1	上海外国语大学	13	1	9	-4	13	4	13	0	21	8	69
2	北京外国语大学	11	0	16	5	12	-4	8	-4	14	6	61
3	四川外国语大学	10	-4	10	0	10	0	10	0	9	-1	49
4	北京语言大学	6	1	9	3	4	-5	9	5	9	0	37
5	西安外国语大学	6	-2	6	0	8	2	10	2	7	-3	37
6	北京第二外国语学院	4	-1	5	1	7	2	6	-1	5	-1	27
7	大连外国语大学	3	1	2	-1	5	3	3	-2	7	4	20
8	天津外国语大学	6	0	5	-1	2	-3	3	1	4	1	20
9	浙江外国语学院	2	0	5	3	5	0	0	-5	6	6	18
10	外交学院	4	-1	4	0	5	1	1	-4	1	0	15
11	浙江越秀外国语学院	3	-1	2	-1	3	1	0	-3	0	0	8
12	湖南女子学院	2	0	0	-2	2	2	1	-1	2	1	7
13	黑龙江外国语学院	1	0	0	-1	0	0	0	0	2	2	3
14	吉林外国语大学	0	0	0	0	1	1	1	0	0	-1	2
15	西安翻译学院	0	0	1	1	0	-1	0	0	0	0	1

表 1-45 2020—2024 年度国家社科基金项目立项医药类高校前 20 名

单位：项

排名	学校名称	2020年	比上一年增加	2021年	比上一年增加	2022年	比上一年增加	2023年	比上一年增加	2024年	比上一年增加	总计
1	温州医科大学	4	-2	7	3	4	-3	7	3	6	-1	28
2	首都医科大学	0	0	3	3	3	0	2	-1	4	2	12
3	北京中医药大学	2	0	1	-1	4	3	1	-3	3	2	11
4	成都中医药大学	1	0	3	2	1	-2	2	1	3	1	10
5	贵州医科大学	1	0	2	1	2	0	3	1	2	-1	10
6	南京中医药大学	2	0	2	0	1	-1	2	1	3	1	10
7	宁夏医科大学	2	0	2	0	2	0	3	1	0	-3	9
8	上海中医药大学	2	-1	3	1	2	-1	1	-1	1	0	9
9	南方医科大学	0	-1	4	4	0	-4	2	2	2	0	8
10	北京协和医学院	1	0	3	2	1	-2	2	1	0	-2	7
11	西南医科大学	1	1	2	1	1	-1	1	0	2	1	7
12	浙江中医药大学	2	-1	0	-2	3	3	0	-3	2	2	7
13	贵州中医药大学	1	0	2	1	1	-1	1	0	1	0	6
14	河南中医药大学	0	0	2	2	1	-1	1	0	2	1	6
15	湖南中医药大学	0	0	1	1	1	0	1	0	3	2	6
16	新乡医学院	0	0	2	2	2	0	2	0	0	-2	6
17	云南中医药大学	1	0	1	0	1	0	1	0	2	1	6
18	遵义医科大学	1	1	2	1	1	-1	0	-1	2	2	6
19	新疆医科大学	1	-1	1	0	1	0	0	-1	2	2	5
20	福建医科大学	0	0	1	1	1	0	1	0	1	0	4

国家社科基金项目申报规范、技巧与案例
GUOJIA SHEKE JIJIN XIANGMU SHENBAO GUIFAN JIQIAO YU ANLI

表 1-46　2020—2024 年度国家社科基金项目立项体育类高校排名

单位：项

排名	学校名称	2020年	比上一年增加	2021年	比上一年增加	2022年	比上一年增加	2023年	比上一年增加	2024年	比上一年增加	总计
1	成都体育学院	6	4	7	1	6	-1	8	2	6	-2	33
2	武汉体育学院	3	0	5	2	5	0	5	0	5	0	23
3	上海体育学院	5	0	7	2	4	-3	6	2	0	-6	22
4	北京体育大学	6	1	6	0	5	-1	2	-3	2	0	21
5	西安体育学院	4	1	3	-1	4	1	3	-1	3	0	17
6	广州体育学院	2	0	4	2	4	0	3	-1	3	0	16
7	沈阳体育学院	2	0	5	3	3	-2	3	0	2	-1	15
8	山东体育学院	0	0	3	3	0	-3	3	3	4	1	10
9	天津体育学院	1	0	2	1	4	2	1	-3	2	1	10
10	首都体育学院	3	0	0	-3	2	2	2	0	2	0	9
11	哈尔滨体育学院	1	0	1	0	1	0	2	1	3	1	8
12	南京体育学院	1	0	3	2	2	-1	1	-1	1	0	8
13	吉林体育学院	1	0	0	-1	2	2	2	0	2	0	7
14	郑州大学体育学院	0	0	1	1	2	1	2	0	1	-1	6
15	上海体育大学	0	0	0	0	0	0	0	0	4	4	4
16	河北体育学院	1	0	1	0	0	-1	0	0	1	1	3

单位：项

表1-47　2020—2024年度国家社科基金项目立项艺术类高校排名

排名	学校名称	2020年	比上一年增加	2021年	比上一年增加	2022年	比上一年增加	2023年	比上一年增加	2024年	比上一年增加	总计
1	浙江传媒学院	6	1	2	-4	5	3	7	2	8	1	28
2	四川美术学院	2	0	0	-2	1	1	2	1	2	0	7
3	广西艺术学院	0	0	1	1	0	-1	2	2	1	-1	4
4	南京艺术学院	1	0	1	0	0	-1	1	1	1	0	4
5	北京电影学院	1	0	0	-1	1	1	0	-1	0	0	2
6	山东艺术学院	0	0	0	0	0	0	0	0	2	2	2
7	云南艺术学院	0	0	0	0	0	0	1	1	1	0	2
8	中央戏剧学院	0	0	0	0	0	0	1	1	1	0	2
9	广州美术学院	0	0	0	0	1	1	0	-1	0	0	1
10	景德镇学院	0	0	0	0	1	1	0	-1	0	0	1
11	南京传媒学院	0	0	0	0	0	0	1	1	0	-1	1
12	上海工艺美术职业学院	0	0	0	0	0	0	1	1	0	-1	1
13	四川音乐学院	0	0	1	1	0	-1	0	0	0	0	1
14	西安美术学院	0	-1	0	0	0	0	1	1	0	-1	1
15	新疆艺术学院	0	-1	0	0	1	1	0	-1	0	0	1
16	中国美术学院	0	0	0	0	0	0	1	1	0	-1	1
17	中央美术学院	0	-1	1	1	0	-1	0	0	0	0	1
18	山西传媒学院	0	0	0	0	0	0	1	1	0	-1	1

专题二

如何准备

一、做学问的三种境界

第一种境界——"昨夜西风凋碧树，独上高楼，望尽天涯路"——一个"寻"字。

第二种境界——"衣带渐宽终不悔，为伊消得人憔悴"——一个"愁"字。

第三种境界——"众里寻他千百度，蓦然回首，那人却在灯火阑珊处"——一个"悟"字。

申请国家社科基金项目和做科学研究有点类似谈恋爱，就如王国维所说的"必经过三种之境界"："寻"就是寻找选题；"愁"就是不知如何开展研究或者找到突破点；"悟"就是一旦进入科学研究的殿堂，便豁然开朗，原来做研究也没有那么神秘难测。

二、国家社科基金项目申报三大"忌"律、八项务必

国家社科基金项目申报三大"忌"律、八项务必如图 2-1 所示。

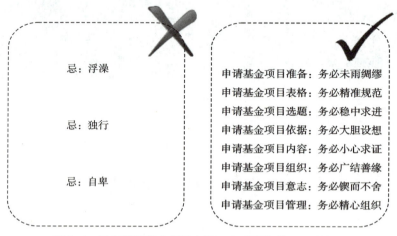

图 2-1 国家社科基金项目申报三大"忌"律、八项务必

三、为什么申请国家社科基金项目

申请国家社科基金项目的原因如图 2-2 所示。

图 2-2 申请国家社科基金项目的原因

四、申请基金项目与买彩票的异同

1. 申请基金项目＝买彩票？

表面上看来，申请基金项目与买彩票都有以下共同点：

都是投入小，回报大。

都要写（申请书）或者买（彩票）才能中。

2. 申请基金项目≠买彩票

申请基金项目与买彩票有本质区别：

机遇总是青睐有准备的人。

"打磨"申请书，提高命中率。

彩票命中率低，项目命中率高。

科学研究有付出，总会有回报。

编者寄语：

基金项目——迟写早写迟早要写，早中晚中早晚要中。

彩票——迟买早买迟早可买，早中晚中未必会中。

五、准备要点

项目申请基本流程如图 2-3 所示。

1. 直接准备

直接准备主要指针对项目申请书有关要点和撰写要求，对每一个表格中每一个要点进行深入体会和学习，做到心中有数，带着问题进行国家社科基金项目申报准备。其中主要涉及数据表（专题三详细介绍）、课题设计论证表、研究基础和条件保障表以及活页填写要求。

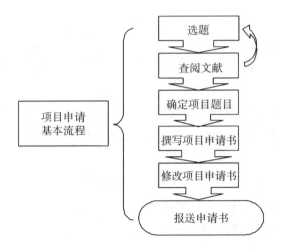

图 2-3　项目申请基本流程

（1）深入学习申请书

课题设计论证（2024）

1.［**选题依据**］国内外相关研究的学术史梳理及研究进展（略写）；相对于已有研究特别是国家社科基金同类项目的独到学术价值和应用价值。

2.［**研究内容**］本课题的研究对象、主要目标、重点难点、研究计划及其可行性等（框架思路要列出提纲或目录）。

3.［**创新之处**］在学术观点、研究方法等方面的特色和创新。

4.［**预期成果**］成果形式、宣传转化及预期学术价值和社会效益等（略写）。

5.［**参考文献**］开展本课题研究的主要中外参考文献（略写）。

研究基础（2024）

1.［**学术简历**］申请人主要学术简历，在相关研究领域的学术积累和贡献等。

2.［**前期成果**］申请人前期相关代表性研究成果及其与本研究的学术递进关系。

3.［**承担项目**］申请人承担的各级各类科研项目情况，包括项目名称、资助机构、资助金额、结项情况、研究起止时间等。

4.［**与已承担项目或博士论文的关系**］凡以各级各类项目或博士学位论文（博士后出站报告）为基础申报的课题，须阐明已承担项目或学位论文（报告）与本课题的联系和区别（略写）。

对于上述两部分内容的填写要求，本书后面的专题中将对每一个指标进行详细分解说明，并通过一些以往成功的案例辅助说明。

（2）深入领悟活页评审表

需要注意的是，从 2023 年开始，通讯评审意见表就没有放在活页前面了，但是通讯评审表可以在国家社科基金申报系统里面找到，并且通讯评审表内容相较于以前有了较大变化。在申报开始之前，仔细阅读通讯评审意见表至关重要。通讯评审意见表可以给申请人提供丰富的信息。第一，通讯评审意见表可以告诉申请人第一轮通讯评审的主要程序是什么；第二，通讯评审意见表可以告诉申请人通讯评审的标准和依据是什么；第三，通讯评审意见表可以告诉申请人通讯评审中哪些指标最为重要和关键（通过表 2-1 可以一目了然）。这里尤其需要强调的是，选题价值的权重虽然只占 30%，但在评审专家实际评审过程中选题价值的实际重要性可能往往超过了这个比例。

表 2-1　国家社会科学基金项目通讯评审意见表

评价指标	指标说明	分值	权重	打分
选题价值	选题是否存在政治方向问题；选题同所申请项目类别的匹配度（西部项目课题要立足西部地区实际和优势）；选题的学术和社会价值；相对于已有研究的创新程度	3~10	3	
课题论证	研究成果规模、可能产生的学术价值和社会影响；课题论证是否概念准确、结构完整、课题论证逻辑严密；数据来源是否可靠，参考文献是否详备	3~10	5	
研究基础	前期研究成果的学术价值、社会影响及其同本课题研究的关联程度	3~10	2	
是否建议入围	赞成　　反对　　弃权			
分数				

注：笔者综合各类资料整理制作。

　　社科基金活页（见表2-2）的内容基本与申请书相同，不同之处请每一位申请人仔细阅读活页下面的"说明"。这里特别强调的是，第一，申请人一定不要直接或间接透露个人信息，不要自作聪明，反而弄巧成拙；第二，不相关或者风马牛不相及的成果最好不要填上去，否则适得其反；第三，也是最重要的，一定要按照要求用A3纸张双面打印。

表2-2　国家社会科学基金项目课题论证活页（2024）

课题名称：
本活页参照以下提纲撰写，突出目标导向、问题意识、学科视角，要求逻辑清晰，层次分明，内容翔实，排版规范。除"研究基础"外，本表与申请书表二内容一致，总字数不超过7 000字。 　　1. ［**选题依据**］国内外相关研究的学术史梳理及研究进展（略写）；相对于已有研究特别是国家社科基金同类项目的独到学术价值和应用价值。 　　2. ［**研究内容**］本课题的研究对象、主要目标、重点难点、研究计划及其可行性等（框架思路要列出提纲或目录）。 　　3. ［**创新之处**］在学术观点、研究方法等方面的特色和创新。 　　4. ［**预期成果**］成果形式、宣传转化及预期学术价值和社会效益等（略写）。 　　5. ［**研究基础**］申请人前期相关代表性研究成果、核心观点等（略写）。 　　6. ［**参考文献**］开展本课题研究的主要中外参考文献（略写）。

说明：

1. 活页文字表述中不得出现任何可能透露申请人身份的信息。

2. 课题名称要与申请书一致，一般不加副标题。前期相关代表性研究成果限报5项，只填成果名称、成果形式（如论文、专著、研究报告等）、作者排序、是否核心期刊等，**不得填写作者姓名、单位、刊物或出版社名称、发表时间或刊期**等。申请人承担的已结项或在研项目、与本课题无关的成果等不能作为前期成果填写。申请人的前期成果不列入参考文献。

（3）系统学习申请指南（2024 年申请指南链接）

2024 年国家社会科学基金年度项目申报公告	 扫一扫

相关材料下载	
2024 年国家社会科学基金年度项目申报问答	扫一扫
2024 年国家社会科学基金年度项目申请书	扫一扫
2024 年国家社会科学基金年度项目 课题论证活页	扫一扫
2024 年国家社会科学基金项目申报 数据代码表	扫一扫

　　值得注意的是，2024 年国家社科基金年度项目的申请并没有提供课题指南，需要申请人根据自己的前期研究基础自拟选题，这更加考验申请人对党和国家工作大局、经济社会发展重要理论和现实问题的观察与思考。申请人要切实围绕国家之需、社会之需、人民之需开展现实问题的深入研究。

（4）熟悉全国哲学社会科学工作办公室网页及其功能

社科研究学者熟悉全国哲学社会科学工作办公室网页及其功能就像我们吃饭用筷子一样，要形成习惯，要有将全国哲学社会科学工作办公室网页当成自己的"家"的感觉和习惯，这样就会深入学习和运用全国哲学社会科学工作办公室网页上的丰富数据和信息，从而让社科研究学者第一时间把握社科研究最高层次和领域的动态和发展趋势。

（5）国家社科基金主要项目类型

根据《国家社会科学基金管理办法》（2013 年 5 月修订）的规定，国家社科基金项目设立重大项目、年度项目、青年项目、后期资助项目、中华学术外译项目、国家哲学社会科学优秀成果文库、西部项目、特别委托项目、教育学单列学科项目、艺术学单列学科项目、军事学单列学科项目等项目类型（见表 2-3）。

表 2-3 国家社科基金主要项目类型

项目类型	说明
重大项目	该项目资助中国特色社会主义经济、政治、文化、社会和生态文明建设及军队、外交、党的建设的重大理论和现实问题研究，资助对哲学社会科学发展起关键性作用的重大基础理论问题研究。重大项目主要包括基础研究、应用研究、跨学科和研究阐释专项等类别
年度项目	该项目包括重点项目、一般项目，主要资助对推进理论创新和学术创新具有支撑作用的一般性基础研究以及对推动经济社会发展实践具有指导意义的专题性应用研究
青年项目	该项目资助培养哲学社会科学青年人才
后期资助项目	该项目资助哲学社会科学基础研究领域先期没有获得相关资助、研究任务基本完成、尚未公开出版、理论意义和学术价值较高的研究成果
中华学术外译项目	该项目资助翻译出版体现中国哲学社会科学研究较高水平、有利于扩大中华文化和中国学术国际影响力的成果
国家哲学社会科学优秀成果文库	该项目主要资助哲学社会科学领域优秀研究成果出版并予以表彰。该项目面向国家社科基金所有（26 个）学科，以基础研究类成果为主、应用研究类成果为辅。申报成果可以是国家社会科学基金资助项目结项等级为"良好"以上的国家社科基金项目成果，也可以是国家社会科学基金资助范围以外的研究成果。入选成果若没有受到国家社科基金或国家自然科学基金资助，并且申报人没有承担任何在研国家社科基金项目的（不含特别委托项目），将作为国家社科基金项目予以立项，资助强度与当年国家社科基金重点项目相当；已受到教育部重点项目、教育部普通高校人文社会科学重点研究基地重大项目或中国社会科学院重大项目资助的，不再资助研究经费

表2-3（续）

项目类型	说明
西部项目	该项目资助涉及推进西部地区经济持续健康发展、社会和谐稳定，促进民族团结、维护祖国统一，弘扬民族优秀文化、保护民间文化遗产等方面的重要课题研究
特别委托项目	该项目资助因经济社会发展急需或者其他特殊情况临时提出的重大课题研究
教育学单列学科项目	教育学单列学科项目委托教育部组织实施，具体由全国教育科学规划领导小组办公室负责管理，设有国家社科基金项目和教育部资助项目两个资助层次，其中国家社科基金资助的项目设有重大、重点、一般、青年、西部、后期资助、委托等资助类别
艺术学单列学科项目	艺术学单列学科项目委托文化部组织实施，具体由全国艺术科学规划领导小组办公室负责管理，包括国家社会科学基金艺术学项目和文化部文化艺术研究项目两个资助层次，其中国家社科基金艺术学项目设有重大项目、年度项目、西部项目、委托项目等资助类别
军事学单列学科项目	军事学单列学科项目由军事科学院负责组织实施

（6）深入学习国家社科项目有关管理办法

《国家社会科学基金项目资金管理办法》

《关于印发〈国家社会科学基金管理办法（修订）〉的通知》

《〈国家社会科学基金项目资金管理办法〉简明指南》

《〈国家社会科学基金项目资金管理办法〉具体执行有关事项问答》

《国家社会科学基金后期资助项目实施办法（暂行）》

《关于设立国家社会科学基金中华学术外译项目的公告》

《关于设立〈国家哲学社会科学优秀成果文库〉的公告》

《关于加强和改进国家社会科学基金项目成果鉴定结项工作的意见》

《国家社科基金〈成果要报〉征稿启事》

2. 间接准备

间接准备，即间接性申报工作准备，这种准备主要针对项目成功率和中长期学术方向展开系统深入及全面的准备。例如，对重大时政热点习惯性、规律性的关注，长期培养自己对某一个社科领域的研究兴趣，对研究成果进行长期性积累。

（1）研究兴趣

兴趣是学术研究最大的动力，也是项目申报和实施成功的关键。

（2）时政热点

项目申报者要养成对每年中央一号文件、国务院政府工作报告、半年经济工作会议、党代会全会报告、中央经济工作会议以及中央全面深化改革委员会、国务院、国家发展改革委等的重要文件、规划、意见进行全面深入学习的学术习惯。

（3）方向选择

地方高校学者从事科学研究一定要有稳定的研究方向，要做到"顶天立地"的研究范式，即理论上要能"顶天"，研究方向、研究选题和成果应用更要能够"立地"和"落地"，不能理论对理论，过于空泛。

（4）前期成果

地方高校的年轻博士和教师，前期成果都很少，但要有计划、有准备，不打无准备的仗，机会总是给有准备的学者留下的（如笔者申报的国家社科基金重大项目）。

前期成果形式应多元化，项目申报者不能简单认为前期成果只有论文和专著。前期成果还包括工作论文、会议论文、学术报告、报刊短论、资政报告、横向课题研究报告、特色数据库、案例集、教材、各级各类获奖、辑刊论文、互联网线上多元化成果等。

（5）研究团队

社科研究很容易进入"独狼"误区。地方高校的研究基础往往较为薄弱，学校知名度亦较低，缺少博士点、硕士点和重点学科等，因此更容易进入"独狼"误区。地方高校社科学者要学会从"小狗"到"猎犬"再到"群狼"的转变（见图2-4），只有这样才能在国家社科研究领域形成自身特色和优势。

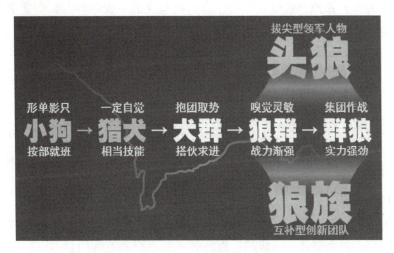

图2-4　从"小狗"到"猎犬"再到"群狼"的转变

社科研究团队要善于借鉴学习理工科研究团队的模式。未来高校科研竞争会更加激烈，"散兵游勇"模式已经远不适应现代科研竞争形势。社科研究团队要有组织、有计划、有规模地组建"正规军"和进行"阵地战",只有运用"集团作战"和"狼群战术"才能立于不败之地,这也是创新成果产出的必然发展趋势。

项目申报者要积极参加不同专家学者的项目研究。地方高校年轻博士和教师尤其要避免总想做"老大"的心态,要知道"老大"也是从"小兵"慢慢成长起来的。

团队建设是社科研究和学科建设做大做强的最重要保障。

(6) **资料数据**

地方高校年轻学者要将关注和学习国内外研究文献、资料、数据和动态作为自己搞研究的一种"自觉"和习惯;要善于构建围绕自己研究领域和方向的特色资料数据库,研究方向要稳定。特色资料数据库是"双一流"建设的秘密武器。

(7) **调研基地**

地方高校往往更有条件在具有显著地方特色研究方面建立长期稳定的社科研究调研基地,这也是今后社科研究范式的一大趋势。典型案例就是华中师范大学的"中国农村研究院"。

中国农村研究院网站

(8) **合作单位**

项目申报者不要死读书、读死书,更不要抱着对某些问题抵触的心态去做研究,而要结合社科研究特点,善于和各级政府部门、不同类型的企业、研究机构等单位及不同学科的人交流、学习和合作。

(9) **学术管理**

地方高校青年学者刚开始走上研究道路,个人平时的学术资料管理习惯对项目申报的效率和成功率有重要影响。例如，个人简历、研究方向、研究成果、主要观点、成果引用转载、有关学术性支撑材料等，对课题申报、奖项申请、各种称号申报、团队建设、学科建设等都极为重要。

六、地方高校青年学者社科研究素养误区

地方高校，尤其是众多由过去地方专科学校在专升本过程中发展起来的地方高校，2000 年之后成立的若干独立民办高校以及一些非"双一流""985 工程""211 工程"高校的社科领域青年学者，很容易进入五个社科研究误区（见图 2-5）。不论是研究领域的聚焦与发散、研究方式的开放与封闭，还是作为教学型地方高校在完成大量教学任务后，面对科研的态度的勤奋与懒散，又或者是科研组织团队与个人方面，都很容易进入误区。特别是在自信和自卑方面，地方高校青年学者往往潜意识里就认为"我不行""我不行""我不行"。虽然重要的事情说三遍显得重要，但这种"我不行"的自卑话说三遍，可以想象，申请书还能写好吗？

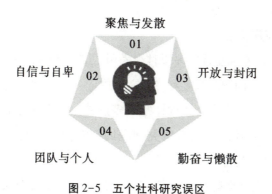

图 2-5 五个社科研究误区

七、国家社科基金项目通讯评审怎么评

必读文献：《国家社会科学基金项目通讯评审策略与态度的访谈研究》（文秋芳，林琳）。此文献必读，价值很高。它告诉了我们一些通讯评审中的"秘密"，希望能对大家有所启发。

延伸阅读：

　文秋芳，林琳. 国家社会科学基金项目通讯评审策略与态度的访谈研究［J］. 外语界，2017（1）：22-29.

1. 通讯评审阶段（盲审）方法

通常，一个项目要通过 5 个评委的通讯评审才能进入最后一关——"会评"。根据往年规定，通讯评审的通过率为 25% 左右，通讯评审专家采取什么策略、运用什么方法、秉持什么态度，是不少申请人迫切希望了解的信息。

（1）"一点淘汰法"

有 11 位受访专家在首轮评阅时都采用了"一点淘汰法"，具体涉及标准有选题新颖度、问题凸显度和参考文献质量。

①选题新颖度。所谓新颖度，绝大多数受访专家认为是指目前尚未被研究过的问题，或者是对已有研究问题的新解读，如使用新理论、新方法、新视角、新材料等。

7 号受访专家这样解释新颖度："新颖度可从几个方面来看，比如理论研究，第一要看理论框架，是不是使用新理论；第二要看视角，是否有新角度，如果大家都已经用过这种视角，我就担心做不出什么新东西；第三要看新方法；第四要看新材料，当然这个由项目本身决定，如对历史的研究必定需要新材料。"

专家特别指出创新性有三点就足够了，写得过多既不现实，也会影响对课题可行性的判断。选题不仅要新，还要遵循"需求原则"，即应"学术之需"和"社会之需"，具备理论创新意义和社会应用价值，这是社科基金项目应当遵循的首要原则和基本要求。简而言之，选题不仅要"求新"，更要"求价值"，申请人可以"新题新做"，也可以"旧题新做""老题深做"。

②问题凸显度。受访专家都强调如果申请人没有问题意识，申请书未列出研究问题，就会直接出局。4号受访专家强调指出："问题意识是学术研究的灵魂……如果没有研究问题，便无法知道要研究什么，这样印象就很不好。懂得课题申报的人，一定懂得在一开始就提出问题，把自己的研究问题置于申请书最凸显的位置，因为它最重要、最核心。有的研究问题是隐含的，会使课题质量大打折扣。"

对于研究问题，受访专家通常从"科学性"和"逻辑性"进行细致考察。所谓科学性，受访专家认为是指研究问题以科学的理论为指导，以客观事实为依据。如果问题缺乏理论基础，会被直接淘汰。所谓逻辑性，受访专家认为是指所提研究问题之间的内在联系。问题之间不仅要有衔接，还要有层次。

③参考文献质量。有9名受访专家提到参考文献质量是重要的筛选标准，能够反映申请人的知识储备和对已有研究的掌握程度。根据受访专家提到的标准，参考文献出现以下情况则课题就有可能被淘汰：参考文献陈旧、与申请课题相关的国内外重要文献缺乏、文献级别低等。

6号受访专家这样说道："近3年的参考文献一定要有，经典的文献可以不是最新的，但一定要有。另外，文献要在国际上比较前沿，发表级别较高，不能只有国内的文献。"

（2）比较法

在申请书看似同等优秀的条件下，受访专家采用"质量优先"比较策略。根据访谈数据中主题的出现频次，受访专家比较课题的依据主要包括前期成果质量、研究设计精细度、文献综述详实度、语言规范性等。

2. 盲审专家的评审态度

（1）评审过程

虽然绝大多数受访专家采用三轮评审制，但他们的评审过程并不完全相同。8名专家采用"排除法"，即按照自己的标准首先淘汰最不符合要求的申请书。3名专家通过"择优法"筛选出优质项目。2名专家使用"分类排除法"，即按照项目的新颖度将其划分归入高、中、低组，然后逐个淘汰。1名专家使用"排序法"，即根据项目质量从好到差进行排序。

（2）"不十分熟悉"课题和研究方法的处理

有12名受访专家表示他们会查阅相关资料，把问题搞清楚，以防误判。他们也为自己在这一评审过程中学到新知识而感到高兴。至于研究方法，受访专家指出，有时课题申请人可能对自己采用的方法并不熟悉或者并不擅长，但研究方法无好坏之分，以解决研究问题为根本要务。7名专家倾向使用"混合法"，即通过多维数据揭示研究问题的不同侧面。1名专家在谈及"质化法"时强调，如果社科基金项目只有一两个个案作为研究对象，显然是不够的。2名专家提及有的申请人对"量化法"存在错误认识，以为研究只要有了数字的装饰就是"量化法"。

延伸阅读：

文传浩，夏宇. 也谈社科研究的"走转改"［J］. 重庆工商大学学报（社会科学版），2013（3）：167.

专题三

注意事项

　　表格填写虽然属于基本的操作流程，但是很多年轻学者，尤其是初次申报国家社科基金项目的年轻老师，不注意学习相关管理办法和填表说明，往往因为填错学科代码、编号、小数点、单位等小问题而酿成大错，辛辛苦苦几个月，因为填表时忘了某一个小问题如签名或者活页忘记填写选题题目等，最终与机会擦肩而过。因此，高校青年学者一定要在初次申报国家社科基金项目前学习和领会表格填写的基本规范、要求和注意事项。

一、国家社科基金项目申请表格分析

1. 表格分类

　　国家社科基金项目申请表格分为申请书和活页两类。

　　申请书供二审专家评委评审使用。优秀的申请书会令人心情舒畅。

　　活页供全国通讯评审同行专家使用。

　　申请人须区分活页与申请书的一致性和非一致性。

2. 表格对比分析

　　国家社科基金项目申请书经历了数十年的不断修改和完善，申请人需要从动态视角学习和认识国家社科基金项目申请书。笔者以 2024 年国家社科基金项目申请书为例，为读者呈现近年来国家社科基金项目申请书的变化。

（1）申请书封面变化

2024 年国家社科基金项目申请书封面变化如图 3-1 所示。与以往相比，2024 年国家社科基金项目申请书封面的显著变化体现在：第一，“国家社会科学基金项目申请书”变更为“2024 年国家社会科学基金年度项目申请书”。第二，“申请人姓名”变更为“申请人”。第三，“所在单位”变更为“责任单位”。

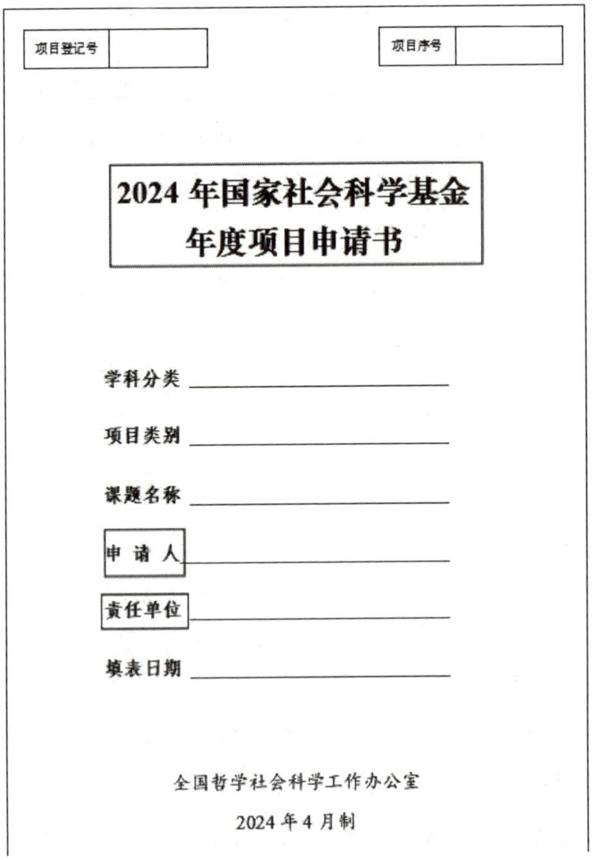

项目登记号 项目序号

2024 年国家社会科学基金年度项目申请书

学科分类 ________________

项目类别 ________________

课题名称 ________________

申 请 人 ________________

责任单位 ________________

填表日期 ________________

全国哲学社会科学工作办公室

2024 年 4 月制

图 3-1　2024 年国家社科基金项目申请书封面变化

（2）申请人承诺及填写说明变化

2024 年申请人承诺变化如图 3-2 所示。申请人承诺部分更换了一些表述，主要新增了"本人已认真阅读《2024 年国家社会科学基金年度项目申报公告》"。2024 年填写说明变化如图 3-3 所示。填写说明部分将"当地社科管理部门"进一步明确为"省级社科管理部门"。整体而言，这两部分表格变化不大，但仍然需要申请人注意，尤其是填写说明中屡次强调的"课题名称"一般不加副标题以及注意区分论证活页与申请书中"课题设计论证"的区别。

申请人承诺

本人已认真阅读《2024 年国家社会科学基金年度项目申报公告》，对本《申请书》所填各项内容的真实性和有效性负责，保证没有知识产权争议。如获准立项，本人承诺：以本《申请书》为有法律约束力的协议，遵守国家社科基金管理规章制度，严格按计划认真开展研究工作，取得预期研究成果。全国哲学社会科学工作办公室有权使用本《申请书》的所有数据和资料。若本《申请书》填报失实或违反有关规定，本人愿承担全部责任。

申请人（签章）

年　月　日

图 3-2　2024 年申请人承诺变化

填写说明

1.《申请书》请用计算机填写，所用代码请查阅《国家社会科学基金项目申报数据代码表》，所有表格均可加行加页，排版清晰。

2.封面上方两个代码框申请人不填，其他栏目请用中文填写，其中"学科分类"填写一级学科名称，**"课题名称"一般不加副标题**。

3.《数据表》的填写和录入请参阅《填〈数据表〉注意事项》，相关问题可咨询省级社科管理部门。

4.**《国家社会科学基金年度项目课题论证活页》与《申请书》中"二、课题设计论证"内容略有不同，请参阅表内具体说明。**

5.《申请书》纸质版报送一式 3 份，统一用 A3 纸双面印制、中缝装订。各省（区、市）报送当地社科管理部门，新疆生产建设兵团报送兵团哲学社会科学规划办公室，在京中央国家机关及其直属单位报送中央党校（国家行政学院）科研部，在京部属高等院校报送教育部社会科学司，中国社会科学院报送本院科研局，军队系统（含地方军队院校）报送全军哲学社会科学规划办公室。

图 3-3　2024 年填写说明变化

(3) 注意事项变化

2024 年注意事项变化如图 3-4 所示。"项目类别"中新增了"选'西部项目'填'X'"。"学科分类"中新增了"申报重点项目跨学科研究课题填写与其最接近的 1-3 个学科，其中第一个为主学科"两项内容。

填写《数据表》注意事项

一、申请人须逐项如实填写，填表所用代码以当年发布的《国家社会科学基金项目申报数据代码表》为准。

二、《数据表》中粗框内一律填写代码，细框内填写中文或数字。若粗框后有细框，则表示该栏需要同时填写代码和名称，即须在粗框内填代码，在其后的细框内填相应的中文名称。

三、有选择项的直接将所选代码填入前方粗框内。

四、部分栏目填写说明：

课题名称——应准确、简明地反映研究内容，一般不加副标题，不超过 40 个汉字（含标点符号）。

关 键 词——按研究内容设立，最多不超过 3 个，词与词之间空一格。

项目类别——按所选项填 1 个字符。例如，选"重点项目"填"A"，选"一般项目"填"B"，选"青年项目"填"C"等，选"西部项目"填"X"。

学科分类——粗框内填 3 个字符，即二级学科代码；细框内填二级学科名称。例如，申报哲学学科伦理学专业，则在粗框内填"ZXH"，细框内填 "哲学伦理学"字样。申报重点项目跨学科研究课题填写与其最接近的 1-3 个学科，其中第一个为主学科。

工作单位——按单位和部门公章填写全称。如"北京师范大学哲学系"不能填成"北京师大哲学系"或"北师大哲学系"，"中国社会科学院数量与技术经济研究所"不能填成"中国社会科学院数技经所"或"中国社科院数技经所"，"中共北京市委党校"不能填为"北京市委党校"等。

课题组成员——必须是真正参加本课题的研究人员，不含课题负责人。不包括科研管理、财务管理、后勤服务等人员。

预期成果——指最终研究成果形式，可多选。例如，预期成果选"专著"填"A"，选"专著"和"研究报告"填"A"和"D"。字数以中文千字为单位。结项成果形式原则上须与预期成果一致，不得随意更改。如计划用少数民族语言文字或者外语撰写成果，须在论证中予以说明。

申请经费——以万元为单位，填写阿拉伯数字。申请数额可参考本年度申报公告。

图 3-4　2024 年注意事项变化

(4) 数据表变化

2024 年数据表变化如图 3-5 所示。数据表的变化主要体现在"项目类别"取消了一般自选项目（D）和青年自选项目（E），增加了西部项目（X）。

一、数据表

课题名称								
关键词								
项目类别	A.重点项目 B.一般项目 C.青年项目 X.西部项目							
学科分类								
研究类型	A.基础研究 B.应用研究 C.综合研究 D.其他研究							
课题负责人		性别		民族		出生日期		年 月 日
行政职务		专业职称				研究专长		
最后学历		最后学位				担任导师		
工作单位						联系电话		
身份证件类型		身份证件号码				是否在内地（大陆）工作的港澳台研究人员		（是/否）

	姓名	出生年月	专业职称	学位	工作单位	研究专长	本人签字
课题组成员							

预期成果	A.专著 B.译著 C.论文集 D.研究报告 E.工具书 F.电脑软件 G.其他		字数（千字）	
申请经费（万元）		计划完成时间	年 月	

图 3-5　2024 年数据表变化

（5）课题设计论证变化

2024 年课题设计论证变化如图 3-6 所示。与 2023 年相比，2024 年国家社科基金年度项目申请书课题论证部分发生了较大改变。第一，2024 年度撰写提纲说明中增加了"突出目标导向、问题意识、学科视角"，体现了 2024 年对课题论证设计的要求更加严格。第二，"研究内容"的要求中去掉了"框架思路"，但是在"研究内容"最后的括号里面清晰地标注了"框架思路要列出提纲或目录"。很多申请人可能会觉得框架思路可写或可不写，但千万注意，框架思路呈现的是申请人对所申请课题的破题思考，对于课题来说至关重要。因此，申请人仍然要写框架思路，并且要作为课题的核心内容来写，写深写实写透，反复打磨。第三，"创新之处"的要求中减少了"学术思想"的创新。第四，"预期成果"的要求中将"使用去向"改为"宣传转化及预期学术价值"。

图 3-6　2024 年课题设计论证变化

（6）研究基础变化

2024 年研究基础变化如图 3-7 所示。与 2023 年相比，2024 年国家社科基金年度项目申请书研究基础部分发生了一定改变。第一，"学术简历"的要求中减少了"申请人的学术兼职"。第二，"前期成果"的要求中减少了"核心观点及社会评价"，增加了"与本研究的学术递进关系"。

图 3-7　2024 年研究基础变化

（7）论证活页变化

2024 年论证活页变化如图 3-8 所示。除"研究基础"与"说明"部分外，2024 年论证活页部分的内容与申请表二"课题论证设计"基本一致，表二的变化此处不再赘述。除此之外，2024 年论证活页表格还发生了以下变化：第一，论证活页表格顶部删去了"项目登记号"和"项目序号"。第二，"说明"中"活页文字表述中不得直接透露个人信息或相关背景资料，否则取消参评资格"变更为"活页文字表述中不得出现任何可能透露申请人身份的信息"。

国家社会科学基金年度项目课题论证活页

课题名称：

本活页参照以下提纲撰写，突出目标导向、问题意识、学科视角，要求逻辑清晰，层次分明，内容翔实，排版规范。除"研究基础"外，本表与《申请书》表二内容一致，总字数不超过 7000 字。

1. [选题依据] 国内外相关研究的学术史梳理及研究进展（略写）；相对于已有研究特别是国家社科基金同类项目的独到学术价值和应用价值。
2. [研究内容] 本课题的研究对象、主要目标、重点难点、研究计划及其可行性等。（框架思路要列出提纲或目录）
3. [创新之处] 在学术观点、研究方法等方面的特色和创新。
4. [预期成果] 成果形式、宣传转化及预期学术价值和社会效益等。（略写）
5. [研究基础] 申请人前期相关代表性研究成果、核心观点等。（略写）
6. [参考文献] 开展本课题研究的主要中外参考文献。（略写）

说明：1. 活页文字表述中不得出现任何可能透露申请人身份的信息。
2. 课题名称要与《申请书》一致，一般不加副标题。前期相关代表性研究成果限报 5 项，只填成果名称、成果形式（如论文、专著、研究报告等）、作者排序、是否核心期刊等，**不得填写作者姓名、单位、刊物或出版社名称、发表时间或刊期**等。申请人承担的已结项或在研项目、与本课题无关的成果等不能作为前期成果填写。申请人的前期成果不列入参考文献。

图 3-8 2024 年论证活页变化

二、国家社科基金项目申请表格图解

1. 申请书封面

（1）项目登记号和项目序号

封面的项目登记号和项目序号（见图3-9）不用填写，由社科规划项目组织单位负责填写。

图3-9　项目登记号和项目序号

（2）学科分类与学科选择：填写23个一级学科

① 封面的学科分类填写23个一级学科（见表3-1），不用填写代码。**数据表中的学科分类的填写与封面是不一样的。** 数据表中粗框内填3个字符，即二级学科代码；细框内填二级学科名称。例如，申报哲学学科伦理学专业时，封面填"哲学"，数据表中在粗框内填"ZXH"，在细框内填"哲学伦理学"字样。跨学科课题则填写与其最接近的学科分类代码。

② 国家社科基金项目的学科分类与国家自然科学基金项目的学科分类、国家学科标准、国务院学位办的学科分类等有很大的差异。因此，申请人在申报项目过程中要根据不同项目的体系类别对号入座，不要张冠李戴。

③ 同一学科（包括一级、二级和三级学科）在不同体系中的归类也可能有很大的差异。例如，区域经济学在国家社科基金项目中所属的学科分类和国务院学位办制定的学科分类是不同的，一个属于理论经济，一个属于应用经济。类似例子不胜枚举。

④学科的选择。地方高校因很少有会评专家，申报的方向和学科不一样，结果往往是天壤之别，因此建议：

其一，申请人在成功概率相近的情况下尽量选择竞争不是很激烈的学科领域进行申请，除非有充分的把握。

其二，申请人尽量申报自己所在平台的优势学科，或者申请人母校专家比较集中的学科。这在最后的会评中可能会在同等条件下提高一定的成功率。

其三，申请人在申报前仔细研究申报指南，熟悉各领域的倾斜性项目或优先资助领域。

其四，申请人应仔细分析历年国家社科基金项目中与自己的课题相关的资助项目在各学科的分布情况。

其五，项目申报鼓励学科交叉，申请人应尽可能申报自己熟悉的学科。如果要申报与自身研究领域相差较大的学科，最好有一个对学科有深厚的研究基础的成员作为搭档，不然可能会被歧视。除非申请人是知名学者，成果等身。

国家社科基金学科分类目录如表3-1所示。

表3-1 国家社科基金学科分类目录

马列·科社	社会学	中国文学
党史·党建	人口学	外国文学
哲学	民族学	体育学
理论经济学	语言学	管理学
应用经济学	中国历史	新闻学与传播学
统计学	世界历史	图书馆·情报与文献学
政治学	考古学	区域国别学和国际问题研究
法学	宗教学	

国家社科基金项目申报数据代码表和中华人民共和国学科分类与代码简表可扫下列二维码进行查看。

延伸阅读：

国家社科基金项目申报数据代码表

延伸阅读：

中华人民共和国学科分类与代码简表

（国家标准 GB/T 13745-2009）

国家自然科学基金学科分类目录和国家自然科学基金管理科学部学科分类目录分别如图 3-10 和图 3-11 所示。

图 3-10　国家自然科学基金学科分类目录

G. 管理科学部

G01　管理科学与工程
G0101　复杂系统管理
G0102　运筹与管理
G0103　决策与博弈
G0104　预测与评价
G0105　管理统计理论与方法
G0106　管理心理与行为
G0107　管理系统工程
G0108　工业工程与质量管理
G0109　物流与供应链管理
G0110　服务科学与工程
G0111　数据科学与管理
G0112　信息系统与管理
G0113　风险管理
G0114　金融工程
G0115　工程管理和项目管理
G0116　交通运输管理
G0117　数字化平台管理理论
G0118　智慧管理与人工智能
G0119　新技术驱动的管理理论与方法

G02　工商管理
G0201　战略管理
G0202　企业理论
G0203　企业技术创新管理
G0204　人力资源管理
G0205　财务管理
G0206　会计与审计
G0207　市场营销
G0208　组织行为
G0209　商务智能与数字商务
G0210　公司金融
G0211　企业运营管理
G0212　公司治理
G0213　创业管理
G0214　国际商务管理
G0215　旅游管理

G03　经济科学
G0301　计量经济与经济统计
G0302　行为经济与实验经济
G0303　数理经济与计算经济
G0304　微观经济
G0305　宏观经济管理
G0306　国际经济与贸易
G0307　金融经济
G0308　财政与公共经济
G0309　产业经济
G0310　经济发展与经济制度
G0311　农林经济管理
G0312　区域经济
G0313　人口劳动与健康经济
G0314　资源与环境经济

G04　宏观管理与政策
G0401　公共管理与公共政策
G0402　政策科学理论与方法
G0403　科技管理与政策
G0404　创新管理与政策
G0405　健康管理与政策
G0406　医药管理与政策
G0407　教育管理与政策
G0408　文化管理与政策
G0409　公共安全与应急管理
G0410　社会治理与社会保障
G0411　环境与生态管理
G0412　资源管理与政策
G0413　区域管理与城市治理
G0414　数字治理与信息资源管理
G0415　全球治理与可持续发展

图 3-11　国家自然科学基金管理科学部学科分类目录（节选）

国家自然科学基金申请代码	
国家自然科学基金管理科学部学科分类目录	
研究生教育学科专业目录（2022 年）	

（3）项目类别

国家社科基金项目"重点项目"填"A"，"一般项目"填"B"，"青年项目"填"C"，"西部项目"填"X"。

项目类别注意事项如下：

①表格提供了 4 个选项，申请人根据申报项目的类别选择所填选项，切忌随意填写。笔者在十多年前初次申报国家社科基金项目时以为西部项目更容易申请，于是直接填报了西部项目，结果发现并非如此，以致名落孙山。

②如何看待与选择重点项目、一般项目、青年项目和西部项目。青年项目、西部项目和重点项目、一般项目最大的差异在于对申报人的年龄及申请单位所在地有严格限制。青年项目男性申请人的年龄不能超过 35 周岁，女性申请人的年龄不能超过 40 周岁，西部项目申请人的申请单位要位于规定的 13 个西部省（自治区、直辖市）之一，而重点项目和一般项目的

申请主要是看选题的重要程度、申请人的学术水平以及申请书的撰写水平。

重点项目的要求比较高，过去一般是"985 工程"或"211 工程"建设高校的教师和一些知名的学者才能申请成功。近年来，一些普通本科院校甚至刚从专科院校升级为本科院校的学校也获批了一定数量的重点项目，如浙江、山东、重庆、湖南等地的高校近年来就成功申请了不少重点项目，并且重点项目所占比重越来越高。2024 年度国家社科基金重点项目立项名单（节选）如表 3-2 所示。

表 3-2　2024 年度国家社科基金重点项目立项名单（节选）

课题名称	工作单位	项目类别	学科
中国式现代化的伦理基础研究	浙江师范大学	重点项目	哲学
儒家政治情感理论及其现代转化研究	温州大学	重点项目	哲学
《汉书·律历志》历代资料汇编校注及思想价值研究	新疆师范大学	重点项目	哲学
中国共产党审计史料收集、整理与研究（1921—1949）	南京审计大学	重点项目	理论经济学
数字经济赋能区域协调发展的理论机制与实现路径研究	兰州财经大学	重点项目	理论经济学
高标准区域贸易协定对亚太产业链韧性的影响机制与中国对策研究	广东外语外贸大学	重点项目	理论经济学
多维"专精特新"支持政策对产业链韧性的影响及协同优化研究	集美大学	重点项目	应用经济学
数据要素的价值释放机理、定价机制与市场治理政策研究	河南师范大学	重点项目	应用经济学
数字技术驱动农产品加工业发展的机制与路径研究	浙江工业大学	重点项目	应用经济学
人工智能驱动新质生产力发展的统计测度及实现路径研究	浙江工商大学	重点项目	统计学
数字新基建对价值链节点国家韧性的传导效应及路径优化研究	江西财经大学	重点项目	统计学
碳排放统计核算体系构建及碳数据协同治理研究	浙江财经大学	重点项目	统计学

表3-2(续)

课题名称	工作单位	项目类别	学科
我国婚姻家庭法自主知识体系建构研究	黑龙江大学	重点项目	法学
我国反垄断执法现代化的理论阐释与实现路径研究	浙江理工大学	重点项目	法学
反垄断检察民事公益诉讼制度系统建构研究	江西财经大学	重点项目	法学
财政社会学视野下的财政与县域治理研究	江西财经大学	重点项目	社会学
"千万工程"推动农业农村现代化的机理与路径研究	浙江工业大学	重点项目	社会学
农村环境保护的社会机制研究	福建农林大学	重点项目	社会学
从人口发展新常态到人口高质量发展的引领机制与实现路径研究	首都经济贸易大学	重点项目	人口学
"时间银行"养老模式交换机制及路径优化研究	济南大学	重点项目	人口学
"土司文化残留带"的土司谱牒与中华民族共同体意识研究（1726—1959）	吉首大学	重点项目	民族学
元以来青藏高原乌拉差役制度实践及在中央与地方之间的作用研究	西南民族大学	重点项目	民族学
因地制宜发展新质生产力与加快民族地区经济高质量发展研究	西南民族大学	重点项目	民族学
海上丝绸之路视域下茶船古道文化遗产调查与保护研究	集美大学	重点项目	民族学
黄河源头流域格萨尔文化普查与铸牢中华民族共同体意识研究	青海民族大学	重点项目	民族学
印缅孟交角地区族群冲突与政治格局演变研究	玉溪师范学院	重点项目	民族学
秦汉亭制研究	安顺学院	重点项目	中国历史
历史记忆与元代统一多民族国家构建研究	浙江师范大学	重点项目	中国历史
民间文献视域下的明清户籍与徽州社会研究	安徽师范大学	重点项目	中国历史
中非铁路合作文献资料整理与研究（1880—2023）	安徽师范大学	重点项目	世界历史
古希腊历史记忆重构与现代希腊民族认同研究	鲁东大学	重点项目	世界历史

表3-2(续)

课题名称	工作单位	项目类别	学科
库尔德政治部落主义与晚期奥斯曼帝国国家治理研究	曲阜师范大学	重点项目	世界历史
河南林州大菜园东周墓地考古发掘资料的整理与研究	浙大城市学院	重点项目	考古学
四川成都龙虎村遗址资料整理与综合研究	重庆师范大学	重点项目	考古学
河北鹿泉北新城汉墓资料整理与真定国封国综合研究	河北师范大学	重点项目	考古学
宗教中国化视域下元明清阿拉伯文、波斯文碑刻搜集、整理与研究	山东师范大学	重点项目	宗教学
中国古代文艺时空观问题研究	江西师范大学	重点项目	中国文学
中国古代文论避忌术语研究	河北大学	重点项目	中国文学
基于现地考察的巴蜀唐诗之路综合研究与文献辑考提要	西南民族大学	重点项目	中国文学
日本"赋体文学"文献整理与研究	鲁东大学	重点项目	外国文学
冲绳文学的中国叙事研究	北京语言大学	重点项目	外国文学
19世纪以降法国记忆文学研究	深圳大学	重点项目	外国文学
毛泽东著作中外百年多语种翻译通史研究	西安外国语大学	重点项目	语言学
近代汉文文献中兄弟民族语词的整理研究	西藏民族大学	重点项目	语言学
北方官话语音史研究	河北大学	重点项目	语言学
语言接触视域下我国境内闽南方言岛的调查与研究	福建师范大学	重点项目	语言学
体育治理新范式的机制创新与实现路径研究	江西师范大学	重点项目	体育学
中国职业体育生态系统构建及实效研究	河南师范大学	重点项目	体育学
体育旅游嵌入国家公园建设的模式及中国实践研究	曲阜师范大学	重点项目	体育学
全民健身服务"有为政府"和"有效市场"协同机制与路径研究	云南师范大学	重点项目	体育学
中国冬奥冠军群体画像与培育激励机制创新研究	哈尔滨体育学院	重点项目	体育学
我国青少年体育健身活动的组织模式与服务机制研究	武汉体育学院	重点项目	体育学

表3-2(续)

课题名称	工作单位	项目类别	学科
国土空间数字化治理的四重逻辑及机制优化研究	浙江工商大学	重点项目	管理学
维护国家科技安全视域下技术锁定的形成机制、预警与突破对策研究	南京审计大学	重点项目	管理学
"双碳"目标下能源转型发展"不可能三角"困境及我国破解策略研究	重庆工商大学	重点项目	管理学
重大风险挑战下大国储备体系能力提升路径研究	北京工商大学	重点项目	管理学

2024 年国家社科基金重点项目立项名单

2024 年国家社科基金一般项目立项名单

2024 年国家社科基金青年项目立项名单

2024 年国家社科基金西部项目立项名单

2. 内页签字（章）与活页题目

（1）内页签字（章）

申请人经常忙中出错的地方是，在提交申请书时忘记在封里内页的"签章"和"时间"处填写内容。活页上面的课题名称至关重要。然而，申请人忘记在活页上填写课题名称在每年的通讯评审中屡见不鲜，这让评审专家不知道其申请书的目标和指向。

申请人承诺

本人已认真阅读《2024 年国家社会科学基金年度项目申报公告》，对本《申请书》所填各项内容的真实性和有效性负责，保证没有知识产权争议。如获准立项，本人承诺：以本《申请书》为有法律约束力的协议，遵守国家社科基金管理规章制度，严格按计划认真开展研究工作，取得预期研究成果。全国哲学社会科学工作办公室有权使用本《申请书》的所有数据和资料。若本《申请书》填报失实或违反有关规定，本人愿承担全部责任。

申请人（签章）
年　月　日

（2）论证活页题目

课题名称：

本活页参照以下提纲撰写，突出目标导向、问题意识、学科视角，要求逻辑清晰，层次分明，内容翔实，排版规范。除"研究基础"外，本表与《申请书》表二内容一致，总字数不超过 7000 字。

1. [**选题依据**] 国内外相关研究的学术史梳理及研究进展（略写）；相对于已有研究特别是国家社科基金同类项目的独到学术价值和应用价值。

2. [**研究内容**] 本课题的研究对象、主要目标、重点难点、研究计划及其可行性等（框架思路要列出提纲或目录）。

3. [**创新之处**] 在学术观点、研究方法等方面的特色和创新。

4. [**预期成果**] 成果形式、宣传转化及预期学术价值和社会效益等（略写）。

5. [**研究基础**] 申请人前期相关代表性研究成果、核心观点等（略写）。

6. [**参考文献**] 开展本课题研究的主要中外参考文献（略写）。

---

3. 填写说明

填写说明虽然简单明了，但还是要请青年教师尤其是初次申请人仔细阅读，并按照其五点要求逐一完成申请书的填写。例如，第五点明确要求"统一用 A3 纸双面印制、中缝装订"，如果申请人一定要用 A4 纸单面打印，这很可能会给通讯评审专家留下不好的印象，从而在打分过程中打低分。

填 写 说 明

1.《申请书》请用计算机填写，所用代码请查阅《国家社会科学基金项目申报数据代码表》，所有表格均可加行加页，排版清晰。

2. 封面上方两个代码框申请人不填，其他栏目请用中文填写，其中"学科分类"填写一级学科名称，"课题名称"一般不加副标题。

3.《数据表》的填写和录入请参阅《填写〈数据表〉注意事项》，相关问题可咨询省级社科管理部门。

4.《国家社会科学基金年度项目课题论证活页》与《申请书》中"二、课题设计论证"内容略有不同，请参阅表内具体说明。

5.《申请书》纸质版报送一式 3 份，统一用 A3 纸双面印制、中缝装订。各省（区、市）报送当地社科管理部门，新疆生产建设兵团报送兵团哲学社会科学规划办公室，在京中央国家机关及其直属单位报送中央党校（国家行政学院）科研部，在京部属高等院校报送教育部社会科学司，中国社会科学院报送本院科研局，军队系统（含地方军队院校）报送全军哲学社会科学规划办公室。

---

4. 数据表

填写《数据表》注意事项

一、申请人须逐项如实填写，填表所用代码以当年发布的《国家社会科学基金项目申报数据代码表》为准。

二、《数据表》中粗框内一律填写代码，细框内填写中文或数字。若粗框后有细框，则表示该栏需要同时填写代码和名称，即须在粗框内填代码，在其后的细框内填相应的中文名称。

三、有选择项的直接将所选代码填入前方粗框内。

四、部分栏目填写说明：

课题名称——应准确、简明地反映研究内容，一般不加副标题，不超过 40 个汉字（含标点符号）。

关键词——按研究内容设立，最多不超过 3 个，词与词之间空一格。

项目类别——按所选项填 1 个字符。例如，选"重点项目"填"A"，选"一般项目"填"B"，选"青年项目"填"C"等，选"西部项目"填"X"。

学科分类——粗框内填 3 个字符，即二级学科代码；细框内填二级学科名称。例如，申报哲学学科伦理学专业，则在粗框内填"ZXH"，细框内填"哲学伦理学"字样。申报重点项目跨学科研究课题填写与其最接近的 1—3 个学科，其中第一个为主学科。

工作单位——按单位和部门公章填写全称。如"北京师范大学哲学系"不能填成"北京师大哲学系"或"北师大哲学系"，"中国社会科学院数量与技术经济研究所"不能填成"中国社会科学院数技经所"或"中国社科院数技经所"，"中共北京市委党校"不能填为"北京市委党校"等。

课题组成员——必须是真正参加本课题的研究人员，不含课题负责人。不包括科研管理、财务管理、后勤服务等人员。

预期成果——指最终研究成果形式，可多选。例如，预期成果选"专著"填"A"，选"专著"和"研究报告"填"A"和"D"。字数以中文千字为单位。结项成果形式原则上须与预期成果一致，不得随意更改。如计划用少数民族语言文字或者外语撰写成果，须在论证中予以说明。

申请经费——以万元为单位，填写阿拉伯数字。申请数额可参考本年度申报公告。

数据表填写过程中尤其要注意的内容如表 3-3 所示。

表 3-3 数据表（部分）

课题名称	长征时期川滇黔红军文艺宣传史料抢救挖掘与活化利用研究					
关键词	长征川滇黔　红军文艺宣传　史料挖掘与利用					
项目类别	X	A. 重点项目　B. 一般项目　C. 青年项目　X. 西部项目				
学科分类	DJA	党史				
研究类型	C	A. 基础研究　B. 应用研究　C. 综合研究　D. 其他研究				
课题负责人	××	性别	女	民族	畲族	出生日期	××年××月××日
行政职务	无	专业职称	副高级（副教授、副研究员等）	研究专长	党史
最后学历	研究生	最后学位	博士	担任导师	硕士生导师
所在省（自治区、直辖市）	贵州省		所属系统	教育部非在京直属/地方高校
工作单位	××××马克思主义学院		联系电话	××××
身份证件类型	居民身份证	身份证件号码	××××	是否在内地（大陆）工作的港澳台研究人员	否

①表格中自己填写的内容的字体建议用仿宋或者楷体，并加粗。

②数据表中的工作单位等建议由科研处统一填写、排版，然后发给每个学院，避免出现填写不统一的情况。

③课题名称要与封面、活页一致。对于这一点，申请人往往会在最后提交之前反复修改而可能弄错。

④关键词一定是 3 个，并用空格隔开，不要用分号、顿号等。

⑤数据表的学科分类。粗框内填 3 个字符，即二级学科代码；细框内填二级学科名称。例如，申报哲学学科伦理学专业，则在粗框内填"ZXH"，细框内填"哲学伦理学"字样。跨学科课题填写与其最接近的学科分类代码。千万不要和封面的"学科分类"填成相同的了，这里是很容易混淆的。

⑥研究专长。原则上研究专长应和数据表中的学科分类尽可能保持一致或相近，这样在第二轮的评委评审中风险相对较小。

⑦课题组成员的组成须注意几点：一是老、中、青相结合，二是理论（高校）与实践（政府、企业）相结合，三是高、中、低学历相结合。成

员的组成很有技巧性，一定要充分考虑成员在课题中的分工情况，并且一般主要人员的研究专长就基本构成了项目的主体研究内容。

课题组成员方面容易出现的问题主要有三点：

第一，课题组成员结构层次不合理。一是学科结构、年龄结构、部门结构不合理；二是理论人员、决策人员、一线人员比例不合理。其他问题包括人数太多或人数太少，合作单位太多、地域分布太广，应用研究缺少管理部门、实践部门人员的参与，等等。

第二，成员成果不能支撑项目选题。一是成员只在某一问题上有研究、有影响、有基础；二是成员（含主持人）超项，被资格审查筛查出来。

——案例：2018 年，H 博士，申请国家社科基金应用经济青年项目"基于 GEP 空间异质性的长江上游流域市场化、多元化生态补偿路径研究"。其团队成员结构比较合理，体现了上面三个要点，如表 3-4 所示。

表 3-4　H 博士团队成员情况

姓名	出生年月	专业职称	学位	工作单位	研究专长	本人签字
××	××××.××	教授级高级工程师	博士	××环境科学研究院	水环境管理	
××	××××.××	高级工程师	博士	××环境科学研究院	生态系统生态学	
××	××××.××	助理研究员	博士	×××研究所	流域生态学	
××	××××.××	助理研究员	博士	×××大学	流域生态学	
××	××××.××	讲师	硕士	×××大学	环境金融学	
××	××××.××	无	学士	×××大学	流域经济学	

⑧预期成果一般填写研究报告、专著、论文集。注意，这里填写的是结题考核的成果。在课题内容撰写中还涉及预期成果形式，除了上面的成果外，还可以根据课题的实际情况增加决策建议、数据库等预期成果。成果形式要根据自己的需求来填写，如年轻老师要评职称的可以填论文集，也可以考虑专著，其他老师则可以多考虑研究报告。

⑨注意字数的单位是"千字"，申请经费的单位是"万元"。

5. 部分案例

——案例：2020 年，W 教授、博士，申请国家社科基金民族学一般项目"边疆治理视角下傣族的国家向心力研究"，填写的数据表如表 3-5 所示。

表 3-5 "边疆治理视角下傣族的国家向心力研究"项目数据表

课题名称		边疆治理视角下傣族的国家向心力研究							
关键词		边疆治理　傣族群体　国家向心力							
项目类别	B	A.重点项目　B.一般项目　C.青年项目　D.一般自选项目　E.青年自选项目							
学科分类	MZH	民族学其他学科							
研究类型	C	A.基础研究　B.应用研究　C.综合研究　D.其他研究							
课题负责人	×××		性别	男	民族	汉族	出生日期	××年××月××日	
行政职务			专业职称	A	教授	研究专长	MZH	民族学其他学科	
最后学历	A	研究生	最后学位	A	博士	担任导师	B	硕士生导师	
所在省（自治区、直辖市）		Q		××		所属系统	A	高等院校	
工作单位		××大学××学院			联系电话		××××××		
身份证件类型		居民身份证	身份证件号码		××××××		是否在内地（大陆）工作的港澳台研究人员		否

	姓名	出生年月	专业职称	学位	工作单位	研究专长	本人签字
课题组成员	×××	××××.××	副馆长	硕士	×××文史馆	民族文学	×××
	×××	××××.××	教　授	博士	××大学	政治理论	×××
	×××	××××.××	教　授	博士	××学院	民族制度	×××
	××	××××.××	副教授	博士	××大学	民族心理	××
	×××	××××.××	副编审	硕士	××大学	民族文化	×××
	××	××××.××	副教授	学士	××大学	社会统计	××
	×××	××××.××	讲　师	博士	××大学	民族政治	×××
	××	××××.××	编　辑	硕士	××大学	民族史学	××

预期成果	A	A.专著　B.译著　C.论文集　D.研究报告　E.工具书　F.电脑软件　G.其他		字数（千字）	250
申请经费（单位：万元）		20	计划完成时间	××年××月××日	

6. 其他表格——经费概算

根据《国家社会科学基金项目资金管理办法》（财教〔2021〕237号）的规定，项目资金由直接费用和间接费用组成。

直接费用是指在项目实施过程中发生的与之直接相关的费用，主要包括以下内容：

①业务费。业务费是指在项目实施过程中购置图书、收集资料、复印翻拍、检索文献、采集数据、翻译资料、印刷出版、会议、差旅、国际合作与交流等费用以及其他相关支出。

②劳务费。劳务费是指在项目实施过程中支付给参与项目研究的研究生、博士后、访问学者和项目聘用的研究人员、科研辅助人员等的劳务性费用以及支付给临时聘请的咨询专家的费用等。项目聘用人员的劳务费开支标准，参照当地社科研究从业人员平均工资水平，根据其在项目研究中承担的工作任务确定，其由单位缴纳的社会保险补助、住房公积金等纳入劳务费科目列支。支付给临时聘请的咨询专家的费用，不得支付给参与本项目及所属课题研究和管理的相关人员，其管理按照国家有关规定执行。

③设备费。设备费是指在项目实施过程中购置设备和设备耗材、升级维护现有设备以及租用外单位设备而发生的费用。项目实施应当严格控制设备购置，鼓励共享、租赁设备以及对现有设备进行升级。

间接费用是指项目责任单位在组织实施项目过程中发生的无法在直接费用中列支的相关费用。主要包括项目责任单位为项目研究提供的房屋占用，日常水、电、气、暖等消耗，有关管理费用的补助支出以及激励科研人员的绩效支出等。

间接费用基础比例一般按照不超过项目资助总额的一定比例核定，具体如下：50万元及以下的部分为40%；超过50万元至500万元的部分为30%；超过500万元的部分为20%。

项目成果通过审核验收后，依据结项等级调整间接费用比例，具体如下：

①结项等级为"优秀"的，50万元及以下的部分可提高到不超过

60%；超过 50 万元至 500 万元的部分可提高到不超过 50%；超过 500 万元的部分可提高到不超过 40%。

②结项等级为"良好"的，50 万元及以下的部分可提高到不超过 50%；超过 50 万元至 500 万元的部分可提高到不超过 40%；超过 500 万元的部分可提高到不超过 30%。

③结项等级为"合格"或以"免于鉴定"方式结项未分等级的，间接费用比例不再提高。

注意：项目负责人应当在收到立项通知之日起 30 日内完成预算编制。无特殊情况，逾期不提交的，视为自动放弃资助。

三、申请书表格填写注意事项

申请人在填写申请书时还要特别注意以下几点：

①申报青年基金项目时男性申请人年龄不超过 35 周岁，女性申请人年龄不超过 40 周岁。

②不具备副高级以上（含）专业技术职称（职务）或者博士学位且低于年龄限制的，可以申请青年项目。

③课题负责人同年度只能申报一个国家社科基金项目，并且不能作为课题组成员参与其他国家社科基金项目的申请；课题组成员同年度最多参与两个国家社科基金项目的申请；在研国家级项目的课题组成员最多参与一个国家社科基金项目的申请。申报本次年度项目的申请人不能申报 2024 年国家社会科学基金重大项目。

④在研国家社科基金项目、国家自然科学基金项目及其他国家级科研项目负责人，不得申报新的国家社会科学基金年度项目（以 2024 年申报为例，结项证书标注日期须在 2024 年 5 月 19 日之前）。

⑤国家自然科学基金项目及其他国家级科研项目、教育部人文社会科

学研究一般项目的申请人，同年度不能申报国家社会科学基金项目。国家自然科学基金项目及其他国家级科研项目同年度申请人的课题组成员也不能作为负责人以内容基本相同或相近选题申请国家社会科学基金项目。

⑥课题组成员或推荐人须征得本人同意并签字确认。

⑦活页课题论证字数不得严重超出限额（7 000 字）。

⑧填写申请书中的"数据表"时应注意以下几点：

第一，"关键词"之间用空格分开，切记勿用分号、逗号、顿号等。

第二，"项目类别"填 1 个字符，即重点项目填"A"，一般项目填"B"，青年项目填"C"，西部项目填"X"；"学科分类"按照国家社会科学基金项目申报数据代码表填写；封面"学科分类"填写 23 个一级学科之一；数据表中的"学科分类"填写二级学科及代码。

第三，单位领导人审核意见最好写上几句话，不要写得太多，最好用手写，这样给人的观感比较好。

专题四

如何选题

一、选题的重要性

1. 选题对社科研究的重要性：科学提问的重要性

选题的本质是提出科学的问题。无论是自然科学还是社会科学提出可行的问题都是非常重要而且是困难的。著名科学家爱因斯坦就深刻指出"提出一个问题往往比解决一个问题更重要，因为解决一个问题也许仅是一个科学上的实验技能而已。而提出新的问题，新的可能性，以及从新的角度看旧的问题，却需要有创造性的想象力，而且标志着科学的真正进步。"马克思也指出"主要的困难不是答案，而是问题。""一个问题，只有当它被提出来时，意味着解决问题的条件已经具备了""问题就是时代的口号，是它表现自己精神状态的最实际的呼声。"

科学的选题和提问是社科研究理论创新的源泉。理论创新、理论发展最深厚的源泉来自实践，但实践不可能自动地升华为理论，必然要通过问题这一媒介，反映实践的要求，推动理论创新、理论发展，进而指导实践的下一步发展。理论创新只能从问题开始。从某种意义上说，理论创新的过程就是发现问题、筛选问题、研究问题、解决问题的过程。问题是创新的起点，也是创新的动力源。只有聆听时代的声音，回应时代的呼唤，认真研究解决重大而紧迫的问题，才能真正把握住历史脉络、找到发展规律，推动理论创新。

2. 选题对社科基金项目申报的重要性

好的选题是社科基金项目申报成功的关键。好的选题是社科基金项目筛选的重要标准，更是评审专家评估项目的最重要依据。项目要好，标题要巧。好的选题能够有效地吸引评审专家的兴趣和注意力，让其有兴趣去了解项目的论证。不好的选题，往往让读者和评审专家没有兴趣去了解项目的论证，形成先入为主的观念，对项目申报成功不利。

3. 什么是好的题目

什么是题目呢？国家标准《科学技术报告、学位论文和学术论文的编写格式》（GB 7713-87）把题目定义为"以最恰当、最简明的词语反映论文、报告中最重要的、具有特定内容的逻辑组合"。什么是好的题目呢？好的题目能够吸引人看、使人看得懂、能够打动人。吸引人看是要有吸引人的力量，让人愿意继续看下去；使人看得懂是要让人能够一目了然地知道题目提出了什么问题、要解决什么问题；能够打动人是要让人觉得题目有新意、有重要性。好的题目具有什么特征呢？准确性、鲜明性、生动性、简洁性是好的题目的重要特征。准确性是指概念、判断、推理是否正确。概念准确，即题目提出的概念准确，其内涵和外延与研究问题的现实情况吻合、与现有的学术规范吻合。判断准确就是题目对某个命题采取肯定或否定的态度符合实际。生动性是指题目观点鲜明、具有新意，让人看得有味道。简洁性是指题目能短则短，把可有可无的字词删掉。

二、选题常见的三大难题和阶段

不知道如何选题？研究入门问题。

不知道选什么题？研究积累问题。

不知道选啥好题？研究技巧问题。

实际上，我们地方高校包括"老少边贫"地区高校，往往有很多现成的选题领域和方向，这也可以算作是科学研究中的"富饶的贫困"或者"抱着金饭碗过着要饭的日子"。比如，重庆地处三峡库区腹地，仅围绕三峡库区就可以从若干领域选择选题方向，而且还可以从不同学科领域去选择选题方向，最后都可以上升为国家层面科学问题，至少都是区域性国家战略问题。事实上，近几年仅我们的团队就直接或间接围绕三峡库区、长江上游地区可持续发展问题成功申报了国家社科基金重大项目 2 项，重点项目 1 项，一般项目、青年项目和西部项目 35 项。

——案例：重庆及三峡库区高校围绕"三峡库区领域研究"，可以从若干领域或视角选题切入：

·世界级工程移民经济典型地区

·限制性功能区域经济典型地区

·产业生态与生态经济典型地区

·生态（主体）功能区典型地区

·交叉深度和连片贫困典型地区

·和谐社会与稳定研究典型地区

·水电库区生态恢复重建示范区

·流域经济流域生态交叉研究区

·流域管理与环境法学典型地区

·移民文化与移民文学典型地区

从学科选择和归属上，以重庆某地方高校所含学科和学院为例，几乎所有学科都可以从上述问题进行选题。上述选题尤其适合近年来逐渐发展形成的以流域经济学、流域管理学为特色学科，以应用经济、工商管理重庆市"双一流"学科为优势学科的学科生态群，最终形成在国内乃至国际有重要声誉的特色学科。

①应用经济学（经济学院、金融学院、成渝地区双城经济圈建设研究院）；

②理论经济学（经济学院、成渝地区双城经济圈建设研究院）；

③工商管理（工商管理学院、会计学院、国际商学院）；

④公共管理（公共管理学院）；

⑤法学（法学与社会学院）；

⑥信息系统与管理（科学与信息工程学院、数学与统计学院）；

⑦管理科学与工程（管理科学与工程学院）；

⑧环境科学与管理（环境与资源学院、法学与社会学院）。

地方高校应形成"区域+学科""问题+学科"和"平台+学科"的"点上突破"和"单项冠军"特色学科发展范式，避免走"全能冠军"路径，导致一个特色优势学科都建立不起来。相反，地方高校通过这种特色优势学科的突破，进而形成"特色优势学科"，可推动地方高校学科发展。例如，某地方高校以教育部人文社科重点研究基地××研究中心（现为成渝地区双城经济圈建设研究院）为研究平台，近年来形成了"三峡库区+"模式（如表4-1所示），与校内若干学院的学科形成了"三峡库区+学科"的交叉融合。

表 4-1　"三峡库区+"模式

三峡库区+	管理经济
	流通经济（商贸物流电子）
	旅游（资源）经济
	现代高端机械服务业经济（如高端汽车、直升机 4S 店）
	低碳生态环保经济产业
	大数据、云计算、互联网+信息产业经济
	创意产业经济
	文化产业、传媒产业经济
	移民社会学
	大健康产业经济
	国际贸易
	法经济学
	廉政经济

三、选题原则

俗话说，女怕嫁错郎，男怕入错行。这用在选题和确定主攻方向上也很契合。

选择国家社科基金选题并确定主攻方向是年轻教师科学研究中具有战略意义甚至影响其一生的重大抉择。选题要遵循以下原则：

需求侧原则：结合党和国家、地方经济、社会重大发展战略需求，考虑基础性重大研究和人类发展需求。

供给侧原则：申请人有前期研究基础，结合申请人和本学科个人需求，如职位职称、教研相长、学术地位、学术兴趣等。

创新性原则：将研究对象、研究区域、研究视角、学术思想、学术观点、理论方法、技术手段等创新思想体现到选题题目中，也反映申报者科研思路清晰度和深刻性。题目要具有新意和创意，反映出该研究领域的前沿，起点应尽可能高一些，独具特色、独树一帜。

简洁性原则：题目要文字简练、概念准确、语意清晰，命题的时候，应当用最少的文字表达出最丰富的信息。

四、选题路径、思维与方法

1. 选题路径

（1）选题指南

2024 年度国家社科基金项目不再发布分学科具体课题指南，但是重大项目等还发布课题指南。选题人可以在历年国家社科基金项目选题指南的各学科选题题目基础上进行嫁接、融合、深入、细化、变异，从而提炼选题。

编者寄语：

   指南要当指南用，勿把指南当圣旨；

   指南题中找热点，指南题中寻冷角。

（2）研究基础

选题人依据个人的研究，尤其是基础理论研究，寻找前沿性、创新性科学问题作为选题题目组织申报。

（3）政府文件

选题人根据每年党中央、国务院等重大会议、规划、政策和文件的最新内容和发展方向选题。

（4）学术文献

选题人在对现有学术文献学习总结的基础上寻找科学选题、创新领域、深化研究等。

（5）立项选题

选题人对近两年国家"两金"项目的已立项目进行研究、学习和深入比较，从中寻找新的研究选题。

（6）调查实践

选题人在经济社会一线调查、实践中寻找当前急需解决的问题作为科研课题，比如扶贫研究。

（7）会议沙龙

选题人通过参加国内外高水平学术会议、学术沙龙，寻找新问题、新方向，确定研究课题。

（8）重要文章

选题人依据党和国家领导人在《求是》《人民日报》《光明日报》《经济日报》等媒体发布的重要讲话、重要文章等的内容提炼选题。

（9）重要事件

选题人从我国与外国签订的重要战略协议、联合声明等重要国际合作事件，外国颁布对我国有重要影响的法案、政策等重要域外事件，自然灾害、公共卫生事件等重大突发事件等寻找新问题、新对策，确定选题方向。

2. 选题思维

选题人在依据政府文件、学术文献等选题路径思考选题时，要提炼出比较好的题目，还需要思维上的突破，实现思想认识上的重要飞跃。

（1）逆向思维

逆向思维是从事物的反面来思考。反证法是一个典型的例子。例如，二战期间，为了加强对战机的防护，英美军方调查了作战后幸存飞机上的弹痕分布，决定哪里弹痕多就加强哪里，然而统计学家沃德力排众议，指出更应该注意弹痕少的部位，因为这些部位受到重创的战机，很难有机会返航，而这部分数据被忽略了。事实证明，沃德是正确的，这也是逆向思维的典型案例。

就选题而言，普通人从正面看，选题人则可以从反面看。例如，就万历朝鲜战争外交文书研究，在 2015 年立项了"万历朝鲜战争外交文书整理与研究（15CZS009）"，后续继续有人于 2019 年从他者视域申请了"东亚视野下万历朝鲜之役研究（19BZS025）"，这就是逆向思维的案例。又如，有学者在 2021 年利用域外资料申请立项了"日本公藏中国古旧地图整理、编目与研究（21CTQ001）"，后续有人反向思考利用域内资料于 2023 年申请立项了"清代闽台古旧地图的搜集、整理与研究（23BZS092）"。

（2）交叉思维

交叉思维是跨学科的思维，把不同领域的知识结合在一起。把不同领域的知识结合在一起就有机会创造出超常成果和大把的创新机会。例如，经济学家就从物理学中借鉴了很多有用的概念，比如均衡、弹性等概念。又如，达尔文于 1838 年 10 月在偶尔阅读马尔萨斯的《人口论》后产生"顿悟"，形成了"在激烈的生存斗争中有利变异必然有得以保留的趋势，并最终形成新物种"的想法。再如，马克思的《资本论》就是政治经济学和哲学的交叉，特别体现为辩证法在政治经济学中的运用。这些都是交叉思维所带来的重要启发。

就选题而言，交叉思维有助于充分利用其他学科的新理论、新方法、新视角等来解决本学科的新问题或旧问题。哲学和经济学交叉就立项了很多题目。例如，"资本与道德关系视域下的平台经济伦理研究（22CZX046）""经济学模型的哲学问题研究（22BZX004）"等都是典型的交叉思维题目。生物学和经济学、管理学等交叉也立项了不少项目。例如，"进化语言学视域下人工智能自然语言处理模式研究（22CZX022）""资源型城市产业生态系统韧性的测度与提升策略研究（23BJL090）"。选题人利用交叉学科思维能够在传统选题中提炼很多创新题目。

（3）组合思维

组合思维是指把多项貌似不相关的事物通过想象加以连接，从而使之变成彼此不可分割的、新的、整体的一种思考方式，这里甚至包括随机组合的方式。有的发明家在探索创新发明时就把已有的东西三三两两地组合起来，形成一个新的东西。例如，音乐盒与闹钟结合起来，就可以做成音乐闹钟。

就选题而言，选题人利用组合思维也可以通过不断组合的方式来形成可供筛选的题目。例如，研究鲁迅文学可以考虑把鲁迅与不同要素组合形成特定的选题。通过观察已经立项的题目可以看到大量此类的题目。例如，"鲁迅与日译俄苏文学之关系研究（23CZW048）""鲁迅小说创作与中国古典小说理论之关系研究（23BZW121）""百年来少数民族作家对鲁迅文学的接受研究（23BZW178）""鲁迅台湾传播的史料整理与研究（15XZW032）"等。基于此，相关选题人可以观察和组合鲁迅文献在东南亚、印度、北欧等不同国度和地区的传播与影响，并结合自身对学科的判断筛选其可能的潜在价值。

3. 选题方法

（1）直奔主题法

直奔主题法分为两类：第一类是国家层面重大基础理论与现实问题，多归属指南要求中的"重大基础理论"研究选题和方向，比较适合"双一流"建设高校、"985"工程或"211"工程建设高校申请人以及"大咖级"申请人；第二类是直击问题核心的"问题导向型"，地方高校多采用这类。

——案例：中央直属高校国家社科基金马列·科社重点项目立项名单（节选）如表4-2所示。

表4-2 中央直属高校国家社科基金马列·科社重点项目立项名单（节选）

序号	课题名称	工作单位	项目类别	学科
1	习近平新时代中国特色社会主义思想对唯物史观发展的原创性贡献研究	复旦大学	重点项目	马列·科社
2	《资本论》的社会批判理论及其当代价值研究	清华大学	重点项目	马列·科社

表4-2（续）

序号	课题名称	工作单位	项目类别	学科
3	唯物史观的生成逻辑及其当代启示研究	东北大学	重点项目	马列·科社
4	马克思主义人学及其当代价值研究	中共中央党校（国家行政学院）	重点项目	马列·科社
5	百年未有之大变局下马克思主义正义理论研究	中国社会科学院马克思主义研究院	重点项目	马列·科社
6	新时代中国共产党人的马克思主义话语创新研究	中共中央党校（国家行政学院）	重点项目	马列·科社
7	中国共产党集体主义思想百年发展历程及其经验启示研究	中央民族大学	重点项目	马列·科社

——案例：地方高校国家社科基金马列·科社重点项目立项名单（节选）如表4-3所示。

表4-3　地方高校国家社科基金马列·科社重点项目立项名单（节选）

序号	课题名称	工作单位	项目类别	学科
1	《资本论》话语形态与当代中国经济学话语建构研究	南京信息工程大学	重点项目	马列·科社
2	大历史观视域下社会主义意识形态理论话语创新研究	东北财经大学	重点项目	马列·科社
3	中国共产党探索和发展协商民主的历史进程及经验启示研究	贵州大学	重点项目	马列·科社
4	大数据背景下的集体记忆与政治认同研究	郑州大学	重点项目	马列·科社
5	新时代共同富裕思想在西藏地区的实践研究	西藏民族大学	重点项目	马列·科社
6	新中国成立以来生态环境治理思想演进逻辑研究	广西师范大学	重点项目	马列·科社

（2）关键词嵌入法或凸显法

关键词嵌入法或凸显法是指在选题题目中凝练或聚焦一个关键词、关键对象、关键内容，并用引号聚焦和凸显出来，使研究问题更加清晰、明了和具有吸引力。

——案例：国家社科基金马列·科社、政治学、民族学等项目立项名单（节选）如表4-4所示。

表4-4 国家社科基金马列·科社、政治学、民族学等项目立项名单（节选）

序号	课题名称	工作单位	项目类别	学科
1	"饭圈"青年的思想行为分析与引导研究	大连理工大学	重点项目	马列·科社
2	"算法政治推送"对我国意识形态安全的威胁与应对研究	中国人民公安大学	重点项目	政治学
3	"交往变革"推进中华民族共同体建设的族际距离消融机制研究	云南大学	重点项目	民族学
4	"小个专"党建的现实困境与优化路径研究	中南财经政法大学	一般项目	党史·党建
5	宋明理学"异端"观研究	中南大学	一般项目	哲学
6	多重制度逻辑下近代跨国侨批局践行"商业向善"研究	汕头大学	一般项目	理论经济
7	"站-产-城"融合视角下长三角地区高铁站区发展模式与空间效应研究	苏州大学	一般项目	理论经济
8	"人象混居"中的社区发展困境及治理机制研究	云南大学	一般项目	应用经济
9	数字化背景下"工业四基"企业创新网络的形成机制与扶持政策研究	重庆理工大学	一般项目	应用经济
10	互联网银行信贷数据"高位集聚"水平测度及其系统性风险预警研究	河北金融学院	一般项目	统计学
11	"算法政治推送"对我国意识形态安全的威胁与应对研究	中国人民公安大学	一般项目	理论经济学
12	"少捕慎诉慎押"刑事司法政策实施制度研究	江西财经大学	一般项目	法学
13	"躺平"青年的群体特征、心理监测与成长干预研究	厦门大学	一般项目	社会学
14	数字赋能对社区公共卫生"平战结合"治理效能的影响研究	西北大学	一般项目	社会学

表4-4(续)

序号	课题名称	工作单位	项目类别	学科
15	第一次世界大战后日本的"**教育备战**"体制研究	南开大学	一般项目	世界历史
16	黄河流域城市群"**生态共同富裕**"水平的统计测度与提升路径研究	郑州航空工业管理学院	青年项目	统计学
17	空间治理视域下"**收缩型城市**"的治理阻梗与优化机制研究	上海师范大学	青年项目	政治学
18	唐代"**河湟防御圈**"的形成与演变研究	宁波工程学院	青年项目	中国历史
19	《资本论》与马克思"**合理形态**"辩证法研究	四川农业大学	西部项目	马列·科社
20	"**文学陕军**"小说英译研究（1950—2020）	陕西科技大学	西部项目	语言学

（3）新理论+主题模式

新理论+主题模式是指选题题目中纳入本学科最新前沿理论或其他学科创新理论，用于解决主题问题，或者从不同的视角来观察问题。各个学科都有自身比较经典或前沿的理论，比如 CAS 理论、编码理论、扎根理论、标签理论、地租理论等众多理论。

——案例：国家社科基金民族学、统计学、马列·科社、法学等项目立项名单（节选）如表4-5所示。

表4-5　国家社科基金民族学、统计学、马列·科社、法学等项目
立项名单（节选）

序号	课题名称	工作单位	项目类别	学科
1	**族际生态视域**下中华民族共同体研究	贵州民族大学	重点项目	民族学
2	基于**信任关系**的群体评价共识机制研究	宁波大学	重点项目	统计学
3	**福柯资本主义批判理论**及其在疫情时代的价值研究	安徽大学	一般项目	马列·科社

表4-5(续)

序号	课题名称	工作单位	项目类别	学科
4	**公共物品理论**视角下企业数据权属及其民法保护研究	江南大学	一般项目	法学
5	基于**复杂网络**的城镇化与生态韧性远程耦合机理及调控路径研究	中南林业科技大学	一般项目	应用经济
6	**技术现象学**视角下智能算法嵌入社会与治理研究	天津社会科学院	一般项目	社会学
7	**空间适配视角**下低收入社区人口迁移特征与城市更新策略研究	深圳大学	一般项目	人口学
8	基于**极值理论**的动态网络风险分析及风险传染机制研究	中国科学技术大学	一般项目	统计学
9	**历史地理学**视域下的希伯来圣经叙事传统研究	山东大学	一般项目	宗教学
10	**现象学**视域中文学共同体的实践性范式构建研究	云南大学	一般项目	中国文学
11	基于**传播动力学理论**的"信息疫情"生成机理与应对策略研究	四川大学	一般项目	新闻学与传播学
12	基于**环境行为学**的数字信息生态适老性研究	华中师范大学	一般项目	图书馆、情报与文献学
13	**政策过程理论**视角下中国国际体育制度性话语权提升策略研究	南通大学	一般项目	体育学
14	基于**合作博弈理论**的绿色供应链合作创新主体收益分配研究	福建农林大学	一般项目	管理学
15	**进化语言学**视域下人工智能自然语言处理模式研究	大连海事大学	青年项目	哲学
16	**物质排名理论**视角下贫富差距与内卷心态的心理学研究	复旦大学	青年项目	社会学
17	**地理语言学**视域下胶辽、冀鲁、中原官话交界地区方言语音研究	山东师范大学	青年项目	语言学
18	**计算档案学**视角下的网络档案信息资源建设研究	中国人民大学	青年项目	图书馆、情报与文献学
19	**"极化-涓滴"平衡**视角下中国南北区域协调发展思路研究	中共中央党校(国家行政学院)	青年项目	理论经济
20	基于**复杂网络理论**的空中交通管理体系优化研究	空军工程大学	西部项目	管理学

（4）新方法+主题模式

新方法+主题模式是指选题题目中纳入前沿方法，既可以破解一些长期较难解决的旧问题，也可以破解一些新问题。此外，方法本身的发展也是一个问题。当前，前沿方法主要围绕大数据、人工智能等新方法展开，比如自然语言处理方法、推荐算法、知识图谱、神经网络、交互式人工智能、区块链等。新方法从一个新的角度也说明从事计算机、数学、统计学等自然科学研究的学者也可以用好自己的研究工具开展社会科学研究。

——案例：国家社科基金管理学、统计学、国际问题研究等项目立项名单（节选）如表4-6所示。

表4-6　国家社科基金管理学、统计学、国际问题研究等项目立项名单（节选）

序号	课题名称	工作单位	项目类别	学科
1	基于**自然语言处理方法**的上市公司ESG"漂绿"现象识别及其治理机制研究	中南财经政法大学	重点项目	管理学
2	基于**大数据**及可解释集成学习的信用风险模型构建与应用研究	首都经济贸易大学	一般项目	统计学
3	基于**大数据和机器学习**的教育双减政策评估研究	北京大学	一般项目	统计学
4	基于**混频大数据**的经济不确定性实时灵活动态测度及其风险预测与预警研究	南昌大学	一般项目	统计学
5	基于**机器学习技术**的校园欺凌主动识别及干预研究	青岛大学	一般项目	社会学
6	基于**大数据技术**的美英澳重点智库涉华舆论动态研究	华侨大学	一般项目	国际问题研究
7	基于**推荐算法**的网络圈群对网络舆论的作用机制及引导策略研究	成都信息工程大学	一般项目	新闻学与传播学
8	面向**多模态医疗健康数据**的知识组织模式研究	南京邮电大学	一般项目	图书馆、情报与文献学
9	全文**计量分析视角**下学科交叉的多元体系化测度研究	苏州大学	一般项目	图书馆、情报与文献学

表4-6(续)

序号	课题名称	工作单位	项目类别	学科
10	基于**随机控制实验**的居民垃圾分类行为"**助推**"机制研究	华东理工大学	一般项目	管理学
11	**社会经济地位**对儿童成长的综合影响及其破解的**实地实验**研究	东北师范大学	一般项目	理论经济
12	基于**文化基因解码**的文旅深度融合的机理与模式研究	华中师范大学	一般项目	应用经济
13	基于**卫星数据**的县域碳收支相对平衡度的测算与调控研究	西安财经大学	青年项目	统计学
14	**计量语言学视域下**多维源语特征对口译质量的影响和预测模型研究	西安交通大学	青年项目	语言学
15	**区块链赋能**的学术期刊科学数据共享机制研究	四川大学	青年项目	新闻学与传播学
16	**计算人文视角下**古代民生问题治理措施演变及启示研究	山东理工大学	青年项目	图书馆、情报与文献学
17	基于**混合方法**的户外运动旅游体验品质测度及优化路径研究	湖北大学	青年项目	体育学
18	**知识图谱支持**的重大工程运营风险智能精准管理机制研究	重庆邮电大学	西部项目	管理学

(5) 新区域+主题模式

新区域+主题模式是指出奇制胜,从薄弱研究领域找选题,如深度特困区、省际交界区、民族交界区、(生态或主体)功能交界区、沿边特殊区、流域脆弱区等,在民族学学科中比较常见。2024年后新区域对西部地区提供了新机遇和新挑战。2024年,国家社科基金项目申报公告明确西部项目立足西部地区实际和优势,资助推进西部地区经济持续健康发展、社会和谐稳定,促进民族团结、维护祖国统一,弘扬民族优秀文化、保护民间文化遗产,开展周边毗邻区域国别研究等方面的课题。西部地区高校在申报西部项目时尤其要围绕自身所处区位提炼特色区域。

——案例:国家社科基金民族学、中国历史、应用经济等项目立项名单(节选)如表4-7所示。

表4-7 国家社科基金民族学、中国历史、应用经济等项目立项名单（节选）

序号	课题名称	工作单位	项目类别	学科
1	东北边疆地区生态产品价值实现及富民机制研究	大连民族大学	重点项目	民族学
2	中国共产党香港地区革命历史资料整理与研究（1921—1949）	南京大学	重点项目	中国历史
3	黄河"几"字弯都市圈低碳交通运输体系与经济高质量发展耦合机制及调控路径研究	北方民族大学	一般项目	应用经济
4	天山北坡经济带兵地融合城市群发展机制及路径模式研究	新疆大学	一般项目	应用经济
5	环青海湖原住民生态文化对社区参与生物多样性保护的行为及福祉影响研究	青海民族大学	一般项目	社会学
6	涉藏牧区相对贫困发生机制及减贫政策研究	四川省社会科学院	一般项目	民族学
7	横断山区民族交往交流交融研究	昆明学院	一般项目	民族学
8	三江源农牧区藏族聚落乡村振兴的生态宜居模式研究	西安建筑科技大学	一般项目	民族学
9	黔桂湘边区木质连片村寨火灾防控机制研究	荆楚理工学院	一般项目	民族学
10	黑龙江沿岸世居民族传统物候历研究	哈尔滨商业大学	一般项目	民族学
11	绿色金融赋能川滇黔毗邻地区生态产品价值实现路径研究	重庆工商大学	青年项目	应用经济
12	凉山彝区巩固脱贫攻坚成果同乡村振兴有效衔接跟踪调查与长效机制研究	中共成都市委党校	青年项目	民族学
13	金沙江流域少数民族地区基督教传播与治理对策研究	云南民族大学	青年项目	宗教学
14	秦巴山区生态产品价值实现助推乡村产业振兴研究	陕西理工大学	西部项目	应用经济
15	东南亚苗族文献搜集、整理与研究	贵州师范大学	西部项目	民族学

（6）新对象+主题模式

例如，"三农"问题以及农民工、留守儿童、留守妇女、留守老人、鳏寡孤独问题等。又如，大量学者在研究各类移民（工程移民、扶贫移民、生态移民、灾害移民等）问题中，很少关注返迁移民有关问题。

——案例：国家社科基金社会学、民族学、人口学等项目立项名单（节选）如表 4-8 所示。

表 4-8　国家社科基金社会学、民族学、人口学等项目立项名单（节选）

序号	课题名称	工作单位	项目类别	学科
1	人类命运共同体视域下**海外新华商**社会公益实践的比较研究	厦门大学	重点项目	社会学
2	当代**非洲原住民**运动研究	浙江师范大学	重点项目	民族学
3	**村民理事会**参与乡村振兴建设的机制及优化研究	南昌大学	一般项目	社会学
4	新时代**在华国际移民**的社会融入与治理研究	西安交通大学	一般项目	人口学
5	**俄罗斯旗人及其后裔**研究	中国社会科学院近代史研究所	一般项目	民族学
6	**国际非政府组织**对澜湄地区问题的干预与应对研究	云南大学	一般项目	国际问题研究
7	**西南边境县级融媒体**促进少数民族文化传播和传承策略研究	云南师范大学	一般项目	新闻学与传播学
8	**退役军人**参与乡村治理的行动逻辑与机制创新研究	江苏师范大学	一般项目	政治学
9	**基层协商民主**的情感嵌入机制研究	温州大学	一般项目	政治学
10	**海外华人科学家**助推新中国科技创新的历史与经验研究（1949—2021）	广东财经大学	一般项目	党史·党建
11	解放初期**东南沿海地区剿匪**档案抢救性整理与研究	浙江海洋大学	一般项目	党史·党建
12	数字时代**残疾人**自主创业实现路径与社会支持体系研究	温州医科大学	青年项目	社会学
13	**明代西南土司**纷争与边疆治理研究	云南大学	青年项目	民族学
14	**唐代鸳鸯墓志**整理与研究	浙江大学	青年项目	中国文学

表4-8(续)

序号	课题名称	工作单位	项目类别	学科
15	中国境内南亚语声调发生、演化及其功能扩展的系统性研究	湖南第一师范学院	青年项目	语言学
16	短视频意见领袖在国际传播中的角色与效能研究	北京交通大学	青年项目	新闻学与传播学
17	以农村新型集体经济组织防范规模性返贫风险的内在机理与实现路径研究	陕西师范大学	西部项目	马列·科社
18	老年回流农民工养老脆弱性评估与风险共担机制研究	长江师范学院	西部项目	社会学
19	随班就读自闭症青少年的校园欺凌、认知偏向及其网络干预研究	武夷学院	西部项目	社会学
20	东南亚回归移民铸牢中华民族共同体意识研究	大理大学	西部项目	民族学

(7) 新战略+主题模式

2016年,2 856项立项的面上项目(不含青年项目)中以共建"一带一路"倡议立项的项目共89项,占总数的3.1%。近几年,以"京津冀""长江经济带""长三角一体化""粤港澳大湾区""黄河流域"等立项的项目具有绝对优势。2022年,以"京津冀""长江经济带""长三角""粤港澳大湾区""黄河流域"等立项的面上项目数量(不含青年项目)分别达到了3项、8项、11项、7项、19项。

——案例:国家社科基金应用经济、管理学、理论经济等项目立项名单(节选)如表4-9所示。

表4-9 国家社科基金应用经济、管理学、理论经济等项目立项名单(节选)

序号	课题名称	工作单位	项目类别	学科
1	新发展格局下政策性金融支持高水平科技自立自强体制机制研究	辽宁大学	重点项目	应用经济

表4-9(续)

序号	课题名称	工作单位	项目类别	学科
2	新发展格局下我国区域产业协同发展的嵌入机理、演化路径及政策选择研究	中国矿业大学（徐州）	重点项目	应用经济
3	新发展格局下"走出去"的国有企业被污名化的成因、后果及治理研究	西北工业大学	重点项目	管理学
4	新发展格局下城市群的功能定位及畅通循环机制研究	中共中央党校（国家行政学院）	重点项目	管理学
5	新发展格局下我国货币政策促进共同富裕的路径研究	天津大学	一般项目	理论经济
6	新发展格局背景下绿色金融助推"双碳"目标实现路径研究	济南大学	一般项目	理论经济
7	新发展格局下我国民族地区实现共同富裕的赶超机制与多元推进路径研究	新疆大学	一般项目	理论经济
8	新发展格局下数字经济高质量发展的收入分配效应研究	北京邮电大学	一般项目	理论经济
9	新发展格局下稳定和优化成渝地区双城经济圈产业链供应链研究	西南大学	一般项目	应用经济
10	双循环新发展格局下内需主导型产业链建设研究	江苏海洋大学	一般项目	应用经济
11	新发展格局下中国家庭收入流动性及其对消费的影响效应测度研究	郑州航空工业管理学院	一般项目	统计学
12	新发展格局下中国区域间循环潜力的测度、影响及实现路径研究	首都经济贸易大学	青年项目	理论经济
13	新发展格局下双重价值链耦合对中国产业数字化转型的影响及对策研究	天津财经大学	青年项目	应用经济
14	新发展格局下促进农民农村共同富裕的实现路径研究	中共四川省委党校	西部项目	马列·科社
15	新发展格局下我国体育消费提质扩容的动力机制与政策研究	重庆理工大学	西部项目	体育学

（8）新问题+主题模式

例如，近几年先后出现的陆海新通道、环境税、生态税、河长制、非洲猪瘟、非洲蝗灾、双循环、RCEP（《区域全面经济伙伴关系协定》）、生物多样性保护、"双碳"目标、"双减"背景等新问题选题。还有一类新问题是从新战略延伸出的"亚战略"。新问题的出现和机会的把握可谓转瞬即逝,学术研究的敏锐性就像打羽毛球的抢球意识。

——案例:国家社科基金应用经济、体育学、国际问题研究等项目立项名单(节选)如表4-10所示。

表4-10 国家社科基金应用经济、体育学、国际问题研究等项目
立项名单(节选)

序号	课题名称	工作单位	项目类别	学科
1	美国实体清单制裁对我国高新技术产业的重大挑战与对策研究	浙江工业大学	重点项目	应用经济
2	"双减"政策背景下学校体育高质量发展研究	华东师范大学	重点项目	体育学
3	俄乌冲突背景下中美俄三角关系的走向及对策研究	山东大学	重点项目	国际问题研究
4	美国"印太新经济框架"下的数字贸易规则塑造及应对研究升的机理和对策研究	对外经济贸易大学	重点项目	国际问题研究
5	网络空间政治认同的形成机制与建构路径研究	盐城师范学院	一般项目	政治学
6	西南边疆非法跨境婚姻内地化扩散的现状、治理困境和对策研究	云南大学	一般项目	社会学
7	"双减"政策的家庭反应与家庭教育促进研究	西安交通大学	一般项目	社会学
8	"双减"政策下不同类型家庭的应对策略及其影响研究	中国社会科学院社会学研究所	一般项目	社会学
9	"双减"政策下小学课后服务质量评价体系的循证研究	洛阳师范学院	一般项目	社会学
10	"双减"政策下家庭教育成本变动与生育潜能释放效应研究	湖州师范学院	一般项目	人口学
11	"印太"战略框架下"亚非增长走廊"的美日澳印"新同盟体系"研究	深圳大学	一般项目	国际问题研究
12	"双减"政策下学校体育"家校社"合育的模式构建及实现机制研究	宜春学院	一般项目	体育学

表4-10(续)

序号	课题名称	工作单位	项目类别	学科
13	"双碳"目标下页岩气开采技术跨组织双向协同研发机制及实现路径研究	重庆工商大学	一般项目	管理学
14	教育"双减"政策下的家庭策略与优化路径研究	河海大学	青年项目	社会学
15	"双减"政策下学校教育实践的校际差异、形成机制与优化策略研究	南通大学	青年项目	社会学
16	教育"双减"背景下城市家长参与子女教育的群体差异研究	中共北京市委党校	青年项目	社会学
17	"印太经济框架"下美国重塑供应链政策及对中国的影响研究	吉林大学	青年项目	国际问题研究
18	教育"双减"背景下城市家庭使用在线学习的反应与影响机制研究	桂林航天工业学院	西部项目	社会学
19	"双减"政策背景下课后延时体育服务的协同治理模式研究	西南大学	西部项目	体育学
20	"双减"政策下课外体育作业的理论阐释与路径选择研究	湖北民族大学	西部项目	体育学

(9)新内容+主题模式

——案例：国家社科基金党史·党建、民族学、管理学等项目立项名单（节选）如表4-11所示。

表4-11　国家社科基金党史·党建、民族学、管理学等项目立项名单（节选）

序号	课题名称	工作单位	项目类别	学科
1	习近平总书记地方工作时期调研方法研究	中共四川省委党校	重点项目	党史·党建
2	新时代应急管理现代化理论及其治理效能转化研究	重庆师范大学	重点项目	党史·党建
3	抗日战争时期康藏地区报刊中的中华民族观念研究	西南民族大学	重点项目	民族学
4	基于数字化平台的农村物流协作模式、机制与实现路径研究	山东科技大学	重点项目	管理学

表4-11（续）

序号	课题名称	工作单位	项目类别	学科
5	西南边疆民族地区**农村集体资源分配**的性别平等机制研究	云南师范大学	一般项目	马列·科社
6	习近平总书记关于**国家水安全工作**重要论述研究	华北水利水电大学	一般项目	党史·党建
7	西部地区**能源结构多能互补**的动态耦合机制与优化策略研究	重庆邮电大学	一般项目	应用经济
8	长江上游地区**生态资源资本化价值核算**与实现路径研究	重庆师范大学	一般项目	应用经济
9	**乡村发展不平衡不充分**统计测度及平衡发展策略研究	福建师范大学	一般项目	统计学
10	**宪法序言**的规范价值研究	广东技术师范大学	一般项目	法学
11	西南少数民族农村人群**轻生现象**及其干预策略研究	重庆工商大学	一般项目	社会学
12	"投贷联动"推进专精特新**企业创新**的机制研究	山东财经大学	青年项目	应用经济
13	粤港澳大湾区**养老保障协同合作**政策优化研究	华中科技大学	青年项目	管理学
14	平台企业**滥用市场支配地位**的行为演化与治理机制研究	重庆工商大学	青年项目	管理学
15	国内价值链分工视角下**省际内循环**统计测度及其效应研究	重庆工商大学	青年项目	统计学
16	大国博弈下**中欧班列常态化运行**风险评估、预警及对策研究	重庆工商大学	西部项目	国际问题研究

（10）新视角+主题模式

——案例：国家社科基金政治学、法学等项目立项名单（节选）如表4-12所示。

表4-12　国家社科基金政治学、法学等项目立项名单（节选）

序号	课题名称	工作单位	项目类别	学科
1	情境-结构双重约束下基层政府常态治理与危机治理动态衔接机制研究	北方民族大学	一般项目	政治学

表4-12(续)

序号	课题名称	工作单位	项目类别	学科
2	可追溯视角下我国海洋捕捞渔业法律监管机制研究	上海交通大学	一般项目	法学
3	共享经济背景下网络食品安全治理法治化研究	电子科技大学	一般项目	法学
4	学术谱系视角下科学家的知识传承及贡献评价研究	中国农业大学	一般项目	图书馆、情报与文献学
5	创意城市视角下城市空间治理体系构建研究	华中农业大学	一般项目	社会学
6	行动者视角下脱贫地区农村产业转型发展与农民主体性建构研究	华中师范大学	一般项目	社会学
7	生命历程视域下中国居民家庭金融健康研究	中央财经大学	一般项目	社会学
8	基于获得感提升的超大城市社区居家养老服务模式创新研究	华东政法大学	一般项目	社会学
9	空间正义视域下城乡融合发展的内在机理和实践路径研究	内蒙古农业大学	青年项目	马列·科社
10	"家"文化背景下城市居民社区治理共同体意识的培育研究	湖北大学	青年项目	社会学
11	总体国家安全观视域下西南生态安全屏障建构路径研究	云南大学	青年项目	政治学
12	动态轨迹视角下低生育率国家生育反弹的模式和机制研究	中国人民大学	青年项目	人口学
13	印章视角下两河流域早期国家形成过程中行政系统的演进研究	山东大学	青年项目	考古学

（11）社科立项借鉴+主题模式

历年国家社科基金立项项目非常具有启发。例如，2021年立项了"西江流域生态产品的富民效应及提升策略研究（21CJY044）"，2022年立项了类似的"东北边疆地区生态产品价值实现及富民机制研究（22AMZ016）"。又如，围绕环境保护税从长江上游、黄河上游、长江经济带等地区立项了很多项目，像是"长江上游地区环保税政策有效性跟踪评估及空间协同策略研究（19CJY022）""黄河上游地区环境保护税政策效

应评估及优化路径研究（21BJY074）""长江经济带环境保护税的经济效
应评估及优化路径研究（22XJY008）""多重政策叠加下环境保护税的经
济效应评估与优化研究（23CJY027）"。

——案例：国家社科基金民族学、政治学、应用经济等项目立项名单
（节选）如表4-13所示。

表4-13　国家社科基金民族学、政治学、应用经济等项目
立项名单(节选)

序号	课题名称	工作单位	项目类别	学科
1	东北边疆地区生态产品价值实现及富民机制研究	大连民族大学	重点项目	民族学
2	川滇甘青深度贫困藏区"双困"老人养老保障体系建设研究	四川省社会科学院	一般项目	民族学
3	艰苦边远地区基层领导干部担当作为的激励机制研究	华东师范大学	一般项目	政治学
4	黄河上游地区环境保护税政策效应评估及优化路径研究	北方民族大学	一般项目	应用经济
5	生态位理论视角下我国战略性新兴产业跃迁式升级路径研究	常州大学	一般项目	应用经济
6	乡村振兴战略背景下的我国地理标志农产品品牌建设研究	湖南工商大学	一般项目	管理学
7	基于生态位理论的战略性新兴产业集群协同发展研究	重庆工商大学	一般项目	管理学
8	乡村振兴战略背景下农村"光棍"问题的社会学研究	武汉大学	青年项目	社会学
9	城乡中小学校长交流轮岗绩效的影响因素与实现机制研究	浙江大学	青年项目	社会学
10	长江上游地区环保税政策有效性跟踪评估及空间协同策略研究	重庆工商大学	青年项目	应用经济
11	西江流域生态产品的富民效应及提升策略研究	贵州省社会科学院	青年项目	应用经济
12	中国共产党领导传染病防治法治建设的重大成就和历史经验研究	厦门大学	青年项目	党史·党建
13	长江经济带环境保护税的经济效应评估及优化路径研究	重庆交通大学	西部项目	应用经济

（12）国家自然科学基金项目立项借鉴+主题模式

国家自然科学基金项目围绕现实问题也有大量有意义的题目值得借鉴。例如，国家自然科学基金项目的题目为"珠江上游少数民族农业区域生态安全监控预警系统研究"，国家社科基金 2021 年立项项目的题目为"珠江上游民族聚居区生态振兴与稳定脱贫良性互动机制研究"。这些题目之间都有值得相互借鉴和启发的地方。

——案例：国家自然科学基金项目立项名单（节选）如表 4-14 所示。

表 4-14 国家自然科学基金项目立项名单（节选）

序号	项目标题	所属学部	项目类型
1	珠江上游少数民族农业区域生态安全监控预警系统研究	地球科学部	地区科学基金项目
2	长江上游大型梯级水电站群联合调度系统发展战略研究	其他学部	联合基金项目
3	岷江上游山区聚落生态位图谱与影响尺度	地球科学部	面上项目
4	岷江上游山区聚落易损性及其灾变阈值	地球科学部	青年科学基金项目
5	基于泥石流沉积的岷江上游历史灾变事件重建	地球科学部	面上项目
6	岷江上游干旱河谷区梯级水电开发对生态环境波动效应研究	地球科学部	青年科学基金项目
7	长江上游水库群复杂多维广义耦合系统调度理论与方法	工程与材料科学部	重点项目
8	聚落生态位与农户生计视角下岷江上游聚落空间演进与调控	地球科学部	青年科学基金项目
9	考虑降雨和地形的长江上游非点源污染时空演变模拟研究	工程与材料科学部	青年科学基金项目
10	岷江上游边坡灾害胁迫下路网脆弱性及其对聚落影响研究	地球科学部	青年科学基金项目
11	泥石流灾害区域易损性评价研究——以中国岷江上游为例	地球科学部	国际（地区）合作项目
12	岷江上游山地生态服务的地域分异过程与补偿阈值	地球科学部	青年科学基金项目

表4-14(续)

序号	项目标题	所属学部	项目类型
13	劳动力迁移背景下山区农户贫困脆弱性研究——以岷江上游为例	地球科学部	青年科学基金项目
14	面向灾害保险的岷江上游聚落风险模式化认知与应急响应	地球科学部	面上项目
15	岷江上游山区农村空心化演变机理及再生路径研究	地球科学部	青年科学基金项目
16	岷江上游沟谷地貌分异－泥石流演化－聚落演变耦合机制研究	地球科学部	面上项目

(13) 多学科交叉+主题模式

国家社科基金民族学、政治学、体育学多学科或跨学科立项的项目比比皆是。

——案例：国家社科基金理论经济、社会学、马列·科社等项目立项名单（节选）如表4-15所示。

表4-15 国家社科基金理论经济、社会学、马列·科社等项目立项名单(节选)

序号	课题名称	工作单位	项目类别	学科
1	绿色金融驱动粮食主产区"双安全"目标实现的机制与路径研究	南昌大学	重点项目	理论经济
2	军事社会学的理论脉络及其本土化构建研究	哈尔滨工程大学	重点项目	社会学
3	新时代思想政治教育文化生态学研究	安徽大学	一般项目	马列·科社
4	基于复杂性的生态学实验方法论研究	曲阜师范大学	一般项目	哲学
5	我国濒危物种分布热点区识别及自然保护区建设空间优化研究	中国科学院西北生态环境资源研究院	一般项目	应用经济
6	基于多源大数据的县域政治生态监测体系与集成治理研究	四川大学	一般项目	政治学
7	生态环境大数据主权安全与智慧化法律保护机制研究	西南政法大学	一般项目	法学
8	百年大变局下美国新兴生物技术安全政策与演进路径研究	天津大学	一般项目	国际问题研究

表4-15（续）

序号	课题名称	工作单位	项目类别	学科
9	智能算法推荐的网络意识形态安全风险识别、评估与治理研究	重庆邮电大学	青年项目	马列·科社
10	量子场论的诠释问题研究	中国科学院大学	青年项目	哲学
11	中国推进网络空间国际安全共识塑造与规则制定研究	重庆邮电大学	青年项目	国际问题研究
12	长江经济带生态文明建设制度化经验研究	重庆社会科学院	西部项目	马列·科社
13	新发展格局下我国体育消费提质扩容的动力机制与政策研究	重庆理工大学	西部项目	体育学

（14）混合模式

——案例：国家社科基金社会学、民族学、中国历史等项目立项名单（节选）如表4-16所示。

表4-16　国家社科基金社会学、民族学、中国历史等项目立项名单（节选）

序号	课题名称	工作单位	项目类别	学科	混合模式
1	共同富裕视角下网约工社会保护政策创新研究	北京工业大学	重点项目	社会学	新视角+新对象
2	"三线建设"与西南地区各民族交往交流交融研究	吉首大学	一般项目	民族学	老问题+交叉学科
3	生态共生关系中藏彝走廊各民族应对气候变化的传统知识体系与价值研究	西南林业大学	一般项目	民族学	新理论+交叉学科
4	湘鄂渝黔边区国家通用语言文字教育与铸牢中华民族共同体意识研究	湖北民族大学	一般项目	民族学	新区域+交叉学科
5	中国自然保护区史研究（1956—2016）	南开大学	一般项目	中国历史	交叉学科+新问题
6	古DNA视角下汉代至隋唐长城地带东段多民族交融研究	山西大学	一般项目	考古学	新方法+交叉学科
7	数字传播中个人信息"删除权"适用规则研究	浙江工业大学	一般项目	新闻学与传播学	新问题+交叉学科
8	"中国锰都"矿区社会转型研究（1877—1953）	厦门大学	一般项目	中国历史	关键词+交叉学科

表4-16（续）

序号	课题名称	工作单位	项目类别	学科	混合模式
9	城市更新中的历史街区空间治理研究	福建社会科学院	一般项目	社会学	新问题+新对象
10	我国"新乡土幼教体系"的构建与实践研究	南京师范大学	一般项目	社会学	关键词+新问题
11	"信息疫情"的形成机理及其基于区块链的治理研究	西南民族大学	一般项目	新闻学与传播学	关键词法+新方法
12	金沙江流域无文字民族口头传统与汉文书写研究	云南大学	一般项目	中国文学	新区域+新对象
13	清代宫廷戏曲"导演"文献整理与研究	西北大学	一般项目	中国文学	关键词+新研究
14	第三次分配视域下"医疗众筹"监管机制研究	华南理工大学	一般项目	政治学	新视角+关键词
15	知识冲突视角下企业数字化转型的索洛悖论与应对策略研究	华侨大学	一般项目	管理学	新视角+关键词
16	生存论视域中的电脑游戏伦理研究	上海电力大学	青年项目	哲学	新理论+交叉学科
17	城乡融合视角下珠三角城乡间隙空间的治理机制研究	中山大学	青年项目	管理学	新视角+新内容
18	生命共同体视角下西南山地梯田文化的当代价值研究	贵州省社会科学院	西部项目	民族学	新视角+新对象
19	基于协同理论的重大突发事件军地一体救援体系研究	西华大学	西部项目	管理学	新理论+新内容

（15）老问题+新研究模式

求新、求变、求特是选题过程中必须重点坚守的三种思维方式。

——案例：国家社科基金社会学、中国历史、应用经济等项目立项名单（节选）如表4-17所示。

表4-17 国家社科基金社会学、中国历史、应用经济等项目立项名单（节选）

序号	课题名称	工作单位	项目类别	学科
1	"苏南模式"的生态转型研究	河海大学	重点项目	社会学
2	中国近代民众卫生防疫教育研究（1896—1949）	扬州大学	重点项目	中国历史

表4-17(续)

序号	课题名称	工作单位	项目类别	学科
3	西南三线建设工业遗产审计及生态化利用路径研究	重庆财经学院	一般项目	应用经济
4	毛泽东处理中印边界问题的决策及启示研究	湖南科技大学	一般项目	党史·党建
5	川藏、青藏"两路"精神口述史挖掘、整理与研究	西南交通大学	一般项目	党史·党建
6	抗战时期新疆文化教育事业与中华民族共同体意识构建研究（1931—1945）	陕西师范大学	一般项目	民族学
7	内蒙古防沙治沙史研究（1947—2017）	内蒙古财经大学	一般项目	中国历史
8	中国增强产业链自主性的探索研究（1949—1978年）	中国社会科学院经济研究所	一般项目	理论经济
9	新中国成立以来黄河下游地区的引黄灌溉、社会经济与生态环境研究	南开大学	一般项目	中国历史
10	火柴业视角下新中国轻工业体制的形成和确立研究(1949—1957)	华东师范大学	一般项目	中国历史
11	风险治理视阈下城市老旧社区韧性评价与提升机制研究	江苏开放大学	一般项目	管理学
12	重大突发事件后父母创伤的代际传递机制和阻断对策研究	浙江理工大学	一般项目	社会学
13	"两路"精神与铸牢中华民族共同体意识的理论和实践研究	重庆交通大学	青年项目	党史·党建
14	共同富裕视域下西南边疆地区农村精神文明建设研究	中共广西壮族自治区委员会党校	西部项目	马列·科社
15	基层党建引领城市老旧社区治理的实现路径研究	重庆工商大学	西部项目	党史·党建

4. 选题过程的自问自答

对基金申请的每一个准备环节，不管是至关重要的，还是细枝末节的，申请人最好不断地追问自己：一定是这样的吗？还有其他理解角度吗？再进一步又如何呢？只有不断地设问，才能不断将思考引向深入，引向事物本质之所在。

选题是否属于学科前沿？

选题领域"大咖"们有哪些？

选题领域已有哪些成果？

选题在理论层面有何创新？

选题在实践层面有何价值？

选题前期基础能否支撑？

选题研究难点能否突破？

选题对申请人有何未来意义？

五、选题技巧

选题非常重要，就如恋爱中选择恋人一样重要——它将奠定婚姻的基础，并将相伴一生。选题过程中还需要一定的方法和技巧。

1. 注重"三力"和"三性"

"三力"指选题的吸引力、冲击力和竞争力，"三性"指选题的创新性、特色性和可行性。

2. 注意题目要确切、醒目

选题题目不宜过大，别以为题目越大越显得有分量，生怕题目过于具体而被别人笑话"不像科研课题"。其实，好的科研课题往往是"以小见大""以小见深"，只要能发现规律就有价值，重点不在题目大小。

3. 选题题目"裙子理论"——长短适度

有人统计过，国家社科基金立项题目长短一般在23~30字为宜。题目太短不行，不符合中国传统审美；题目太长不行，不符合人类感官需求。

4. 选题"四忌"

——**忌选题太大**。命题应该贴切、合适，不可过大或过小。过分夸大或过于缩小的命题，都会产生"不切题义，与内容不符"的后果，这也可能是申报被拒的原因之一。

——**忌选题太空**。选题上缺少理论嵌入、地域嵌入、领域嵌入，不能体现申报者的比较优势。

——**忌选题太旧**。新颖的选题一般包括四类：一是尚无人涉足的研究领域或选题，二是学科前沿的理论探讨，三是老问题的新研究视角、新材料发掘或新技术、新方法的运用，四是海外新理论、新观点的引进与推广。

——**忌选题太玄**。例如，概念不准或概念界定模糊、语言学术性不强。选题题目应尽量避免缩略词语、难懂的词以及装腔作势的语言等。

此外，选题人要养成勤于思考、善于思考、巧于思考的研究习惯；选题人要养成"好记性不如烂笔头"的记录习惯。

最后用爱因斯坦的名言来总结本专题。爱因斯坦说过："**提出一个问题往往比解决一个问题更为重要。**"提出问题需要开阔的视野、独到的角度，之后才能有所发现和超越。问题锁定之后，需要的则是打开这个问题的钥匙。长时间思考所带来的灵机一动、计上心来的偶然所得，都可能帮助我们到达向往的彼岸。

专题五

选题依据

选题依据是国家社科基金项目申请表要求填写的第一项文字内容，主要考核要点是国内外相关研究的学术史梳理及研究进展（略写）、相对于已有研究特别是国家社科基金同类项目的独到学术价值和应用价值。

一、差异比较

比较历年申请书内容的变化，对如何撰写有关要点很有帮助。

从 2014 年至今，国家社科基金项目申请书主要内容大体稳定，但部分要点时有变化，比如选题依据、研究内容和创新之处等部分均存在一定变动。对申请书及活页内容的变化予以把握，并理解其变化背后所隐含的逻辑意义，对撰写好申报文本具有重要作用。

2024 年国家社科基金项目申请书（课题设计论证）

本表参照以下提纲撰写，**突出目标导向**、**问题意识**、**学科视角**，要求逻辑清晰，层次分明，内容翔实，**排版规范**。

1. ［**选题依据**］国内外相关研究的学术史梳理及**研究进展（略写）**；本课题相对于已有研究特别是国家社科基金同类项目的独到学术价值和应用价值。

2. ［**研究内容**］本课题的研究对象、**主要目标**、重点难点、研究计划及其可行性等（框架思路要列出研究提纲或目录）。

3. ［**创新之处**］在学术观点、研究方法等方面的特色和创新。

4. ［**预期成果**］成果形式、**宣传转化及预期学术价值**和社会效益等（略写）。

5. ［**参考文献**］开展本课题研究的主要中外参考文献（略写）。

2023 年国家社科基金项目申请书（课题设计论证）

本表参照以下提纲撰写，要求逻辑清晰，主题突出，层次分明，内容翔实，排版清晰。

1. ［**选题依据**］国内外相关研究的学术史梳理及**研究动态（略写）**；本课题相对于已有研究的独到学术价值和应用价值等，特别是相对于国家社科基金已立项同类项目的新进展。

2. ［**研究内容**］本课题的研究对象、**框架思路**、重点难点、主要目标、研究计划及其可行性等（框架思路要列出研究提纲或目录）。

3. ［**创新之处**］在**学术思想**、学术观点、研究方法等方面的特色和创新。

4. ［**预期成果**］成果形式、使用去向及预期社会效益等（略写）。

5. ［**参考文献**］开展本课题研究的主要中外参考文献（略写）。

2022 年国家社科基金项目申请书（课题设计论证）

本表参照以下提纲撰写，要求逻辑清晰，主题突出，层次分明，内容翔实，排版清晰。**本表内容与活页内容一致。**

1. ［**选题依据**］国内外相关研究的学术史梳理及研究动态（略写）；本课题相对于已有研究的独到学术价值和应用价值等，特别是相对于国家社科基金已立项同类项目的新进展。

2. ［**研究内容**］本课题的研究对象、框架思路、重点难点、主要目标、研究计划及其可行性等（框架思路要列出研究提纲或目录）。

3. ［**创新之处**］在学术思想、学术观点、研究方法等方面的特色和创新。

4. ［**预期成果**］成果形式、使用去向及预期社会效益等（略写）。

5. ［**研究基础**］**课题负责人**前期相关代表性研究成果、核心观点等［前期相关代表性研究成果限报 5 项，只填成果名称、成果形式（如论文、专著、研究报告等）、作者排序、是否为核心期刊等，不得填写作者姓名、单位、刊物或出版社名称、发表时间或刊期等］。

6. ［**参考文献**］开展本课题研究的主要中外参考文献（略写）。

2021 年国家社科基金项目申请书（课题设计论证）

　　本表参照以下提纲撰写，要求逻辑清晰，主题突出，层次分明，内容翔实，排版清晰。**除"研究基础"填在表三外，本表内容与《活页》内容一致。**

　　1. ［**选题依据**］国内外相关研究的学术史梳理及研究动态（略写）；本课题相对于已有研究的独到学术价值和应用价值等，特别是相对于国家社科基金已立项同类项目的新进展。

　　2. ［**研究内容**］本课题的研究对象、框架思路、重点难点、主要目标、研究计划及其可行性等（框架思路要列出研究提纲或目录）。

　　3. ［**创新之处**］在学术思想、学术观点、研究方法等方面的特色和创新。

　　4. ［**预期成果**］成果形式、使用去向及预期社会效益等（略写）。

　　5. ［**研究基础**］课题负责人**前期相关代表性研究成果**、核心观点等［前期相关代表性研究成果限报 5 项，只填成果名称、成果形式（如论文、专著、研究报告等）、作者排序、是否为核心期刊等，不得填写作者姓名、单位、刊物或出版社名称、发表时间或刊期等］。

　　6. ［**参考文献**］开展本课题研究的主要中外参考文献（略写）。

2021 年国家社科基金项目申请书（研究基础）

　　本表参照以下提纲撰写，要求填写内容真实准确。

　　1. ［**学术简历**］课题负责人的主要学术简历、学术兼职，在相关研究领域的学术积累和贡献等。

　　2. ［**研究基础**］课题负责人前期相关代表性研究成果、核心观点及社会评价等。

　　3. ［**承担项目**］负责人承担的各级各类科研项目情况，包括项目名称、资助机构、资助金额、结项情况、研究起止时间等。

　　4. ［**与已承担项目或博士论文的关系**］凡以各级各类项目或博士学位论文（博士后出站报告）为基础申报的课题，必须阐明已承担项目或学位论文（报告）与本课题的联系和区别**（略写）**。

2018 年国家社科基金项目申请书（课题设计论证）

　　本表参照以下提纲撰写，要求逻辑清晰，主题突出，层次分明，内容翔实，排版清晰。除"研究基础"填在表三外，本表内容与活页内容一致。

1. ［**选题依据**］国内外相关研究的学术史梳理及研究动态；本课题相对于已有研究的独到学术价值和应用价值等。

2. ［**研究内容**］本课题的研究对象、**总体框架**、重点难点、主要目标等。

3. ［**思路方法**］本课题研究的**基本思路**、**具体研究方法**、研究计划及其可行性等。

4. ［**创新之处**］在学术思想、学术观点、研究方法等方面的特色和创新。

5. ［**预期成果**］成果形式、使用去向及预期社会效益等。

6. ［**参考文献**］开展本课题研究的主要中外参考文献。

2018 年国家社科基金项目申请表（研究基础和条件保障）

本表参照以下提纲撰写，要求填写内容真实准确。

1. ［**学术简历**］课题负责人的主要学术简历 、学术兼职，在相关研究领域的学术积累和贡献等。

2. ［**研究基础**］课题负责人前期相关研究成果 、核心观点及社会评价等。

3. ［**承担项目**］负责人承担的各级各类科研项目情况，包括项目名称、资助机构、资助金额、结项情况、研究起止时间等。

4. ［**与已承担项目或博士论文的关系**］凡以各级各类项目或博士学位论文（博士后出站报告）为基础申报的课题，须阐明已承担项目或学位论文（报告）与本课题的联系和区别。

5. ［**条件保障**］**完成本课题研究**的时间保证、资料设备等科研条件。

2014 年及之前国家社科基金项目申请书（课题论证）

1. 本课题**国内外研究现状述评**，选题的价值和意义。

2. 本课题研究的主要内容、基本观点、研究思路、研究方法、创新之处。

3. 前期相关研究成果，开展本课题研究的主要参考文献。**限 4 000 字以内。**

2014 年及之前国家社科基金项目申请书（完成项目研究的条件和保障）

1. 课题负责人的主要学术简历 、在相关研究领域的学术积累和贡献。

2. 课题负责人前期相关研究成果的社会评价（引用、转载、获奖及被采纳情况等）。

3. 完成本课题研究的时间保证、资料设备等科研条件。

二、研究背景（讲故事、先务虚）

国家社科基金项目申报就像是讲故事，故事讲好了，这个事情就基本成了；故事讲不好，这个事情就成不了。有好故事被讲坏掉的，有普通故事讲好了的，甚至有名不见经传的故事也讲成了的。若将申报内容视为一个故事，自己讲给自己，自身都不被感动，那么肯定有问题。笔者的观点是，一份好的申请书就是一个好的故事，最后的定稿就像艺术作品一样，它是一件经过几个月精心雕琢的艺术品，而不只是一份申请书。

1. 定义解析

2024 年版申请书表格填报的要求是"国内外相关研究的学术史梳理及研究进展（略写）；相对于已有研究特别是国家社科基金同类项目的独到学术价值和应用价值"，没有提到研究背景，但根据笔者多年的申请书撰写和评审经验，最好在进行"学术史梳理及研究进展"陈述之前，用 300字左右的一段话将研究背景凝练出来。

研究背景撰写考虑的视角主要有政治背景、战略背景、政策背景、理论背景、实践背景，旨在为选题确立现实高度及意义。

研究背景功能有引人入胜、找突破点、增可读性、精简篇幅。同时，撰写研究背景的过程，既是申请人通过文字向评审专家阐释选题重要性、必要性和紧迫性的通道，也是通过文字使评审专家产生更清晰理解选题价值的"共情效应"，还是申请人通过文字锤炼使自身更加明晰选题价值和意义的渠道。总之，研究背景的撰写，能够让评审专家和申请人都更清晰地理解和把握选题本身。

此外，研究背景应尽可能体现"问题导向"，申请人通过研究背景的逐步牵引和聚焦，渐次寻找到研究问题的落脚点。

2. 撰写方法

（1）文件引入法

——案例：2023 年，P 副教授，国家社科应用经济学一般项目"就业优先战略下旅游就业韧性动态评估及提升路径研究"

> 本课题依据 2023 年课题指南中应用经济学第 3 条"提升产业链供应链韧性和安全水平研究"和管理学第 81 条"就业优先战略实施中的体制机制创新研究"综合拟定。
>
> 党的二十大报告强调实施就业优先战略，就业是最基本的民生。旅游产业是促进就业的大行业，旅游业就业岗位占全球新增就业岗位的 1/4，我国旅游业直接和间接就业人口占总就业人口的比例超过 10%。促进高质量充分就业就是要增强就业的适配性、稳定性。因此，旅游就业稳定是就业优先战略落实和稳就业促发展大局的重要组成部分。当前，我国旅游就业处于恢复更新期，稳中承压、稳中有忧。冲击扰动下旅游就业猛跌猛弹、结构错配、质量趋低、信心不足等矛盾和问题突出，加之敏感脆弱、产业变革、风险常态等内外多重压力叠加，旅游就业韧性提升成为一项迫切的调控任务。特别是在世界格局和外部环境不确定形势下，我国旅游就业韧性评估和提升立足于短期应急式治理、中期自适应恢复和长期更新升级发展"三手并举"，不仅是就业优先战略下实现目前旅游就业"企稳回升"的必要路径，更是推动我国旅游就业"行稳致远"更充分更高质量发展的重要思路和范式方向。

（2）领导讲话法

——案例：2020 年，H 教授，国家社科基金应用经济一般项目"西南三线建设工业遗产审计及生态化利用路径研究"。

> 本课题是依据 2020 年度课题指南"应用经济"第 10 号"新时代国有资本经营和监管体制创新研究"和"党史·党建"第 97 号"中国共产党红色文化资源的保护、挖掘、整理、利用研究"拟定的相关问题研究。
>
> 2019 年 9 月，习近平总书记在河南考察时指出："依托丰富的红色文化资源和绿色生态资源发展乡村旅游，搞活了农村经济，是振兴乡村的好做法。"三线建设作为冷战时期国家重大战略决策，不仅留下了大批国防科技能源工业遗产，而且留下了丰富的精神文化遗产，是社会主义建设的伟大实践。西南地区作为能源富集地和

战略大后方，是三线建设的"主战场"，1964—1980年，国家共计投资1 196亿元（占全国三线建设总投资的58%）。由于"分散、靠山、隐蔽"的选址原则，西南三线建设工业遗产大多依大山深沟而居，与青山绿水毗邻，与田野村庄接壤，形成了工业文明与农业文明、企业文化与传统村落文化、工业遗产与民族传统文化遗产共存的多元景观。如何以红促绿、以绿衬红，依托红色文化资源与绿色生态资源，实现产业结构调整的深度融合，探索一条"绿水青山"向"金山银山"转化的西南三线建设工业遗产生态化利用路径，成为亟待解决的现实问题。

——案例：2024年，L副教授，国家社科基金党史·党建西部项目"长征时期川滇黔红军文艺宣传史料抢救挖掘与活化利用研究"。

长征是一首"灵与肉、血与火"谱写的壮丽史诗，是一场"武为表、文为里"赢得的伟大胜利。**习近平总书记强调："文艺是时代前进的号角，最能代表一个时代的风貌，最能引领一个时代的风气。"长征文艺宣传是万里征程中一种特殊"战斗力"，是获取人心的"黏合剂"、鼓舞士气的"兴奋剂"、促进民族团结的"融合剂"。**川滇黔地区是红军长征地域最广、行程最远、时间最长的场域，经过战火的洗礼和淬炼，留下了丰富翔实的长征红军文艺宣传史料，形成了长征艺术文化、革命军事文化、民族地域文化、红色美育文化融合共生的独特景象。然而岁月弥久，长征时期川滇黔红军文艺宣传史料**面临着文献散佚、口述史濒危等多重困境，亟须抢救、发掘、甄别和活化。**在红军长征90周年到来之际，通过**抢救性挖掘、系统性整理、多维度研究、数据化呈现，"以史铭艺""以艺彰红""以红铸魂"**，实现红军文艺宣传史料创造性转化、创新性发展，是践行习近平文化思想、建设中华民族现代文明的重要议题。

（3）案例切入法

大家往往可以从现实生活、社会现象中寻找这类案例，国家社科基金项目选题可以视为一种"源于生活、高于生活"的探寻过程。例如，2024年巴黎奥运会乒乓球女单决赛亮点纷呈，但也引发了关于"饭圈文化"及其所带来影响的广泛讨论。其中，"体育饭圈化"就是一个很好的研究课题，如果是体育学科或领域的研究者，可以考虑围绕这一主题、选择某一特定视角进行研究，相信能够打磨出新颖独特且有现实意义和价值的国家社科基金项目申报选题。

——案例 2019 年，L 副教授、博士，申请国家社科基金管理学一般项目"中国—东盟应急物流走廊构建及跨境协同机制研究"。

> 应急领域合作是中国—东盟合作关系构建中的重要议题。习近平总书记于 2013 年 10 月在印尼国会演讲中提出的"中国—东盟命运共同体"倡议、2017 年 11 月 10 日出席 APEC 峰会时指出的"联动发展"理念，李克强总理在 2018 年 11 月与东盟十国达成的"2030 年愿景"中都提出防灾减灾、应急救援等领域合作期望。近年来，东盟地区自然灾害频发：2013 年超级台风"海燕"重创菲律宾，2016 年特大洪涝灾害侵袭越南，2018 年 7.5 级地震及海啸重创印尼。据越南统计局数据，过去十年，越南约 60% 的土地和 71% 的人口受到飓风和洪水的危害，财产损失价值约占年 GDP 的 1.5%。类似灾害及其带来的巨大损失困扰着整个东盟。如何通过国家间合作防灾减灾已成为关注焦点。
>
> 事实上，我国和东盟各国在应急合作领域存在较强的互补性。我国在历次大灾大难救援中积累了大量应急协同经验以及西部地区具有应急物资储备与应急装备制造的特有优势；东盟地区频发的自然灾害使其对通用应急物资具有急迫需求以及不同灾害类型对特种应急装备具有差异化需求。2018 年 11 月正式更名的连接我国西部地区与加坡并辐射整个东盟的"国际陆海贸易新通道"，为这种跨境应急合作提供了新的契机。因此，依托"国际陆海贸易新通道"构建中国—东盟应急物流走廊，既能成就我国与东盟间应急领域合作的愿景，又能满足东盟各国的应急物资需求，还可以促进我国应急产业的集聚与发展，对我国与东盟在应急领域规模化、长效化合作具有破局意义。

（4）数据表达法

——案例：2021 年，J 教授，国家社科基金管理学西部项目"退役军人有序参与突发公共事件的激励机制优化研究"。

> 本课题依据 2021 年度课题指南"管理学"第 74 号"公共卫生应急管理政策优化及快速响应机制研究"和"社会学"第 98 号"退役军人社会适应与社会融入研究"综合拟定。

根据当前应急管理建设的新形势，党的十九届五中全会提出了"突发公共事件应急能力显著增强"和"畅通志愿者参与社会治理途径"的要求，为社会力量参与应对突发公共事件提供了思想指引。5 700多万退役军人大多在服役期间参与过应急维稳等行动，具有组织观念好、执行能力强、地域分布广、综合素质高的特点，且被纳入从中央至社区（村）的六级国防动员和管理保障体系，参与应对突发公共事件的潜力巨大。然而，由于退役军人的社会融入能力偏弱且缺乏相应机制保障，因此应急突击队的作用未能得到充分发挥。据退役军人事务部2021年的统计，新冠疫情期间有10万支退役军人志愿服务队、共计257万人投身抗疫一线，与实现"做大做优退役军人志愿者队伍"的目标尚存在较大的提升空间。优化现有的激励机制，能够盘活社会上闲置的军事人力资源，吸引更多退役军人快速、精准、高效、有序地参与应对突发事件，成为安全稳定的生力军和维稳处突的先锋队。

——案例：2024年，H教授，国家社科基金应用经济学一般项目"东南沿海典型湿地生态系统的碳汇贸易价值实现路径研究"。

滨海湿地是水陆交互作用形成的特殊生态系统，独特的水文过程和生态地球化学循环，使其具有**强大碳汇潜力和高碳汇埋藏速率**。我国东南沿海拥有12 000千米海岸线和11 000万千米岛屿岸线，其间分布着128.7万公顷红树林、盐沼、海草床等典型湿地，年碳埋藏量高达24.1万吨，相当于2022年中国碳排放的7.1‰，其单位面积**碳累积速率更是陆地生态系统的15倍和海洋生态系统的50倍**，碳汇贸易价值巨大。然而，我国东南沿海湿地碳汇核算体系不成熟，贸易价值实现尚处于起步阶段，缺乏统一的蓝碳交易规章制度、行业规范和交易平台。《国家生态文明试验区（海南）实施方案》提出，"**开展蓝碳标准体系和交易机制研究，依法合规探索设立国际碳排放权交易场所。**"基于此，本课题以习近平生态文明思想为指导，在**评价东南沿海典型湿地生态系统碳汇价值的基础上，系统探讨碳汇贸易价值实现路径**，旨在为推进实现碳中和目标提供政策参考，对我国经济社会高质量发展具有重要理论价值与现实意义。

（5）理论导入法

——案例：2017 年，L 教授、博士，国家社科基金应用经济一般项目"农村土地'三权分置'风险防范与农民权益保障研究"。

> 本选题依据《国家社会科学基金项目 2017 年度课题指南》第 51、52、107 条选题拟定。
>
> 从改革开放之初的农村土地所有权和承包权"两权分离"，到如今的将经营权从承包权中独立出来的"三权分置"，制度创新拉开了我国农地制度"第三次改革"的大幕，旨在坚持农地所有制、稳定农地承包权、放活土地经营权。"三权分置"有利于推进农业供给侧结构性改革，保护农民的土地承包权是"三权分置"的重要核心问题（韩长赋，2016）。
>
> 但"三权分置"并未化解所有矛盾，一些新课题需要深入研究。"三权分置"改革是我国综合改革中的中枢性环节，涉及方面广、牵扯主体多、敏感性强，牵一发而动全身。因此，此项改革在预计取得巨大红利的同时，也潜伏着诸多风险，这些风险可能侵害农民权益，理应引起高度警惕。我国应通过"三权分置"防范风险，严守土地公有性质不改变、耕地红线不突破、农民利益不受损"三条底线"，以坚持改革的初衷。

——案例：2024 年，L 副教授，国家社科基金应用经济学青年项目"全息流域分工下环保税生态大保护联动效应及协同路径研究"。

> 习近平总书记高度重视流域生态文明建设，实施大江大河**全流域生态大保护**是习近平生态文明思想的具体要求和重要内容。作为首个体现"绿色税制"的单行税法，**我国环保税的开征为推动流域生态大保护和绿色发展提供了破题思路**。然而，随着《中华人民共和国环境保护税法》深入实施，以传统行政区为基本单元的环保税存在的不足日渐显露：缺少从流域的整体性、关联性的属性出发来协同制定环保税税制，存在明显的空间不匹配问题，极易造成污染从下游向中上游地区转移，不利于流域生态环境系统治理。2023 年 10 月，在进一步推动长江经济带高质量发展座谈会上，习近平总书记强调要以**政策统一性、规则一致性、执行协同性**，稳步推进流域生态共同体和利益共同体建设。根据全息流域分工理论，流域上下游实际上承担了不同的职能分工：下游是**经济发展**的重要前沿地带，上游是**生态建设**的重要

前沿地带。因此，基于全息流域分工社会-经济-生态复合系统，评估流域环保税生态大保护联动效应，研究环保税如何突破"行政域"管理体制，转向"流域"为基本单元来协同制定差异化环保税，是实现流域生态大保护必须厘清的一个重要理论与现实问题。

（6）提问追问法

——案例：2021 年，S 副研究员、博士，国家社科基金应用经济一般项目"长江上游重点流域退捕渔民生计转型跟踪研究"。

本课题以《国家社会科学基金项目 2021 年度课题指南》中应用经济第 115 条"推动广泛形成绿色生产生活方式研究"和统计学第 62 条"生产生活方式绿色转型成效统计评价及提升路径研究"为依据进行拟定，属跨学科课题。

为全局计、为子孙谋，党中央国务院作出了实施长江禁捕退捕的重大决策部署。《中共中央关于制定国民经济和社会发展第十四个五年规划和二〇三五年远景目标的建议》强调"实施好长江十年禁渔"。自 2020 年 1 月 1 日起，长江流域 332 个水生生物保护区已实现全面禁捕；自 2021 年 1 月 1 日起，长江流域"一江两湖七河"等重点流域实行十年禁捕，实现"人退鱼进"历史性巨变。"退捕还鱼"的关键在渔民，难度也在渔民。妥善安置渔民转产就业，事关长江禁捕退捕的成败。据农业农村部统计，"一江两湖七河"和 332 个水生生物保护区重点水域的 18 万建档立卡渔民，已全部告别祖祖辈辈习以为常的"江为田园、渔为衣食"的生产生活方式，退捕上岸，转产就业。渔民转产就业是一项牵扯面广、情况复杂、难度较大的系统工程。退捕渔民转产就业进展如何？上岸能否站住脚？能否致富？生计转型能否成功？这些问题已成为国家有关部门和沿江省市关注的重点。

（7）直击问题法

——案例：2024 年，P 研究员、博士，国家社科基金应用经济学重点项目"西南地区耕地'非粮化'治理长效机制与实现路径研究"。

粮食安全是"国之大者"。习近平总书记强调"耕地是粮食生产的命根子，是中华民族永续发展的根基"，党的二十大报告再次重申"全方位夯实粮食安全根基""牢牢守住十八亿亩耕地红线"。2021—2024 年中央一号文件均对粮食安全给予了高度重视。为防止耕地过度"非粮化"、确保粮食安全，党中央制定了《关于防止耕地"非粮化"稳定粮食生产的意见》等系列文件，**各地启动了耕地"非粮化"整治行动，虽然在短时间内抑制了耕地"非粮化"，但也出现了"毁烟种粮""毁姜种粮""水稻上山"等治理过度、脱离实际甚至破坏生态环境与不顾农户生计等乱象。西南地区常住人口约 2 亿，是国家粮食产销平衡区，但耕地"非粮化"率高达 46%（孔祥斌，2020），对国家粮食安全基础形成了重大挑战**。西南地区是我国重要生态安全屏障，广大乡村长期处于欠发达和后发展状态，如何统筹"粮食-生态-生计"安全，科学合理、有序稳妥推进耕地"非粮化"治理是当前亟待解决的重大实践难题，考验着政府、学界与农户的智慧。

（8）混合交叉法

上述案例很多其实都采用了混合交叉方法，将文件应用、案例、数据、学理等多种方法混合使用能使文字更具说服力，达到让评审专家愿意读下去、有兴趣读下去的目的。

备注：在撰写研究背景之前切记单列一行将本选题出自指南中哪一个学科或哪几个学科的什么题目（包括编号）列出来，这叫让自己的选题"师出有名"！（但需注意的是，2024 年国家社科基金项目申报没有提供"选题指南"，申请人则不需要此行说明；若后续年度有"选题指南"的话，申请人应继续提供此行说明）。

——案例：2012 年，P 副教授、博士，国家社科基金应用经济青年项目"三峡库区后续发展的产业生态模式研究"。

三峡库区既是国家连片贫困区，又是国家战略性淡水资源库和长江流域重要的**生态屏障区，还是国家重点限制性开发区**。库区产业具有显著的"一产弱、二产虚、三产缺"的弱质化特征，因此面临着"库区安稳致富与环境保护"的双重艰巨任务。2011 年 5 月，国务院通过了《三峡工程后续工作总体规划》，**三峡库区后续百万移民安稳致富和环境保护再次成为社会关注焦点**。要实现"库区群众基本生活有保障、劳动就业有着落、脱贫致富有盼头，同心同德建设和谐稳定的新库区（胡锦涛，2011）"的后续发展战略目标，实现在生态环境强约束条件下的三峡库区产业扶持和结构战略性调整是亟待破解的难题。

P博士这个申请书的研究背景应该说凝练得非常经典。他的选题是关于三峡库区的问题，应该说是比较陈旧的研究对象，从20世纪90年代至今应该已经有很多此专题的立项了，但他的研究背景不仅写出了新意，还将问题的重要性、必要性、紧迫性描述得栩栩如生。申请人开篇就用简短的50个字——"三峡库区既是国家连片贫困区，又是国家战略性淡水资源库和长江流域重要的生态屏障区，还是国家重点限制性开发区"，将三峡库区从国家连片贫困、国家战略性淡水资源库、长江流域生态屏障、国家重点限制性开发区四个国家层面的战略高度点明，强调了三峡库区的重要性。对于这种重要性，申请人没有单纯从三峡工程的传统重要性来强调，而是写出了新意。然后申请人笔锋一转，谈到库区产业具有显著的"一产弱、二产虚、三产缺"的弱质化特征，因此面临着"库区安稳致富与环境保护"的双重艰巨任务。申请人用简短的"一产弱、二产虚、三产缺"九个字来强调研究目的，为其选题"三峡库区后续发展的产业生态模式研究"奠定基础。最后，申请人用三峡后续规划文件和胡锦涛同志对三峡库区的讲话内容作为引子，强调三峡库区产业和作者申请项目选题的重要性。因此，这个研究背景也算是比较成功的典范之一。

——案例：2023年，Z副教授，国家社科基金民族学一般项目"中缅边境'驻村干部'助推稳边固边兴边的路径优化研究"。

习近平总书记在党的二十大报告中强调："加强边疆地区建设，推进兴边富民、稳边固边。"中缅边境地区与"金三角"毗邻，集国家边境安全区、少数民族聚居区、乡村振兴重难点区于一体，区位重要而独特。受特殊历史、政治、地理等因素影响，西方意识形态渗透、基层党组织涣散、村两委担当作为不足、农村"空心化"严重、毒品犯罪率和返贫率高等问题重叠累积，成为维护国家边境安全、全面推进乡村振兴的掣肘。面对错综复杂的边境治理问题，仅依靠传统的科层制还不足以满足稳边固边兴边动态发展需要。干部驻村制是国家顶层制度设计，2021年至今，全国陆续选派56.3万名驻村干部进行驻村帮扶。"驻村干部"作为维持边疆地区社会稳定的重要举措，也是持续巩固脱贫成果、全面推进乡村振兴的重要抓手。如何进一步完善"驻村干部"的角色定位、优化"驻村干部"助推稳边固边兴边的路径，对推进新时代中缅边境地区安全体系和治理能力现代化建设至关重要。

三、国内外相关研究的学术史梳理及研究进展（略写）

1. 如何准确理解新增的"（略写）"

在本专题的第一部分，笔者提及需要高度重视和关注每年国家社科基金项目申请书内容的变化。其中，近年来，申请书中"……学术史梳理……"部分的要求变化之一为：增加了"（略写）"。但是，对"（略写）"这一要求，可能会有很多申请人觉得既然是略写，那是不是对这部分内容的要求不是那么高，可以简单写一点、不用花太大的精力。这种"掉以轻心"的想法，显然是"望文生义"，是不可取的。

我们不能将"（略写）"简单地理解为"简略写""粗略写""大致写"等，而更应将其视为一种"精写"，这反而对申请人提出了更高的要求和挑战。在大家的普遍意识中，"国内外相关研究的学术史梳理及研究进展"有点类似于学界通常写的"研究综述"（但两者也有本质差异，后文将有论述）。若有写过"研究综述"的申请人肯定会有感同身受之处，比如撰写研究综述时，最终字数应该不是大问题，难的是要在特定字数的约束下，紧扣选题将相关综述内容梳理清晰。

2. 如何把握"学术史梳理与研究进展"

从国家社科基金项目申请书来看，"选题依据"部分由2023年的"学术史梳理与研究动态"变化为2024年的"学术史梳理与研究进展"，其中"动态"更改为"进展"，但笔者认为这一变化并未产生本质差异，"动态"或"进展"均是对近年、当前和未来研究内容的一种具体把握。

正如前述分析，"学术史梳理及研究进展"与研究综述有相似之处，但两者也存有本质差异。关于研究综述如何撰写，这一基本功来自攻读硕士或博士研究生期间的基本训练，写作者一般需要把握好**"谁在研究—研究什么—怎样研究—何种成果—研究得失"**这一主线，具体本书不再赘述

（本专题提供了有关综述撰写的要求和注意事项的阅读材料）。在一般情况下，研究综述并没有特定的一些要求（比如文献时间、文献顺序、文献脉络等），但"学术史梳理及研究进展"往往要求我们要针对选题关键词对既有文献研究进行系统梳理。由此，我们可以将"学术史梳理及研究进展"看成一种具有特定要求的研究综述，我们需要对其相关具体要求加以思考和揣摩。相应地，笔者主要强调几个方面的注意事项及要点。

3. 撰写注意事项及要点

针对"国内外相关研究的学术史梳理及研究进展"，我们可以将其拆分为三个关键词，即"学术史梳理""研究进展"和"国内外相关研究"。其中，"学术史梳理"要求从选题关键词、研究问题为起始点，进一步对既有研究的学术史脉络（包括理论产生、发展过程、主要阶段、核心观点等）进行全面、系统、深入的梳理、归纳和总结。

相较于从历史视角考察的学术史而言，关键词"研究进展"可以从两个维度理解。第一个维度是从"近年、现状、当下"这一时间点上考察；第二个维度是从未来发展的趋势、变化、可能的视角进行考察。同时，研究进展还包括对有关问题研究梳理之后的评论或述评，即"相关述评"。

第三个关键词为"国内外相关研究"，我们需要聚焦于研究选题的关键词展开学术史梳理及研究进展的撰写，但一般有两种呈现方式。其一，我们需要将国外研究、国内研究分别进行学术史脉络梳理和进展综述，形成国外研究与国内研究的清晰区分；其二，我们需要将国外研究和国内研究混合在一起进行学术史脉络梳理和进展综述。相较而言，笔者更偏好采用第一种方式，因为通过国外研究与国内研究的区分，可以让评审专家阅读起来更加清晰，体验感、阅读感更佳。

总体而言，2014 年以后"国内外相关研究的学术史梳理及研究动态/进展"，与之前"国内外研究现状述评"有着重要内涵和外延差异，其撰写要求为体现学术历史脉络及五"性"（见图 5-1），更精炼、权威、系统、全面、前沿和时效（国家社科基金项目尤其如此，比如新质生产力研究）以及聚焦（问题是小的问题、聚焦的问题）综述。

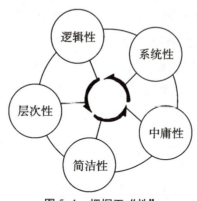

图 5-1   把握五"性"

4. 常见误区

（1）无述无评，直奔主题

这是指缺少综、述、梳、评。在每年的申报评审中偶尔出现这种情况，尤其是在个别地方高校老师中比较常见。

（2）有述无评，等于没述

这是指系统、全面地收集梳理了本研究领域文献，但缺乏临门一脚的"画龙点睛"的关键评论。

（3）空洞述评，基本没戏

①简单罗列文献，或缺少重要学术流派、观点梳理、总结；

②不是述评研究现状而是介绍有关名词概念；

③仅罗列某些学者的文献、专著，没有分析阐述其观点；

④对与本课题相关的国内外研究成果缺乏全面、准确、深入梳理与总结。

上述情况往往是缺乏综述撰写的基本训练，或者对本研究领域不熟悉，或者未对本领域进行长期持续关注和跟踪，或者是"临时抱佛脚"造成的。申请人应始终记住"专家一出手，就知有没有"这句话。

（4）述评偏颇，申报大忌

①个别申请人在文献梳理中过于强调自己的文献，突出自己；

②过于贬低别人的研究水平和成果，突出自己；

③在申请书中经常使用"填补空白""国际领先"等语言；

④对于申请书说明中专门强调的不列本人文献的要求视若无睹。

（5）层次不清，主旨不明

上述情况都没有发生，但缺乏层次感、逻辑递进关系，对研究的主题和文献之间的层次关系未做清晰、简洁的排列组合，或者缺乏主题句等。

5. 部分案例

——**案例**：2021 年，Z 助理研究员、博士，国家社科基金应用经济青年项目"西江流域生态产品的富民效应及提升策略研究"国内外相关研究的学术史梳理及研究动态。

---

1. 国外相关研究的学术史梳理及研究动态

①概念溯源。生态产品在国外通常被称为生态系统服务（ecosystem services），其概念最早可追溯到 Marsh（1864）对生态系统服务的描述，Leopold（1948）开始深入思考生态系统服务的功能，Ehrlich（1981）最早提出"生态系统服务"一词。②生态系统服务分类。国外主要从功能（Freeman，1993；Costanza，1997）、价值（Daily，1997；Pearce，2002）、需求与人类福祉（Wallace，2007）三个方面展开研究。MA（2005）将生态系统服务分为供给、调节、文化和支持 4 个大类、25 个子类，得到广泛认同（Ledoux，2017；Haftom，2018；Alina，2019）。③生态产品价值评估。国外生态产品价值评估最早可追溯到 Drumarx（1925）将野生生物游憩的费用支出作为野生生物的经济价值，随后 Vogt（1948）提出自然资本的概念。生态产品价值的评估方法有直接市场法、替代市场法、假想市场法、费用支出法、自然资本价值估算法、条件价值法等（Westman，1977；Turner，2000；Farabi et al.，2020）。④生态产品价值实现。Franz（2017）认为生态产品具备一般公共产品的非竞争性、非排他性与整体属性，其价值可以通过生态税（Andersen，1994）、生态补偿（Sibly，1987；Sterner，2005）、生态服务付费（Bradford，2012；Menendez et al.，2020）等方式实现。学者们倡导生态产品供给推行国家间合作（Kundius，2019），从而实现生态产品的国际化供需平衡（Arriagada，2011）和绿色发展的福利效应（Wang et al.，2016）。

2. 国内相关研究的学术史梳理及研究动态

①生态产品概念溯源。随着国际生态系统服务功能及价值评价研究的兴起，20世纪80年代，国内以李金昌为代表的资源经济学家开始对自然资源估价测算进行理论与实践探索；任耀武等（1992）最早提出"生态产品"一词，欧阳志云等（1999）系统阐述了生态系统的概念、内涵及其价值评价方法。2010年国务院发布的《全国主体功能区规划》正式界定"生态产品"概念。②生态产品内涵类型。生态产品是一个比较中国化的概念（张林波 等，2019）。生态产品在狭义上是指生态系统服务，在广义上是指人类从自然界获取的生态服务和最终物质产品的集合（傅伯杰 等，2001；樊继达，2013；王金南，2018；李佐军，2020），包括生态有机产品、调节服务、文化服务等（何金祥 等，2019；高晓龙 等，2020）。然而不同学者因研究视角不同而对生态产品的内涵和类型界定略显不同（张勇，2020；马贤磊 等，2020）。③生态产品价值认识。生态产品的价值分为直接价值、间接价值、选择价值、内在价值等（欧阳志云 等，2000），存在公共、非排他、自然与"人工"的特殊属性（曾贤刚，2014），是维系人类生存和可持续发展的必需品（潘家华，2020），是"后开发"地区实现"绿起来""富起来""强起来"的重要资源（石敏俊，2020）。④生态富民效应。生态产品的富民思想由来已久，高勇（1987）首次提出自然资源优势要转化为价值优势。不同时代赋予了不同的富民内涵（张越，2017），而今亟须走产业生态化与生态产业化协同发展之路（陈长，2019），推动生态扶贫走向生态富民（陈仁芳，2020）。

3. 研究述评

国内外的相关研究较为丰硕，但在现状、动因、构成、路径方面仍有局限和拓展空间：①现状。已有研究侧重运用生态学的方法分析生态产品的外在形态和社会功能，较少运用社会学的理论和方法剖析生态产品的经济社会价值，因而在生态产品富民效应测度方面存在短板。②动因。已有研究侧重从经济学的视角，分析生态产品的外在需求，较少从生态、流域视角剖析生态产品利益相关者的内在需求与环境需求，因而在生态产品保护利用方面缺乏有效对策。③构成。已有研究侧重对自然资源等有形生态产品的价值测算，缺乏对民族文化等无形生态产品进行合理测度。④路径。已有研究侧重从微观视角谋划单个或若干个生态产品的开发利用，较少从宏观视角探索基于流域可持续发展的产业集群、生态廊道等的价值实现路径，因而对生态产品富民及生态资源有效利用缺乏实践探索。

——案例：2023 年，Z 副教授、博士，国家社科基金政治学一般项目"中缅边境'驻村干部'助推稳边固边兴边的路径优化研究"国内外相关研究的学术史梳理及研究动态（略写）。

1. 国外相关研究的学术史梳理及研究动态（略写）

"驻村干部"帮扶是中国独创的扶贫制度，国外研究没有与"驻村干部""稳边固边兴边"直接对等的概念，与之相关的概念是"贫困治理""边疆治理"。①**关于贫困根源**。早期贫困思想将贫困归结于贫困者在市场经济条件下的懒惰行为（Smith，1776），部分学者认为贫困根源于社会制度（Marx，1867）、资本稀缺（Schultz，1961）、思维模式和行为方式（Lewis，2014）。②**关于贫困治理**。国外学者对贫困治理主体的研究主要集中在以政府为主体，或者政府、市场及第三组织共同作为主体。政府有责任、义务干预公共资源供给的不平等性，设计能帮助贫困人口脱贫的公共项目（Myrdal，1957），但 Sen（2001）认为应扩大个人选择来发展个人能力而非仅仅依靠政府。③**关于边疆治理**。"地理大发现"、民族国家的出现为近代边疆理论形成奠定了基础，国外学者先后提出"相互边疆"（Lattimore，1951）、"安全阀"（Turner，1962）等边疆治理理论。多数学者认为边疆治理是各类政府机构和个人在不同层面的运作并应用各种规则和条例以及非政府实体和个人之间的互动（Baird & Cansong，2017；Thaler et al.，2019）。

2. 国内相关研究的学术史梳理及研究动态

驻村干部制度肇始于 20 世纪 30 年代的新民主主义革命时期，是中国共产党领导下群众路线的重要体现（张文武，2023）。学界对干部驻村和边境治理研究集中在以下方面：①**功能作用**。既有研究形成了"肯定论"和"否定论"两种观点。持"肯定论"观点的学者认为驻村干部起到"润滑剂"和"缓冲器"的作用，能够有效整合乡村资源，实现对基层政权组织的强化（欧阳静，2022；叶敏，2022）。然而，持"否定论"观点的学者表示大多数驻村干部"游离于乡村社会之外"，干部驻村帮扶很大程度上已沦为形式化的行政工作（王文龙，2015；许汉泽和李小云，2017）。②**运作机制**。新中国成立以来，苏俄的榜样示范和群众路线的成功实践，使得"下村"传统得到了延续和发展（李振，2014），演化为各级干部下村"蹲点""驻村制""驻队"，成为一种非正式的管理模式（刘洋和王伯承，2022；邓燕华 等，2020）。1990 年后，镇、村两级间的非正式管理模式从"与群众打成一片"的"反科层化"驻村制演变为"只与村干部发生联系"的拟科层制（欧阳静，2012）。脱贫攻坚期间，从中央、省、市、区（县）借调干部的"新式"驻村干部，打破了乡（镇）

级拟科层制束缚，重建与群众的血肉联系，在精准扶贫、村组建设、乡村治理等方面发挥了重要作用（Zeng，2020；钟海，2022）。③**边境治理**。国内学者从边疆形成、发展、演变的视角，全面、系统地提出边疆的概念（马大正，2004；周平，2008），通过治理方向、治理主体、治理路径等角度研究阐释边境治理问题（方盛举，2017），强调边民意识（孙保全，2019）、边境乡镇治理（方盛举，2019）、边境多元治理（戴永红和周禹朋，2020）在边境治理中的重要作用。

3. 研究评述

国内外学者的前期研究为本课题提供了有益借鉴，但仍存在不足。**一是区域方面**，边境地区存在行政分割、地理分域等劣势，既有研究缺乏对后发地区、边境地区的全面透视和实践探索，低估其研究价值，导致对"驻村干部"稳边固边兴边关注度不够；**二是机制方面**，既有研究多侧重于"驻村干部"群体特征、功能定位、角色错位等方面，鲜少分析边境村落"驻村干部"稳边固边兴边的作用机制；**三是路径方面**，既有研究集中在传统路径分析，较少从"个体-社会-政府"三层次动态协同优化路径进行探讨。本课题拟通过对中缅边境村落的调研走访，从这一特定场景出发分析概括驻村干部助推三边的机制，提出优化路径。

——案例：2024 年，H 教授，国家社科基金应用经济学一般项目"东南沿海典型湿地生态系统的碳汇贸易价值实现路径研究"国内外相关研究的学术史梳理及研究进展。

1. 国外相关研究的学术史梳理及研究进展

国外相关研究起步较早，主要从以下三个方面展开：①**自然碳汇演化发展**。自然碳汇研究始于国际科联（ICUS）20 世纪 60 年代开展的国际生物学计划（IBP），早期自然碳汇研究聚焦于森林、草地、荒漠、湿地、农田等陆地碳汇（绿碳），随着《巴黎协定》等系列气候变化协议的签订，研究逐渐扩展到红树林、海草床、盐沼、渔业等海洋碳汇（蓝碳）（Smith et al.，1981；Twilley et al.，1992；Canadell，2007；Heinze et al.，2015；Keenan et al.，2018）。②**碳汇价值评价**。为更好地发挥碳汇缓解气候变化的作用、向政策制定者提供决策依据，学者们基于碳汇成本、发展潜力、碳汇价值等问题进行了分析（Nordhaus，1991；Mingrong et al.，2016；Nicholas et al.，2024）。③**滨海湿地碳汇研究**。滨海湿地生态系统的碳主要由红树林、盐沼和海草床等生境捕获的生物量碳和储存在沉积物中的碳组成（Herr et al.，2012；Kaal et al.，2022），由于其较高的碳密度和碳汇潜力，被认为具有降低大气 CO_2 浓度，减缓气候变化等重要价值（Nellemann et al.，2009；Mcleod et al.，2011；

Doughty et al.，2016；Jorge et al.，2019）。其中，海草床、红树林、盐沼为滨海湿地蓝色碳汇的主要贡献者（Chmura et al.，2003；Pendleton et al.，2012；Duarte et al.，2013；Turner et al.，2022），与内陆湿地相比，滨海湿地的碳减排更具有成本效益（Taillardat，2020；Hagger et al.，2024）。

2. 国内相关研究的学术史梳理及研究进展

近 20 年，随着我国对生态经济发展的重视程度日渐提升，学术研究迎来较大发展：**①碳汇价值评价**。碳汇项目通常能够同时具有适应和减缓气候变化以及促进可持续发展等功能，碳汇价值的评估应以其各项功能作为评估对象，通过市场判断其价值。现阶段，市场价值是评估碳汇价值的较好方法（李怒云，2007；闫淑君 等，2021；杨林 等，2024）。**②碳汇贸易市场**。学者们基于我国碳汇贸易的市场现状与潜力等方面研究分析认为，虽然我国碳汇贸易起步较晚、相关制度有待完善、供给和需求存在意愿和信任约束，但发展潜力较大，应做好相关政策、标准和方法学等方面的准备，及时实施碳汇贸易实验项目（林德荣，2005；张小全 等，2007；张颖，2016）。**③滨海湿地碳汇形成**。滨海湿地主要通过红树林、盐沼、海草和海洋藻类的光合作用来捕获大气中的碳，并在海洋厌氧环境下，减慢有机质的分解速率，随着海平面上升，各类沉积物被埋藏到更深的土壤层中，相较于绿碳项目，蓝碳更具稳定性和持久性（韩广轩 等，2020；申霞 等，2021；陈小龙 等，2023）。**④滨海湿地碳储量评价**。滨海湿地碳汇主要包括植物的碳库（分地上和地下部分）、土壤或底泥的碳库、水体中生物的碳库等内容，相关碳汇核算方法包括实际测量生态系统碳循环（毛子龙，2012；于贵瑞 等，2022）、以实验模拟生态系统固碳量（蔡毅，2013；马琼芳，2021；翟夏杰 等，2023）和以遥感监测土地利用变化（吴涛，2011；赵玉灵 等，2019）。**⑤滨海湿地碳汇交易**。碳汇交易是滨海湿地碳汇价值实现机制的市场化方式，部分学者探讨了碳汇交易的发展模式、交易机制、交易客体、交易市场、发展对策等问题，认识到了碳汇交易实现碳汇价值的必要性和可行性（李海棠，2020；杨越 等，2021；李淑娟 等，2023）。

3. 研究评述

国内外学者的前期研究可提供有益借鉴，但仍存在局限和拓展空间：①既有研究侧重于碳汇价值的评估，**较少从碳汇交易、碳汇贸易的视角进行分析**；②既有研究以生态学科、地理学科等各自的话语体系和论证逻辑为主，**缺乏结合运用生态学、地理学和经济学等多学科交叉融合知识**，对碳汇能力评估、碳汇贸易、碳汇贸易价值实现路径等的相关研究；③既有研究对东南沿海这一典型区域的滨海湿地碳汇能力研究不足，针对这一区域**湿地碳汇能力提升路径、碳汇交易、碳汇贸易价值**等的**研究更是鲜有涉及**。

四、 相对于已有研究特别是国家社科基金同类项目的独到学术价值和应用价值

1. 撰写要点

根据国家社科基金项目申请书的要点提示，我们可以对"相对于已有研究特别是国家社科基金同类项目的独到学术价值和应用价值"进行拆分。我们需要深刻理解其中三个关键词，即"相对于已有研究""特别是国家社科基金同类项目的""独到学术价值和应用价值"。

一是"相对于已有研究"。针对"已有研究"，一般情况下大家往往想到的是已有文献研究，这就和前面的"学术史梳理及研究进展"紧密关联起来了。但前面的"国内外相关研究的学术史梳理及研究进展（略写）"本质上是对已有文献研究的梳理，故此处"已有研究"就不应该是重复对文献研究进行梳理，而是更倾向于聚焦"项目研究"。这也使得前面的"文献研究"与此处的"项目研究"形成了一种分工互补的设置安排。

二是"特别是国家社科基金同类项目的"。这一限定语也表明并不需要我们关注所有的项目，而是主要聚焦与申请人选题相关的国家社科基金同类项目即可。因此，此处的"相对于已有研究"，其实是针对并聚焦国家社科基金项目而言的。

三是"独到学术价值和应用价值"。从上述分析不难看出，"独到学术价值和应用价值"中的价值，应是与既有国家社科基金项目相比较而得出的。同时，"独到"也体现了正是要在前述分析基础上，凝练出申请人选题的"特有"价值和贡献。

课题研究价值的文字阐述必须"有理""有据""有洁"。具体而言，"有理"就是要有科学依据；"有据"就是要有数据或资料、理论依据作为支撑；"有洁"就是要求文字简洁、干净，没有多余的"拖泥带水"的文

字，就事论事、直击痛点。

（1）项目学术（理论）价值（意义）

这主要考察申请人课题的研究成果对本领域（例如，复合生态系统管理）、本方向（例如，生态系统生态学）、本学科（例如，应用生态学）或相关交叉学科（例如，产业生态、系统管理）理论体系的丰富、完善、发展、深化、补充等以及数据库等基础研究支撑的学术价值。申请人在具体阐述项目学术价值时，还可以更精准、更精细、更具体、更深入，比如特定的学理价值、学科价值等。

（2）项目应用（实践）价值（意义）

这主要考察科学问题解决后，对解决现实问题能够提供什么样的政策建议、决策咨询、历史经验（历史研究）、科学依据等以及为政府、企业或研究机构跟踪观测、调研提供支撑的实践价值。项目应用价值还可以从研究成果"管中窥豹、以小见大"的扩展功能，"举一反三、触类旁通"的连锁功能等视角来评价和判断。例如，特定的（战略）落实价值、（政策）参考价值、（实践）指导价值等。

> 编者寄语：
>
> 　　理论价值描述视角或切入点一定要"精、准、小"。
>
> 　　实践价值描述视角或切入点一定要"精、实、狠"。

2. 常见误区

①价值描述过分拔高，如填补空白、国内独创、独孤求败、空前绝后等。

②价值描述过于宏观宽泛，靶向不准或空洞，究竟有什么价值看不出来。

③价值描述过于庞杂冗长，无主题句、无编号、无层次。

④价值描述语焉不详、语义不清，比如研究扶贫问题，研究意义描述

为"本项目研究成果能够解决我国贫困人口的扶贫、脱贫问题"。如果一个国家社科基金项目这么厉害,那么很多从事扶贫问题研究的学者、专家和政府管理人员都要失业了。

3. 部分案例

——案例:2012 年,T 副教授、博士,国家社科基金管理学一般项目"基于生态系统管理理论的流域管理体制创新研究"研究意义(限 4 000 字)。

> **3. 研究意义**
>
> 　　流域管理体制的现状直接反映国家、区域对流域环境和环境问题的认识水平和管理能力,是一个国家环境法治完善程度的标志之一。**因此,在理论上,(1)流域管理体制研究可弥补当前我国环境管理体制理论研究较为单一的缺陷,有利于推进我国环境管理体制转型理论研究内涵和外延的扩展延伸;(2)有利于推进我国流域和区域环境管理体制理论体系交叉、融合和进一步完善。**

——案例:2018 年,L 副教授、博士,国家社科基金理论经济青年项目"长江上游地区工业生态集聚及空间差异化策略研究"研究价值(限 7 000 字)。

> **(二)本课题相对于已有研究的独到学术价值和应用价值**
>
> 　　**1. 学术价值。**①针对长江上游地区的工业生态集聚问题进行系统理论研究,是有关长江经济带"共抓大保护、不搞大开发"战略的一种具体学理阐释;②借助区域经济学、产业生态学、环境管理学的学科知识交叉,丰富和发展"流域工业经济学""流域工业生态学"的理论内容;③本研究将可能对"产业生态集聚"概念、内涵及评价指标体系进行系统性研究,为产业生态集聚理论的建构、拓展奠定一定的基础。
>
> 　　**2. 应用价值。**①考察如何将长江经济带"生态优先、绿色发展"核心理念落实于长江上游地区,探索兼顾"经济效益"与"生态效益"的绿色发展路径;②依据不同级别园区的行为主体、发展阶段及生态需求,制定与工业生态集聚相适应的差异化政策,对后发地区的可持续、跨越式发展具有实践指导意义。

——针对上述案例中"学术价值"的进一步优化。

（二）本课题相对于已有研究的独到学术价值和应用价值

　　1. 学术价值。①针对长江上游地区的工业生态集聚问题进行系统理论研究，是有关长江经济带"共抓大保护、不搞大开发"战略的一种具体<u>生态经济学</u>学理阐释；②借助区域经济学、产业生态学、环境管理学的学科知识交叉，丰富和发展"流域工业经济学""流域工业生态学"的理论内容。<u>③本研究将可能对"产业生态集聚"概念、内涵及评价指标体系进行系统性研究，为产业生态集聚理论的建构、拓展奠定一定基础。</u>

　　——案例：2019 年，L 副教授、博士，国家社科基金管理学一般项目"中国—东盟应急物流走廊构建及跨境协同机制研究"研究价值（限 7 000 字）。

1.2 本课题相对于已有研究的独到学术价值和应用价值

　　（1）**学术价值。**①该课题是对"人类命运共同体""中国—东盟命运共同体""山水相连，血脉相亲，守望相助"等新型国际关系指导思想在经济地理学、应急管理学等理论层面的进一步学理阐释；②该课题是对应急物流走廊、应急产业经济等理论框架在跨国家、跨政府层面的有益拓展；③该课题尝试对跨境应急协同机制进行构建，是对应急协同管理理论在跨国家、跨组织、跨功能区域融合层面的补充与完善。

　　（2）**应用价值。**①该课题为解决中国—东盟应急领域长效合作、共抗风险难题提供借鉴；②该课题是"陆海新通道"建设发展中的先锋尝试，使其兼顾"经济效益"与"应急效益"，既解决中国—东盟应急合作的急迫需求，又能带动沿线应急产业协调发展；③该课题研究是人类命运共同体、中国—东盟命运共同体指导思想的具体实践。

　　——案例：2020 年，L 副教授，国家社科基金民族学一般项目"西南民族地区易地扶贫搬迁富民效应评估及提升策略研究"。

　　1.2 本课题相对于已有研究的独到学术价值和应用价值

　　（1）**学术价值。**①研究力图创新内容，改进方法，提出扶贫搬迁富民效应评估体系和提升策略的理论框架，丰富和发展易地扶贫搬迁与乡村可持续发展的理论体系；②研究弥补当前缺乏易地扶贫搬迁富民效应评估指标体系的缺陷，为易地扶贫搬迁稳定脱贫提供新的研究方法；③研究借助农村经济学、民族经济学、农村社会学和人口迁移的学科知识交叉，从"经济富民-社会富民-精神富民-和谐富民"多维度展开系统研究，既促进了相关学科融合发展，也为易地扶贫搬迁评估研究提供了新的视角。

（2）应用价值。①坚持实证和问题导向，研究成果将为解决当前易地扶贫搬迁带来的问题提供借鉴，对于防范易地扶贫搬迁脱贫农户"致贫、返贫"等风险，具有较强现实指导意义；②强调易地扶贫搬迁富民效应评估的系统性，凸显易地扶贫搬迁富民效应提升的多要素协同性，对于当前乡村振兴等战略性安排具有重要参考价值；③试图把握易地扶贫搬迁富民效应的影响因素与关键问题，据此设计系统的差异化策略，为不同类型地区提供实践参照。

——案例：2023 年，Z 博士，国家社科基金应用经济学青年项目"数字新基建驱动长江上游地区工业生态集聚的实现路径研究"。

1.2 本课题相对于已有研究的独到学术价值和应用价值

1. 学术价值：（1）从生态学角度，建构"数字→生态+经济→生态集聚"系统逻辑，解析数字新基建驱动工业生态集聚的实现路径，是对系统生态理论的进一步阐释。（2）从新经济地理学角度，分析数字经济时代典型区域工业生态集聚的驱动机理，拓展流域协调发展理论的内核，为健全主体功能区制度，优化国土空间开发格局提供学理支撑。（3）从产业经济学角度，厘清数字新基建在工业生产方式绿色转型中的作用机理，有助于产业生态理论的丰富和发展。

2. 应用价值：（1）响应党的二十大关于"构建现代化基础设施体系"的要求，为长江上游地区"推进工业低碳化转型"提供新动能。（2）回应"扩大内需战略"的紧迫需求，推进"基础设施生态化，生态设施基础化"，为实现流域生产空间绿色化、低碳化发展提供决策参考。（3）顺应"美丽中国建设"的时代追求，以生态经济拱卫生态福祉，以产业发展反哺生态建设，探索长江上游流域"生态为民、生态惠民、生态富民"创新路径。

　　——案例：2024 年，M 教授，国家社科基金理论经济学西部项目"世界级清洁能源走廊市场化多元化对口协作发展机制创新研究"。

　　（二）相对于已有研究特别是国家社科基金同类项目的独到学术价值和应用价值

　　从《国家社科基金项目数据库》中检索关键词"对口支援""能源通道""市场化多元化"，总计立项 22 项（其中，对口支援 17 项；能源通道 1 项；市场化多元化 4 项），并无直接涉及与本选题相关的立项。此外，关于"区域合作""区域协作"等间接关键词搜索到的立项项目则是以跨国研究为主，与本研究无直接关系。

　　在过往研究和立项中，对区域性对口支援的关注依然是热点，反映了跨域协作在实现区域协调发展中的重要作用，但主要涉及的是民族地区（12 项）、革命老区（1 项）、欠发达地区（1 项）等传统对口支援对象，未有关于清洁能源通道这一类特殊性、战略性功能区域对口支援、协作机制创新的研究，表明了本研究依然具有时效性。因此，相较于已有研究和立项，本研究具有以下学术价值和应用价值：

　　1. 学术价值：（1）厘清"**产业互补、资本互通、技术共享、人才互动**"双向协作关系，解析市场机制下，多维高效参与主体参与对口协作的实现机制，是对**区域协调理论**的进一步阐释。（2）明晰"**能源富集→生态富裕→经济富饶**"的演化规律，拓展**中国特色反贫困理论**的分析架构，揭示了新发展阶段下由贫困帮扶转向共同富裕的路径。（3）建构"**自上而下+自下而上→'生态+能源'**走廊"的逻辑机理，分析特殊性、战略性功能区域跨域协作、互利共赢创新机制，有助于系统生态理论的丰富和发展。

　　2. 应用价值：（1）响应**党的二十大**关于"**深入推进能源革命**"总体要求，为特殊区域规划建设新型能源体系，统筹水电开发和生态保护提供新方案。（2）顺应"**扎实推进共同富裕**"发展追求，推进"**资源共享，生态共富**"，为高效推动区域协调发展提供决策参考。（3）回应"**国家治理体系和治理能力现代化**"任务需求，以市场化多元化为手段，探索新时代对口支援工作体制机制创新的新路径。

参考阅读：文献综述撰写要点

延伸阅读一：

　　写文献综述的二十八个要点

　　（本文来源：知行网，本文作者：麦田守望者）

延伸阅读二：

　　文献综述写作指南

　　（本文来源：搜狐网）

延伸阅读三：

　　如何做文献综述：克雷斯威尔五步文献综述法

　　（本文来源：新浪微博）

专题六

研究内容

一、研究对象

1. 定义解析

研究对象通常指的是科研活动所要认识和探索的客体。总体来说，哲学社会科学以人类社会、人的精神世界或人类文化作为认识对象，而自然科学的研究对象则往往是自然界存在的客观事物。同样是研究"人"，哲学社会科学往往研究"社会人"，而自然科学往往研究作为生物的人。

一门学科、一项研究，无论它是属于哲学社会科学范畴，还是属于自然科学范畴，都有其特定的研究对象，否则就是无的放矢。因此，申请一项课题，首先应当明确其研究对象，然后才能围绕研究对象展开研究。如果一项课题的研究对象模糊不清，那么这项申请将很难获得资助。

正是如此，《2017 年度国家社会科学基金项目申报公告》明确指出："没有明确的研究对象和问题指向的申请不予受理和立项。"这样的规定从2011 年开始增加到国家社科基金项目申请公告中，之后每年均在当年的申报公告中强调；从 2015 年起，国家社会科学基金项目申请书在"课题设计论证"和"活页"中明确要求申请人界定其课题的"研究对象"。

之所以要出台这一规定，是因为过往部分国家社科基金项目承担者没有明确界定研究对象，常常出现项目成果中研究对象定位不恰当、内涵不准确、边界不清晰等情况。例如，一项课题以"三峡库区"作为研究对象，但项目成果中的数据、案例等只涉及"三峡库区"重庆部分，"三峡库区"的湖北部分则没有体现在成果中。又如，有的成果研究对象的范围是"西部地区"，但其成果则只体现了西部地区的个别省份的内容。此外，部分项目几乎将整个申报题目定为研究对象，这也会引起一些评审专家的质疑。因此，我们申请国家社科基金项目，首先就应该明确界定课题的研究对象，避免出现研究对象模糊问题。

2. 撰写要点

第一，研究对象通常作为关键词出现在题目名称中，但千万不能写成题目的翻版。

第二，如果申报题目中有多个核心关键词，申请人应围绕其中一个关键词确定研究对象。这一关键词所体现的应是本项目所要解决的核心问题。

第三，研究对象描述一定不能写成研究框架或研究内容的浓缩版。

第四，研究对象要非常明确、具体，直奔主题，可以采用"总—分—总"描述模式。

第五，必要时申请人可以界定研究对象的核心概念，包括研究对象的内涵和外延、边界。

第六，申请人应一句话阐述清楚研究对象，并用黑体或加粗模式排版，以句号结束。

第七，研究对象进一步阐述可以从中观层次描述各个方面的特征，但层次要清晰。

第八，研究对象可以从区域对象、产业对象等中观层次进一步阐述。

第九，研究对象描述切忌模棱两可、顾左右而言他、"翻烧饼"。

第十，研究对象描述可以比喻为回家给家里人描述"恋爱对象"。

3. 部分案例

——案例：2018 年，L 副教授、博士，国家社科基金理论经济青年项目"长江上游地区工业生态集聚及空间差异化策略研究"。

（一）研究对象

本课题的研究对象为长江上游地区的工业。具体有：①产业对象。在研究中所采用的工业，依据《中国统计年鉴（2017）》工业门类分类标准，包括采矿业，制造业，电力、热力、燃气及水生产和供应业。②区域对象。工业所处的区域，即《长江经济带发展规划纲要》涵盖的长江上游地区，包括重庆、四川、贵州、云南 4 个省级行政区。

——案例：2020 年，W 教授、博士，国家社科基金民族学一般项目"边疆治理视角下傣族的国家向心力研究"。

（一）研究对象

本课题以世居我国西南地区的傣族及代表性群体为研究对象。因族群含义丰富，本课题中选用群体。综合考虑语言差异、跨境文化影响、支系传统、历史分布及现行政区划等因素，本课题聚焦五类典型傣族群体，具体为西双版纳州内傣族（33.47万人）、德宏州内傣族（24.984 万人）、金沙江河谷傣族（约 4 万人）、花腰傣（约15 万人）和居住在普洱、临沧等多个州（市）的傣族（约 48.67 万人）。

——案例：2021 年，T 博士，国家社科基金应用经济青年项目"代际传递视角下'整村搬迁'富民效应动态评估及提升路径研究"。

（一）研究对象

本课题的研究对象为整村搬迁移民。20 世纪 80 年代初期，浙江省的贫困山区、革命老区就较早开始推进贫困村整村搬迁。进入 21 世纪以来，整村搬迁涉及地域扩大，河北省（如张家口市）、广东省（如茂名市）、青海省（如西海固）、云南省（如昭通市）以及山西省（如忻州市）等纷纷启动了整村搬迁。近些年，整村搬迁步入加速期，如 2017 年山西省就规划整村搬迁 3 350 个深度贫困自然村，同年贵州省开始对 6 200 多个自然村（寨）进行搬迁，2018 年广西又启动了 1 461 个村（屯）搬迁。本课题将结合整村搬迁的历史发展阶段、地区社会经济发展水平以及移民规模对这些整村搬迁移民展开抽样调查研究。

——案例：2022 年，C 副教授、博士，国家社科基金应用经济学一般项目"数字经济赋能长江上游地区乡村生态振兴的理论逻辑与实现路径研究"。

（一）研究对象

本课题研究对象是长江上游地区乡村生态振兴。①区域对象。长江上游地区主要是《长江经济带发展规划纲要》所涵盖的长江上游地区，包括重庆、四川、贵州、云南 4 个省级行政区，是集生态环境脆弱区、生态功能区、深度贫困区、少数民族聚居区于一体的特殊区域。②内容对象。乡村生态振兴，包括农村"三生"环境——生态（自然生态资源资产管理与产业化发展）、生产（投入品减量化、生产清洁化、废弃物资源化和产业模式生态化）、生活（厕所革命、生活污水、生活垃圾、黑臭水体）。

二、研究框架

1. 定义解析

"研究框架"在 2021 年以前的申报表格中被称为"总体框架"，是 2014 年修改后申报表格中出现的术语。2021 年的申报表格又进一步修订为"框架思路"，包含了过往年份申报表格中"总体框架"和"研究思路"两部分内容，并且用括号的形式强调了"框架思路要列出研究提纲或目录"。如无明确要求，"研究框架"和"总体框架"两种表述方式任选其一。

很多申请人初次申请时都把握不好"研究框架"的写法，不知道如何下笔，简单地理解为要画一个框或用一个框图，不清楚框图应该放在什么位置、对应什么内容。实际上，对照 2014 年之前的国家社科基金项目申请书说明就比较清晰了。

"研究框架"可以理解为整个课题研究内容的总体设计框架，从新旧申报表格内容比较也可以看出，目前申报表格的"研究框架"本质上就是旧申报表格中的"主要研究内容"。因此，"研究框架"一般用以往研究内容的文字阐述方式分要点、分层次来表达。

"研究框架"相当于"研究对象"确定后所展开的，针对研究问题进行"攻城拔寨"的主要工作或内容，也就是构成课题研究的"四梁八柱"。因此，针对总体框架或主要内容的阐述一定要具有系统性、逻辑性、层次性等特征。前面的"研究对象"可以理解为宏观层次或中观层次的"四梁八柱"。

2. 撰写要点

框架内容要注重逻辑性、层次性（递进性）、系统性、虚实性和简略性。除此之外，框架内容还要注意以下几点：

第一，框架内容突出重点，重点一般 2 个左右。

第二，框架内容有主题句，高度概括清晰明了。

第三，内容描述不宜太细，具体描述言多必失。

第四，框架内容不宜太多，一般 4~6 条比较好。

第五，内容描述点到为止，不要啰嗦拖泥带水。

第六，避免教科书的框架，忌讳教材目录模式。

第七，提纲目录选择一种，贴合学科确定形式。

第八，关键内容忌口语化，尽量用学术语言表达。

此外，如果结题形式为"专著"，那么用"目录"来体现研究框架的内容更为合适。

3. 部分案例

——案例：2014 年，S 副教授、博士，国家社科基金应用经济重点项目"新型种粮大户的成长机理及种粮激励研究"。

> 1. 主要内容
>
> （1）**新型种粮大户的成长理论**。包括种粮大户概念界定、认定标准、组织特征、治理机制、主要来源、成长途径及在保障粮食安全方面的比较优势，种粮大户与农户分化、土地流转、规模经营间的关系分析。
>
> （2）**影响粮食安全的种粮现状**。大样本分区域抽样调查我国粮食生产现状、粮食安全隐患以及工业化、城镇化和农民经济理性觉醒引起的粮食生产要素流失、国家粮食生产重心北移对我国粮食安全的影响。

（3）**新型种粮大户的发展现状**。从东中西部经济发展区域梯度差异、北方平原粮区与南方山地粮区地理环境差异、农民分工分业程度以及土地流转规模差异等维度大样本抽样调查新型种粮大户的发展现状。

（4）**新型种粮大户的成长案例**。收集世界主要农业发达国家培育种粮大户的经验，分区域、分品系和地貌重点调查国内典型的新型种粮大户成长案例，建立小型案例库，按类总结培育种粮大户的经验借鉴。

（5）**新型种粮大户的成长因子**。从资源禀赋和外部环境维度梳理影响种粮大户成长的因子，构建系统动力学模型分析因子间的反馈关系，比较研究北方平原粮区与南方山地粮区种粮大户成长的微观机理。

（6）**新型种粮大户的成长机制**。适应不同粮区大户成长需要，构建大户成长利益驱动、土地流转、粮食产业链组织共生机制，协同发挥市场的基础作用和政策的引导作用，营造种粮大户健康成长环境氛围。

（7）**新型种粮大户的种粮决策**。从投入产出和条件约束维度分析种粮大户经济理性，运用行为动机理论和扎根理论构建种粮大户规模种粮决策模型，通过计量分析查找影响大户种粮意愿的主要短板。

（8）**新型大户的种粮激励机制**。绩效评价现行体制机制运行情况，构建新型种粮大户积极种粮引导机制和非农脱粮约束机制，优化大户积极种粮的市场环境和政策环境，稳定和提高大户种粮的积极性。

——案例：2018 年，T 教授、博士，国家社科基金理论经济一般项目"川陕革命老区小农户转型成长与农业现代化有机衔接研究"。

2.2 总体框架

2.2.1 理论分析：小农户转型成长与农业现代化发展之间关系

以马克思合作经济理论和习近平总书记关于"三农"问题的重要论述为理论基础，借鉴西方关于农业现代化的相关观点，梳理小农经济的理论发展脉络，在分析小农户转型成长的必要性、可行性和重要意义的基础上，重点研究小农户的转型成长过程与农业现代化过程之间的相互关系。

2.2.2 历史回顾：改革开放以来小农户与农业现代化有机衔接

在时间上，依次按照 20 世纪 80 年代全面实行家庭承包经营阶段、20 世纪 90 年代到 2008 年的农业产业化持续发展阶段和 2008 年到当前的农地流转快速发展阶段，回顾小农户与农业现代化有机衔接的发展历程；在区域上，重点以北方平原地区、东部沿海地区和中部丘陵地区为样板，研究这些区域已经比较成熟的小农户与农业现代化有机衔接的具体案例。

2.2.3 现状评价：川陕革命老区小农户与农业现代化衔接效果

基于空间计量经济学基本理论，以空间溢出为视角，对川陕革命老区小农户的规模进行测度，引入收入、教育水平、资源禀赋等因子对小农户转型成长状况进行评价。运用模糊层次分析法（FAHP），选择制度、技术、资金、市场、教育、资源等变量构建小农户与农业现代化衔接效果的评价指标体系和评价模型，对川陕革命老区小农户与农业现代化衔接状况进行效果评价。

2.2.4 典型探索：川陕革命老区小农户与农业现代化衔接案例

选取重庆市城口县，四川省广元市、南充市，陕西省安康市、宝鸡市五个地区重点典型村或镇，建立小型案例库和长期观测点，从现状、制度、体制、机制等多维度对其进行综合分析和实证研究，总结归纳不同样本区促进小农户转型成长措施及其与农业现代化有机衔接比较成功的做法、模式、机制、效果；对不成功的探索进行原因分析，总结教训。

2.2.5 困境分析：川陕革命老区小农户与农业现代化衔接困境

基于新制度经济学研究范式，在调查研究的基础上，重点分析川陕革命老区小农户在转型成长过程及其与农业现代化有机衔接过程中面临的困境。这些困境主要有：新型城镇化、乡村治理、村级组织等原因带来的治理困境，技术、资金、资源等原因带来的生产困境，管理、流通等原因带来的市场困境，教育、健康等原因带来的服务困境。

2.2.6 解决路径：川陕革命老区小农户与农业现代化衔接机制

有针对性、有重点地设计川陕革命老区小农户通过转型成长实现与农业现代化有机衔接的机制，以破解衔接困境。这些衔接机制主要有：基于农业治理体系现代化的有机衔接机制，基于农业生产基础、生产手段、生产技术、生产方式现代化的有机衔接机制，基于农业管理、流通现代化的有机衔接机制，基于购买服务、托管代耕等先进方式的有机衔接机制。

——案例：2021年，Z助理研究员、博士，国家社科基金应用经济青年项目"西江流域生态产品的富民效应及提升策略研究"。

1. 研究框架

（1）历史审视：生态富民的思想渊源与现代价值。

本研究追溯中西方生态富民的思想渊源与发展脉络，系统审视生态产品的发展进程与演变特征、富民路径与富民模式、价值实现机制与价值转化效果等，沿着解读时代语境→认清发展趋势→明晰现实需求→剖析核心内涵主线，探索生态产品的现代影响与时代价值，挖掘生态产品有效链接大自然的能力，明晰生态产品在乡村振兴战略中富国强民的时代意蕴。

（2）理论构建：生态产品富民效应的理论建构。

本研究梳理已有文献研究脉络，依据"两山"理论、产品供需理论、可持续发展理论等，进行自然资源、生态产品、生态资本、生态富民等辨析，探析"生态资源→生态产品→生态价值→生态富民"的逻辑进路，识别生态产品的功能特征、空间分布、价值构成、演化规律、富民效应等内容，建构生态产品富民效应的"资源—产品—资本—富民"理论分析框架。

（3）现状调查：西江流域生态产品的现状调查。

本研究通过实地调研，借助 Python 搜集数据，采用 Hadoop 分布式处理、Tableau 可视化分析等措施，对西江流域"4×3"类供需侧生态产品在生产、分配、交换和消费环节中的困境予以分析解构，建立西江流域生态产品基础数据库；利用 ArcGIS 进行空间识别，借鉴基尼系数、EG 指数等相关指标模型，详细解构西江流域生态产品碎片化、孤岛化、内卷化等困境。

（4）价值评估：西江流域生态产品的价值评估。

本研究借鉴国内外直接市场法、替代市场法、费用支出法、价值估算法等评估方法，建立适合西江流域的生态产品价值评估指标体系；兼顾近期与远期、发展与生态多方面的利益诉求，对西江流域生态产品的价值进行分类评估，摸清"生态家底"，为绿水青山贴上"价值标签"，研究市场、技术、人才、组织、制度等因素对生态产品价值的影响机制。

（5）案例剖析：典型生态产品富民的案例剖析。

本研究选取国内外典型跨流域、跨政域、跨功能区的生态产品富民案例，如"南平生态银行""安吉两山金融""独山生态林业扶贫""英国森林资产"等，从成因、过程、机制、制度、法律等维度解剖其生存之道和发展逻辑；总结提炼生态产品在富民实践中的宏观和微观经验，构建跨域价值实现典型案例库和长期跟踪调研观测点，推动生态富民产业健康发展。

（6）路径构思：西江流域生态产品富民效应的路径构思。

本研究综合采用 Logistic 回归、门槛回归模型、灰色模型分析生态产品的价值影响因素，探讨西江流域由"生态资源"转化"生态产品"、实现"生态价值"支撑"生态富民"的逻辑进路，沿着编制顶层规划纲要→建立跨域协调机构→构建价值评估机制→搭建产品供需平台→配套保障措施思路，推动形成"1+4+10+X"（西江流域+滇、黔、桂、粤+西江10条主要干支流+流域各水系）生态产品富民总体布局，探明"生态资源"向"生态产品"乃至"生态富民"转化的实现路径。

（7）提升策略：西江流域生态产品富民效应的提升策略。

本研究结合西江流域的实际情况，尝试构建生态产品得以有效发挥富民效应的评估体系、生产体系、销售体系、分配体系、消费体系、监督体系、责任体系等制度体系，依据战略、理论、政策和实践逻辑进程，尝试探索政府主导、企业和社会各界参与、市场化运作、可持续的生态产品价值实现机制，立足生态、生产、生活"三生"空间，系统性地从全方位、全流域、全产业、全链条、全要素、全过程"六全"维度构建生态产品富民策略。

——案例：2021年，Y研究员、博士，国家社科基金中国文学一般项目"滇缅公路的文本书写与抗战记忆建构研究"。

1. 预设框架

作为抗战时期中国与外部世界联系的"生命线"，滇缅公路是中华民族抗争史和奋斗史的缩影。在生死存亡的战争年代，勤劳勇敢的中华儿女，面对饥饿、疾病、死亡等各种艰难困苦，用血汗、生命打通和维护滇缅公路，谱写了抗日战争和世界反法西斯战争的壮丽史诗。在80多年的时间里，海内外作家、诗人和记者、旅行者等对滇缅公路或以滇缅公路为背景进行创作，产生了数量众多、异彩纷呈、兼具思想性、审美性和时代性的文学作品，丰富了中国文学乃至世界文学的表现空间和历史场域。其间，滇缅公路被反复叙述、想象和建构，形成独特的滇缅公路形象，文本中有民族认同、国家认同、家国情怀、边地形象、苦难辉煌、壮烈牺牲等的展示，也有民间性、传奇性和现代性的连结，承载着20世纪中华民族抗战历史的深刻记忆。目录如下所示：

绪论

第一节　滇缅公路的文本书写内涵及其缘起

第二节　历史与现代、空间的交融互动

第三节　滇缅公路文本书写研究内容和方法

第一章　筑路者或见证者的文本：20世纪30年代到20世纪40年代的滇缅公路书写

第一节　"血路"的赞美与苦难：杜运燮、王锡光、刘楚湘、蒂克等的诗歌

第二节　筑路工人的恢弘与悲壮：谭伯英、萧乾、范长江等的纪实文学

第三节　地理空间的景观和见闻：老舍、曾昭抡等的考察记
第四节　他者的异域观感和世相：尼古拉·史密斯、内维尔·布拉德利等的游记
第五节　"生命线"的英雄形象：白平阶、赛珍珠等的小说

第二章　虚构者或亲历者的文本：20世纪50年代到20世纪70年代的滇缅公路书写
第一节　重塑西南边地形象世界：黎锦扬的土司系列小说
第二节　滇缅印战场的回忆思考：杜聿明、郑洞国、宋希濂等的回忆录
第三节　战争时期的实录与记忆：黄杰等的日记

第三章　游历者或想象者的文本：20世纪80年代到21世纪20年代的滇缅公路书写
第一节　筑路者生存死亡的考验：邓贤、白山等的报告文学
第二节　游历滇缅路的追忆感悟：郑千山、黄立新等的散文
第三节　铭记与缅怀的血色壮丽：彭荆风、张庆国、向翔等的小说
第四节　重温滇缅公路战时记忆：蒋彝等的小说
第五节　外国人笔下的壮丽风景：H. 丹尼尔·弗莱伯格等的游记

第四章　滇缅公路的书写与抗战记忆建构
第一节　承载战争的历史记忆
第二节　塑造国家和民族认同
第三节　呈现苦难和抗争历史
第四节　建构空间的国家记忆
第五节　走向民族复兴的征途

第五章　滇缅公路书写的价值、贡献和意义
第一节　文学价值
第二节　历史贡献
第三节　现实意义

三、研究思路

1. 定义解析

　　个人理解，"课题研究的基本思路"用来考察申请人对整个项目从选题题目到内容、方法、重点、难点、目标、路径、措施等研究全过程和整

体轮廓的把握程度和清晰程度，是考察申请人对课题系统脉络是否清晰的重要指标。

由于基本思路考察的是整个项目的基本思路，一般用文字来阐述研究的基本思路很难简明扼要将其说清楚。笔者一般推荐用经过变异处理的技术路线框架图来表达（笔者在 2011 年申请国家社科基金重大招标项目申请书中共用了近 20 个不同的框架图）。当然，由于学科差异和不同评审专家的偏好，有些专家并不建议用框架图或者过多用框架图。一般认为能够用文字简单说清楚讲明白的，就可以不用框架图。但国家社科基金申请书一般都有 4 000 字或 7 000 字的字数限制，当文字不太好说清楚的，还是建议用逻辑框架图来表达，这样显得更加简明扼要、简洁美观。

与此同时，笔者不建议用简单的框架图来表达，最好将国家自然科学基金项目申请书中的技术路线图的模式借鉴融合到框架图中，我们可以私下定义为"技术路线框架图"。需要注意的是，国家自然科学基金项目申请书中的相关图表一般较为复杂，在借鉴参考的过程中，需要结合自身项目的特点，化繁为简，做到清晰明了、逻辑通顺，不能贪多求全，反而让评审专家无处着眼。

这个技术路线框架图的功能如下：

一是增加研究思路的逻辑清晰度；

二是改善通讯评审专家的审美疲劳情况；

三是尽可能精简文字和减少篇幅；

四是提高申请书质量，提高立项命中率。

2. 撰写要点

一是申请人要借鉴融合国家自然科学基金项目申请书中的技术路线图的方法和思想。

二是申请人要将研究框架的主要内容凝练后嵌入技术路线框架图中，技术路线框架图前面可以先用 3~5 行文字简述研究思路。

三是技术路线框架图可以纵向分三个主列，左边是研究主线，中间是研究核心内容，右边是研究方法。

四是申请人如果画图，最好用 Visio 等专业软件绘制，避免"弄巧成拙"，将技术路线框架图的优美形式和科学内容完美结合。

五是申请人可以根据需要使用彩图，但图片底色要素雅清新，亮度和色度要适中，色差不要太大，不能影响其中文字的呈现效果。

3. 部分案例

——案例：2012 年，T 副教授、博士，国家社科基金管理学一般项目"基于生态系统管理理论的流域管理体制创新研究"的基本思路如图 6-1 所示。

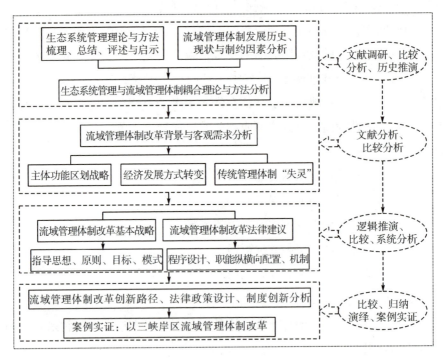

图 6-1　基于生态系统管理理论的流域管理体制创新研究基本思路

当然，除了用技术路线框架图来表达基本思路外，也有用文字描述研究思路的模式。

——案例：2014年，S教授、博士，国家社科基金理论经济重点项目"非均衡状态下现代资本主义运转机制及其弊端研究"。

2.3　研究思路：归纳—演绎；实践—理论—实践

（1）基于对美国房地产和金融市场的长期观察和追踪，客观、准确地描述和归纳危机的基本特征。

（2）在文献综述的基础上进一步挖掘金融危机和债务危机产生的理论、历史、文化和政策等原因。

（3）基于市场经济是在非均衡状态下运转的这一本质特征，构建非均衡的动态演化模型，模拟、分析和预测资本主义经济运转机制的失衡、失灵和弊端。

（4）用马克思关于资本主义生产方式基本矛盾的分析和唯物史观作为贯穿研究的红线。

（5）用大选现场观摩证据、26年的亲身经历和感受等第一手材料揭示美式民主制度的真相。

（6）在对资本主义经济和政治制度运转机制和本质特征深入研究的基础上制定我们的对策。

——案例：2018年，H博士，国家社科基金应用经济青年项目"基于GEP空间异质性的长江上游流域市场化、多元化生态补偿路径研究"。

3.1 基本思路

本课题遵循"文献综述—理论建构—数据准备—现状分析—实证研究—策略建议"的逻辑思路进行研究内容的安排（见图6-2），从流域视角，对长江上游生态补偿的GEP价值核算、补偿区域选择、补偿标准制定、市场化、多元化生态补偿实现路径、生态补偿差异化政策建议进行理论和实证研究。

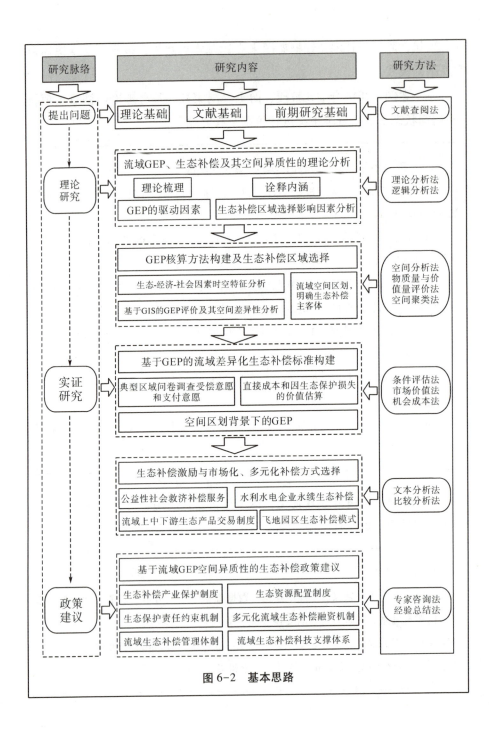

图 6-2　基本思路

——案例：2024 年，L 副教授、博士，国家社科基金应用经济学青年项目"全息流域分工下环保税生态大保护联动效应及协同路径研究"。

2. 研究思路

本课题遵循了**"历史溯源—理论构建—现状刻画—联动效应—情景模拟—协同路径"**逻辑研究过程，以推进"全息流域分工"为视角，紧贴流域"整体性"和"关联性"两大特征，从经济、环境、社会三个维度构建流域分工指数和生态大保护水平指标体系，着力解决溯源、评估、模拟、协同四大任务，从而推进实现提高流域"环保税生态大保护效应"这一最终目标。研究思路如图 6-3 所示。

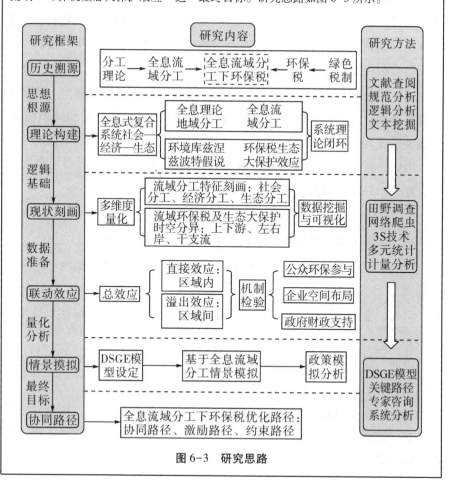

图 6-3 研究思路

四、重点难点

1. 定义解析

"重点难点"是近几年申报表格中的重点内容，曾一度被取消，又一度被恢复。重点一般理解为本项目研究的重点内容，也可以扩展理解为开展本项目研究的重点工作或重点环节，在描述过程中要尽可能简洁明了。重点也可以是研究内容之外的科研组织工作，比如一些民族特色村镇保护研究，其研究重点也可能是调研基地的布局与建设。难点是指开展或完成本项目过程中的困难或障碍。难点既可能是研究内容中的难点，也可能是研究工作之外的一些组织、手段、方法、语言、数据获取等难点。不管是重点还是难点，关键是要体现出申请人对本项目的熟悉程度和认识深度，要能够抓住其中的关键环节。

因此，重点是重点，难点是难点；重点可能是难点，难点可能是重点；重点不一定是难点，难点不一定是重点。

2. 撰写要点

第一，重点难点描述要点不宜过多，重点 2~3 个，难点 1~2 个。

第二，重点难点稳妥起见可以结合主要研究框架的主要内容来凝练撰写。

第三，重点难点要分开描述，对难点进行阐述后要适当描述解决措施或路径。

第四，如果某些重点问题确实也是难点问题，申请人要用精练的语言进行解释说明。

第五，难点问题指的是本项目要解决的难点问题，不是无法解决的难点问题，文字阐述的内容要体现申请人的学术积累和学术自信，不能表现出畏难情绪。

3. 部分案例

——案例：2018年，W教授、博士，国家社科基金管理学一般项目"新时代中国特色社会主义流域生态文明理论研究"。

（三）重点难点

1. **重点**：（1）**新时代中国特色社会主义流域生态文明建设"不平衡不充分"问题探究**。行政单元治理模式与流域单元治理模式、流域内部各系统之间的"不平衡不充分"问题是研究重点。（2）**新时代中国特色社会主义流域生态文明理论框架的维度确定**。剖析各维度的内涵外延、找准各维度的地位作用、探究各维度相互关系是科学构建理论框架的研究主体。（3）**关于流域生态文明建设的典型案例研究**。本课题选取乌江流域为典型案例，由于乌江流域跨行政区域尺度范围广，不同区域协调难度大，构建乌江流域生态文明数据资料库、建立长期跟踪调研基地将是本课题的一项实践中的研究重点。

2. **难点**：生态文明传统行政单元治理模式与流域单元治理模式的融合路径。以自然地理特征划分的流域单元与人为区划为界的行政单元存在的治理区域矛盾是生态文明实践亟待解决的重要难点问题，探索两种模式有机融合的实践路径是本课题拟待解决的难点。

——案例：2018年，L副教授、博士，国家社科基金理论经济青年项目"长江上游地区工业生态集聚及空间差异化策略研究"。

（三）重点难点

1. **重点**。（1）借鉴可持续转型领域的相关研究，挖掘驱动长江上游地区工业生态集聚的内在机制及关键因素；（2）采用计量模型分析方法，对长江上游地区工业集聚、工业生态集聚的阶段特征、影响因素及演进路径进行探讨；（3）依据"1+4+17+X"总体布局构想，结合理论与实证分析结果，对长江上游地区的工业生态集聚实施有步骤、有重点、有差别的推进策略。

2. **难点**。（1）工业生态集聚的行为主体、演化规律及空间布局，进行概念、内涵、结构、组织、关系和功能等方面的系统理论阐释；（2）工业"生态集聚度"的指标构建及相应测度方法。

——案例：2020 年，W 教授、博士，国家社科基金民族学一般项目"边疆治理视角下傣族的国家向心力研究"。

（三）重点难点

1. 重点。（1）关于元代之前的傣族的研究成果观点发散，与国家向心力关联度不高。本选题将研究重点之一放在元代之后的傣族及代表性群体的国家向心力与边疆治理关系研究上。（2）分析傣族及代表性群体的国家向心力的多维边疆治理价值是本研究的重点之二。（3）傣族既是跨境民族，又在西南地区与其他民族大杂居与小聚居，在边疆治理视角下透视傣族及代表性群体的国家向心力现实困境是本研究的重点之三。

2. 难点。（1）傣族及代表性群体的国家向心力研究涉及周边多国跨境因素一定程度的张力，也牵涉少数历史波折，科学描述傣族及代表性群体的国家向心力为难点之一；（2）由于历史上有关傣族及其群体的研究成果观点发散，与国家向心力关联度不高，文献史料的全面梳理收集是本研究的难点之二。

——案例：2023 年，Z 副教授、博士，国家社科基金政治学一般项目"中缅边境'驻村干部'助推稳边固边兴边的路径优化研究"。

（三）重点难点

1. 重点：①构建"驻村干部"助推稳边固边兴边的机制框架。在对脱贫攻坚和乡村振兴时期国家政策文本中与"稳边固边兴边"有关责任进行系统梳理的基础上，既需要融合已有的边疆学、政治学、边疆政治学、民族学等学科理论，又需要系统且全面构建其底层逻辑。②提炼总结稳边固边兴边存在的发展困境。特殊环境和现实背景下中缅边境村落"驻村干部"助推稳边固边兴边过程中存在的资源、人口、安全等问题的解读与分析是研究重点。

2. 难点：①"驻村干部"稳边固边兴边数据的收集整理。中缅边境村落相关数据的获取跨度较广、信息量大、难度较大。同时，已有文献史料较少、关联度较低、数据质量较差，较难直接采用。②"驻村干部"助推稳边固边兴边的现状评估。中缅边境村落的自然地理区位特殊，分布零散、特征不一、少数民族众多，语言沟通有障碍，调研方案开展有难度，进而影响其现实情况的调查与分析。

——案例，2024 年，H 教授、博士，国家社科基金应用经济学一般项目"东南沿海典型湿地生态系统的碳汇贸易价值实现路径研究"。

（三）重点难点

1. **重点**：①**湿地碳汇贸易价值评估标准化**。各类湿地生境的碳汇能力和生态功能差异显著，尝试构建湿地碳汇贸易价值评估的标准，确保碳汇贸易价值评估结果的准确性和一致性。②**滨海湿地生态系统碳汇贸易价值实现路径**。依据"资产化过程-产品化过程-市场化过程-运营过程"的演化进路，尝试构建东南沿海湿地生态系统碳汇贸易价值实现的七大体系。

2. **难点**：滨海湿地地区涉及的湿地类型、数量以及相应生物资源的种类繁多，空间分布广泛，数据采集量大。申请人团队已基本覆盖所研究区域，同时聘请省发展和改革委员会、自然资源部门相关管理技术人员作为项目技术顾问协助解决该难点。

五、主要目标

1. 定义解析

"主要目标"是 2015 年《国家社会科学基金项目申请书》新增的项目论证指标，主要考察项目选题在研究对象和主要研究内容（研究框架）明确，重点难点也明确清晰的基础上，最终要解决什么问题，或者达到什么终极目标。比如，假设"课题组去北京参加重大项目答辩"作为一个研究选题，研究对象是课题组，研究内容是如何去北京参加答辩，重点是如何准备好答辩内容，难点是经费，主要目标就是搞定项目。当然也可以设置一个总目标，然后设置几个子目标，或者直接设置几个分目标。目前的立项申请书和评审视角对主要目标没有统一定论。

研究目标（主要目标）简单地说就是本课题需要研究解决的问题，是方向，是靶子，是夜晚航行的灯塔，也是项目研究的终点，还是项目研究最终要解决的科学问题。研究目标起始于起点，但要高于起点，是站在巨人肩膀上，而不是睡在巨人肩膀上。研究目标要体现国家项目研究和成果的创新性和进步性。

2. 撰写要点

第一，注意目标的有限性。一项课题的目标是有限的，预期目标不在于多，而在于聚焦关键问题。

第二，注意目标的多样性。国家社科基金项目作为国家水准的课题，其目标除了学术创新外，亦可考虑在建言献策、人才培养、学科建设、话语权构建等方面的作为。

第三，注意目标的可及性。申请人要让评审专家相信，尽管达到本课题预期的目标是有难度的（难点），但通过课题组的努力，预期目标是可以达到的。如果不考虑学界研究现状、课题组研究基础、研究的保障条件而盲目提出过高的、难以达到的研究目标，将很难得到评审专家的认同。

第四，注意目标的表述与"学术价值和应用价值"的呼应。"学术价值和应用价值"的体现，依赖于课题主要目标的实现。

第五，处理好研究目标与研究内容（总体框架）的关系。研究内容是研究目标的逻辑展开，每项研究内容都是研究目标展开的子问题，这些子问题的解决，服务于最终达到"研究目标"。不能把研究目标当成研究内容的重复，最好先明确研究的总体目标，然后再具体阐述分目标或者对总目标进行具体阐述。

第六，不能写成关键问题的解决（自然科学基金），而应聚焦科学问题的最终解决。

第七，目前也有申请书将主要目标理解为理论目标、应用目标、人才目标等并列式模式，一般以要点式列出来。

第八，由于课题的主要目标是"预期"的，所以在表述时，要避免使用"揭示了""解释了"这样的字眼，而应该使用诸如"力图揭示""致力于构建"等字眼。

第九，常用措辞，如探索、揭示、解释、描述、总结、厘清、构建等。

写申请书常用词汇

3. 部分案例

——**案例**：2017 年，L 教授、博士，国家社科基金应用经济一般项目"农村土地'三权分置'风险与农民权益保障研究"。

> **2.4 主要目标**
>
> **2.4.1 理论目标**
>
> ①尝试把风险管理理论运用到"三权分置"风险理论研究中；②探讨"三权分置"风险形成机理及其与农民权益的关联性；③改进并验证风险综合评价指标体系，探索风险的整合关系及其对农民权益的侵害度，以实现理论创新。
>
> **2.4.2 应用目标**
>
> ①有针对性、有重点地建立起与风险防范相适宜的农民权益保障机制；②向国家及地方有关部门提供《农村土地"三权分置"实施中农民权益保障的建议》政策文本；③项目研究中的实证研究方法以及案例研究为同行开展相关研究提供方法借鉴，研究结论为后续相关研究或同行开展类似研究提供研究基础。

——**案例**：2018 年，T 讲师、博士，国家社科基金管理学西部项目"工业互联网背景下中国制造业企业服务化模式创新研究"。

> **（四）主要目标**
>
> **1. 学术目标**：①构建制造业企业服务化模式创新理论分析框架；②建立能够对制造业企业服务化模式进行评价的指标体系；③将价值网重构理论、价值网理论应用于工业互联网背景下制造业企业服务化模式创新实现路径研究中。
>
> **2. 应用目标**：①准确把握现阶段我国制造业企业服务化模式现状与发展趋势，并对服务化模式分行业进行合理分类；②为工业互联网背景下制造业企业创新服务

化模式提供普适性及操作性强的方法体系；③为政府宏观政策的制定及监管提供对策与建议。

——案例：2019 年，W 教授、博士，国家社科基金应用经济一般项目"典型都市圈进城落户，新市民可持续升级综合评价及保障政策研究"。

2.4 本课题的主要目标

（1）理论目标。结合微观经济学马斯洛需求理论，探究进城落户新市民可持续生计的累积机理，系统构建进城落户新市民可持续生计分析框架，尝试在"以人为核心"的新型城镇化理论方面实现创新。

（2）应用目标。①利用可持续生计总体水平、可持续生计累积及影响因子挖掘和归类的研究结论及方法，辅助都市圈治理决策者精准识别进城落户新市民的可持续生计诉求，并制定差异化的可持续生计保障与促进政策，提高都市圈社会治理能力和效率；②基于进城落户新市民可持续生计保障政策与可持续生计总体水平间有效匹配度的检验结论，设计兼顾"进得来、留得住、发展得更好"的进城落户新市民可持续生计累积保障政策总体框架及具体建议，为有关部门制定和完善"农业转移人口市民化政策体系"提供决策参考。

——案例：2021 年，Y 教授、博士，国家社科基金民族学一般项目"内地高校在读港澳学生的中华民族共同体认同调查研究"。

4. 主要目标

（1）**回应国家需求**。中华民族共同体认同的程度，事关国家统一、民族团结和社会稳定大局。中华民族共同体认同是"一国两制"理论与实践中聚焦的重点问题。

（2）**把脉港澳问题**。本课题基于"提质"和"增效"原则，聚焦社会"利益持份者"之一——内地高校港澳学生，把脉其中华民族共同体认同问题。

（3）**贡献学术力量**。科学评估内地高校港澳青年学生工作的实际成效，积极建言献策，减小港澳大学生的离散倾向，增强其中华民族趋同性。

　　——案例：2023 年，Z 副教授、博士，国家社科基金政治学一般项目"中缅边境'驻村干部'助推稳边固边兴边的路径优化研究"。

> **（四）主要目标**
>
> 　　主要目标是力图梳理总结出边疆地区"驻村干部"助推稳边固边兴边的作用机制和优化路径。具体分为：①理论上，尝试阐释厘清"驻村干部"助推稳边固边兴边的"一核二元"运行机制。②应用上，寻求和总结制约中缅边境村落"驻村干部"助推稳边固边兴边路径优化的关键因素，为边境地区"驻村干部"的工作开展提供指导方案。

　　——案例，2024 年，M 教授、博士，国家社科基金理论经济学西部项目"世界级清洁能源走廊市场化多元化对口协作机制创新研究"。

> **（四）主要目标**
>
> 　　主要目标为建构市场化多元化世界级清洁能源走廊对口协作机制。
>
> 　　**1. 理论目标：**以"'生态+能源'安全"的现实性为出发点，厘清"自上而下+自下而上→'生态+能源'"的逻辑架构，进而建构个人、企业、市场、政府等多主体参与下的"产业互补、资本互通、技术共享、人才互动"双向协作机制。
>
> 　　**2. 应用目标：**定位"走廊"区域对口支援工作的短板和问题，探索战略性能源通道区域贫困帮扶转向共同富裕的现实路径，提出科学有效的市场化多元化对口协作方案和策略建议。

专题七

研究计划及其可行性

一、研究计划

　　研究计划及其可行性可以理解为一个要点来阐述，也可以分开进行阐述。我们建议还是将研究计划和可行性分开阐述，这样更科学一些，可以将研究计划理解为研究的时间计划或进度安排。当我们对国家社科基金项目申请表的填写要点不是很明确清晰的时候，我们建议青年教师不妨多看看国家自然科学基金项目申请书的撰写要点。国家自然科学基金项目申请书中研究计划和可行性都是单列进行阐述和表达的，因此建议这两个要点最好单独描述，这样更清晰妥当。

1. 文字阐述模式

　　——案例：2011 年，W 教授、博士，国家社科基金重大项目"三峡库区独特地理单元'环境-经济-社会'发展变化研究"。

> 本课题计划完成周期为 2012 年 1 月至 2015 年 12 月。具体进度如下：
> 　　（一）课题前期准备阶段（2012.1 至 2012.2）
> 　　课题组成立并召开校内研究人员启动准备会议，进行分工讨论，收集本项目研究所需的前期理论、方法相关基础资料。

（二）课题正式启动阶段（2012.3 至 2012.9）

1. 课题组召集××大学、××大学等合作单位以及项目组全体人员召开项目启动会议，进行分工讨论，收集整理各子课题的前期理论、方法相关基础资料，并成立项目秘书组，秘书由专人担任，负责通报项目组各子课题动态研究信息。

2. 课题组在××大学社科处和××研究中心共同组织下，在重庆市哲社规划办及全国哲社规划办领导和专家组的指导下进行正式升题报告论证会。

3. 子课题 1~5 的研究人员对三峡库区独特地理单元人口、资源（土地）、环境、经济、社会 5 个子系统的历史与现状进行梳理，并进行第一次全面系统调研，分析和做阶段性小结。

4. 全体子课题研究人员根据现有文献资料、统计年鉴等展开本项目的基础性研究，并设计调研方案、数量分析模型、3S 技术与设备、调查问卷，筛选重点调研区域等。

（三）课题研究重点研究阶段（2012.10 至 2013.9）

1. 课题组召开第二次全体会议和专家咨询会，总结课题第一阶段研究工作和部署下一步研究工作；对本阶段存在的重要、关键和难点问题进行咨询。

2. 开展子课题 6、7 的基础理论研究及模型构建，重点研究复合生态系统管理基础理论、方法研究、生态系统空间格局分析、生态系统生态过程与动态演替分析、生态系统健康度评价以及对决策支持系统研究理论模型进行初步构建。

3. 课题组成员对三峡库区独特地理单元内典型区域进行第二次重点调研，尤其是对人口、资源（土地）、环境、经济、社会 5 个子系统之间的互动和耦合性进行重点调研。

4. 根据本阶段的调研资料和阶段性研究成果，对子课题 1~5 进行系统研究和阶段性总结。

5. 根据子课题 1~7 的研究进展和阶段性成果，举办 1 次 30~50 人规模的有关"三峡库区后续移民安稳致富"的中小型学术研讨会，并出版论文集。

（四）课题研究攻坚阶段（2013.10 至 2014.9）

1. 对子课题 1~5 进行深度剖析和总结，并在课题 6 的全体成员组织下，组织子课题 1~5 负责人及成员召开 2~3 次内部研讨会，探讨 5 个子系统之间的内生和外在的关联度，为课题 6 的研究奠定基础。

2. 课题 1~5 在两次全面深入的实地调查和建立的长期跟踪调研观测点基础上，梳理总结并出版《三峡库区移民生态工业园区典型案例调研报告》《三峡库区城乡统筹试点县调查报告》《三峡库区典型移民村镇安稳致富调查报告》。

3. 在子课题1~5的较为系统、全面的研究成果基础上，课题6、7的成员对子课题进行重点理论攻关和决策支持系统的模拟；子课题8同时展开有关政策体系的构建研究工作。

4. 根据子课题1~8的研究进展和阶段性成果，举办1次70~100人规模的全国性（条件允许可能举办国际性）学术会议，会议主题"流域生态与流域经济学：理论与实践"，并收集优秀论文、公开出版论文集。

（五）课题实证与结题验收阶段（2014.10至2015.9）

1. 课题1~7再次对库区进行实证性实地调研和模型模拟，听取各方面专家及领导的意见和建议。

2. 课题8进行集体攻关，对于政策体系构建进入全面深入研究阶段，并请湖北和重庆移民局、发展改革委等有关部门的领导和专家，对政策体系设计的可行性进行反复论证。

3. 按照课题分工，各子课题完成各子项目报告。

4. 在首席专家组织下各课题组组长对本项目进行全面总结，并形成结题报告。

（六）课题实证与结题验收阶段（2015.10至2015.12）

1. 召开课题终期成果研讨会，进一步听取各方面专家及领导的意见和建议。

2. 按照课题分工完成项目总报告，完成课题结题报告并提交评审验收。

——案例：2018年，T副教授、博士，国家社科基金理论经济一般项目"川陕革命老区小农户转型成长与农业现代化有机衔接研究"。

3.3 本课题研究计划

整体研究共计4个阶段，各阶段的内容及要达到的要求如下：

阶段Ⅰ：2018.07—2018.12　细化研究方案，收集文献资料，梳理研究理论，总结改革开放以来小农户与农业现代化有机衔接的历史经验。

阶段Ⅱ：2019.01—2019.09　问卷调查和访谈川陕革命老区小农户转型成长及其与农业现代化有机衔接现状，形成调查报告，评价衔接效果。

阶段Ⅲ：2019.10—2020.09　在理论分析和前期调研的基础上，开展"典型探索""困境分析"和"解决策略"三个部分内容的专题研究，发表相关学术论文。

阶段Ⅳ：2020.10—2021.06　综合前期研究，完成"川陕革命老区小农户转型成长与农业现代化有机衔接研究"书稿，申请结题。

2. 表格罗列模式

——案例：2022 年，C 博士，国家社科基金应用经济学青年项目"绿色金融赋能川滇黔毗邻地区生态产品价值实现路径研究"（见表 7-1）。

表 7-1 研究步骤和进度安排

研究进程	研究工作	拟组织的活动	阶段性成果
第一阶段 2022.07—2022.12	研究方案准备		
	整理文献资料 收集基础数据 设计研究方案	组织学术研讨会 搭建相关数据平台 启动现场实地调研	撰写研究方案 完成文献综述
第二阶段 2023.01—2023.06	现状调查与数据构建		
	调研毗邻地区生态产品现状 调研绿色金融现状政策机制 分析调研发现问题以及挑战	金融机构调研 参加学术研讨	建设绿金数据库 构建评价指标体系
第三阶段 2023.07—2024.12	理论构建和实证研究		
	构建生态产品价值理论模型 搭建计算系统进行模拟仿真 运用地区数据进行实证分析	农户访谈 模型搭建 论文撰写	形成研究报告 发表论文 2~3 篇
第四阶段 2025.01—2025.12	对策研究与项目结题		
	撰写结题报告和研究论文	专家访谈 决策建议撰写 整理结题材料	提交决策建议 1~2 份 提交结题材料

3. 工程进度图表达模式

工程进度图表达模式借鉴了工程项目申请竞标书的模式，其优点是图形美观，时间和研究内容、进度一目了然（见图 7-1）。

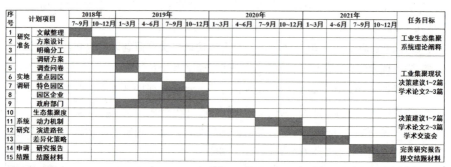

图 7-1 工程进度图表达模式

二、研究可行性

可行性可以理解为本项目涉及的各种理论、技术、条件、设备、所在平台以及研究者本身之外的有关人员、学科、合作单位等，对支撑本项目顺利开展的可行性。需要注意的是，2021 年以前申请书的表格三需要填写"完成本课题研究的时间保证、资料设备等科研条件"，但此后更新的历年申请书都删除了这一条要求，以避免与活页部分的内容重复。

可行性可以从内部和外部两个维度进行考量和阐述。内部维度主要从队伍结构、学科组成、数据库建设、研究思路方法等进行阐述。外部维度可以从外部数据获取、问卷调查、合作单位、野外调研基地建设等外部研究条件进行阐述。在撰写的过程中，申请人应尽量用数据来展现自己的前期科研基础和平台实力，有价值的"数字"比千篇一律的"抒情文学"更能打动评审专家。

此外，可行性分析可以参考国家自然科学基金项目可行性分析范式。国家自然科学基金项目可行性分析是说服评审专家的第二次机会，可以从成熟的理论基础（理论上可行）、研究目标在现有技术条件下的可实现性（技术上可行）、本单位现有技术设备实验材料的完备性（设备材料可行）、课题组成员完成课题能力（知识技能上可行）等几方面分层次论述。因此，我们可以通过学习国家自然科学基金项目可行性分析来给国家社科基金项目申报提供有益启示。

申请人尤其是地方高校的申请人，要有扎根精神和持之以恒的毅力，针对研究的问题，要提前进行有针对性的调研和预研，夯实自身条件。研究基础较为薄弱、所在平台优势不明显的申请人则需要寻找比自己单位科研实力更强的合作伙伴，共同开展科研，以便分享他们的软硬件条件，充实自己的申报材料。

——案例：2011 年，W 教授、博士，国家社科基金重大项目"三峡库区独特地理单元'环境-经济-社会'发展变化研究"的可行性分析。

三、可行性分析

（1）依托单位具备完成本项目的各种条件

本项目依托单位××大学地处三峡库区，是重庆市唯一一所财经类高校，三峡库区是学校科学研究的主战场，取得了丰硕的研究成果。××大学××研究中心是重庆市唯一一个部市共建的**教育部人文社科重点研究基地**，中心下辖两个重庆市人文社科重点研究基地——**区域经济研究院和产业经济研究院**，与中国社科院联合共建"经济分析与预测联合调研基地"；与重庆市经济委员会联合共建"重庆市园区经济咨询中心"。近年来，中心紧密结合重庆市经济社会发展需要，以长江上游经济发展-重庆经济发展-三峡库区可持续发展为研究主线，形成了以应用经济为主、经济、社会、环境等多学科交叉融合协调发展的学科研究特色。20 世纪 90 年代以来，×××、×××等多位重庆知名专家、教授持续地对三峡库区移民外迁、扶贫开发、城镇功能恢复重建、产业结构调整、生态保护与环境监测、园区规划等若干领域展开深入研究。经过多年的学术积淀，培育了三峡库区经济社会发展研究的领军人物，形成了一支梯队完整、结构均衡、创新力强的高水平学术队伍。同时，中心得到了国务院××办公室的大力支持。"十一五"期间，中心专兼职研究人员在三峡库区和重庆地方经济发展、区域经济理论与政策、城乡统筹发展、产业发展与政策、人口资源与环境经济学等领域主持科研项目近 100 项，其中国家级科研项目 14 项，获省部级以上奖励 35 项；发表各类学术论文 401 篇，出版专著 41 部。中心还积极服务国家区域经济社会发展，先后主持重大课题"关于重庆作为新兴直辖市在全国发展大格局中的战略地位和作用研究""东西部经济差距的比较研究""全国产业布局及西部地区产业发展重点"的研究，研究成果得到市委市政府的高度重视，理论观点及政策建议被相关部门采纳借鉴。2011 年，中心正积极申报"**三峡库区百万移民安稳致富国家战略**"特殊人才（博士层次）培养项目，该人才培养项目包含"**库区特色产业发展与移民安稳致富、库区城乡统筹与移民安稳致富、库区经济-社会-环境协调发展与移民安稳致富**"三个研究方向。**该特殊项目**与本项目"三峡库区独特地理单元'环境-经济-社会'发展变化研究"紧密相关，为本项目的可行性增添了人才支撑。

（2）合作单位具备完成本项目的各种条件

合作单位××大学××研究中心是我国研究移民经济管理最为权威的研究高地之一，具备开展移民经济、移民社会学、移民管理等领域的各种研究条件。××大学生命科学学院在生态学、环境科学以及地理信息系统等领域在西南乃至全国都有重要影响，已经建立了拥有较好软硬件条件的空间信息技术研究实验室，如"生物多样性保护信息中心""世界自然遗产信息中心"以及合作的"生态管理与空间信息技术中心"。××环境科学研究院具备优势明显的监测及科研能力。经过多年的建设和发展，该院目前已成为集环境监测、环境科学研究、环境区域规划、环境影响评价、环境污染治理技术开发与工程设计、环保科技产品开发于一体的综合性环境监测、环境科学研究机构。形成了由环境监测、水环境研究、大气环境研究、生态环境研究、噪声污染防治研究、环境规划、环境影响评价、清洁生产咨询、环境污染处理处置工程技术研究等组成的学科体系，能够承担国家大型科研项目的科研队伍。

（3）研究队伍与学科配置具备完成本项目的能力

本项目属于多学科交叉项目，涉及的学科面广、学科融合度要求高，学科交叉性强等特点。项目组成员年富力强，分别从事区域（流域）生态学、3S技术、人口资源与环境经济学、信息系统与信息管理、环境管理与规划等领域研究，梯队成员具有较好的前期合作研究基础，子课题负责人均是该领域研究的知名专家学者。首席专家现为教育部人文社科重点研究基地××大学××研究中心常务副主任、重庆市人文社科重点研究基地区域经济研究院常务副院长、重庆市人口资源与环境经济学学术技术带头人，环境科学与工程领衔导师、区域经济学专业硕士导师，10多年来一直致力于"人口-资源-环境-经济-社会协调可持续发展"研究，并围绕该领域在污染生态学、人类生态学、旅游生态学、环境生态学、区域生态学、产业生态学领域多有涉猎，并具有良好的交叉学科研究基础、优势和项目组织协调能力。与此同时，申请人曾于2005—2006年前往加拿大 Agricultural Science Department, McGill University 做高级访问学者，与系主任 John Henning 博士合作从事区域农业生态管理研究一年，已经建立了长期的国际合作关系，在最新学术资源共享方面具备了良好的外部基础。

在学科配置上，本项目子课题负责人和主要成员分别来自移民经济与管理、人口迁移、区域经济、产业经济、数量经济、宏观经济与政策、土地资源管理、地理信息系统、计算机科学、污染生态学、环境科学、环境工程、社会学、技术经济与管理、环境政策、环境管理、环境与资源保护法学等学科领域，加上项目组成员之间的长期合作，学科交叉融合度较好，为项目研究在学科交叉融合问题上提供了现实基础。

——案例：2020 年，H 副教授、博士，国家社科基金人口学一般项目"长江上游地区生态移民养老风险的空间识别及'微治理'研究"。

2. 可行性分析

（1）**前期成果和数据支撑**。①**前期成果支撑**。申请人近年来围绕长江上游地区移民问题，先后主持完成了与移民相关的国家社科基金项目 1 项（结题等级"良好"）、省部级项目近 10 项（含 3 项重点项目）、市级项目近 10 项，主研国家社科基金项目 2 项、省部级项目 8 项；撰写 10 余部关于移民问题的研究报告；发表 CSSCI、北大核心等论文近 30 篇，大部分与移民相关；主笔撰写的 2 份资政报告分别得到习近平、刘鹤等领导人的肯定性批示以及被中央统战部内参《零讯》采纳。②**数据支撑**。近年来，申请人联合重庆工商大学、贵州生态移民局的专职学者和业务官员，专注于"移民安稳致富"的研究，形成政—学—研结合的专业化联合智库。申请人数次带队考察三峡库区、贵州、云南、四川等，收集问卷 3 000 份、资料 200 余份，近 30 万字。申请人建立了特色数据库以及移民安稳致富的跟踪调研点，为本课题研究奠定了基础。

（2）**学术平台和文献准备**。课题组可以借助教育部人文社科重点研究基地——长江上游经济研究中心这个学术平台开展研究。长江上游经济研究中心建有"长江上游经济研究数据库""移民安稳致富数据库"等多个特色专题数据库，在 151 个教育部重点基地中社会服务能力位居第 12 名，决策支持能力位居第 8 名，对本项目在研究手段、技术上将给予足够支持。此外，申请人所在部门藏有大量相关研究成果、调研报告、统计资料以及数据库等文献，课题组依托这些研究平台实现资料、数据和调研点的共享。

（3）**团队结构和团队能力**。团队成员既有专职教师，也有业界专业人士、政府部门主管，形成优势互补和资源共享。成员以中青年居多，年龄、职称、专业搭配合理，既有擅长理论分析的研究者，又有擅长人口统计分析、空间分析的研究者。部分来自移民局的成员可以利用其工作岗位优势，除承担课题研究外，还可以为课题组深入实地调研提供方便，提高研究效率。其他成员来自高校，均有丰富的课题研究经验和论文撰写能力。

（4）**研究视角和研究方法**。①**研究视角的可行性**。长江上游地区生态移民养老风险"微治理"问题的研究，不仅有利于科学预见、防范化解生态移民养老风险，而且是我国生态移民养老风险治理体系改革的试金石，对于进一步落实党的十九大、党的十九届四中全会的重要精神，从而形成可复制、可推广、可持续的经验具有重要战略意义。②**研究方法的可行性**。针对本项目的研究方法，申请人已经在 CSSCI 来源期刊上发表相关文章 5 篇，撰写 5 部研究报告，形成了方法积累，因而在技术上能够保障项目顺利开展。

——案例：2021 年，T 博士，国家社科基金应用经济青年项目"代际传递视角下'整村搬迁'富民效应动态评估及提升路径研究"。

2. 可行性

（1）**所在单位特色学科的有力支撑**。申请人所在单位在民族学、生态学、生物学、特色资源开发与环境保护研究等学科群有 30 个学科进入全国前 70%，为本课题提供了多学科优势资源交叉互补的研究基础保障。

（2）**团队具备调研基础与能力**。申请人所在单位及合作平台在西南少数民族地区、乌江流域、武陵山区等区域都建有长期田野调查基地和调研实训基地；围绕三峡库区移民连续参与开展了 5 年问卷调研，建立移民生计专题调研点、特色数据库、典型案例库和口述史资料库，具备丰富的调研经验。

（3）**团队课题研究基础扎实**。一名团队成员近年围绕工程移民专题主持了 2 项国家社科基金项目，其他成员均参与或主研过国家社科基金项目及省级课题，且在人口、资源与环境发展领域均有系列相关研究成果产出。

（4）**申请人研究基础可行**。申请人先后发表论文（含报刊）25 篇；主持课题 3 项，参与国家社科基金重大项目和教育部人文社科重点研究基地重大课题等 8 项；参与撰写著作 4 部；撰写资政建言 13 篇，多篇获省部级批示，1 篇被全国政协十二届五次会议立案（2017 年，第一主笔）。

——案例，2024 年，M 教授、博士，国家社科基金理论经济学西部项目"世界级清洁能源走廊市场化多元化对口协作机制创新研究"。

（六）研究可行性

1. 研究基础和数据支撑

（1）**研究基础**：申请人长期关注能源可持续发展。主持国家社科基金项目 1 项，参研国家社科基金重大、重点等项目 4 项；主持相关领域省级项目 7 项。在重要期刊发表相关主题文章近 40 篇，主笔的决策建议被有关部门采纳 10 余份，部分决策建议获得省部级领导肯定性批示。

（2）**数据支撑**：申请人熟练使用 STATA、MATLAB、ArcGIS 等软件，熟练掌握协作机制评价、空间差异分析以及区域规划等研究方法。通过对长江上游流域、六大梯级电站所在区域的调研，申请人整理了 2009 年以来清洁能源走廊建设数据，初步建立了世界级清洁能源走廊建设微观数据库。

2. 平台支持和团队构成

（1）**平台支持**：课题组围绕水利水电库区对口支援、产业协作及可持续发展等领域主持、主研多项课题，取得系列研究成果，理论功底扎实、研究经验丰富，为本研究准备了充分的前期资料。同时，课题组同水利局以及对口帮扶办等政府部门建立了良好的合作关系，可从多渠道获得信息支持。

（2）**团队构成**：课题组成员包括高校专职教师及业界专业人士，研究工作量及时间计划合理，学科结构搭配得当，研究专长涉及区域经济、能源管理、农业经济、低碳经济等，均与本课题密切相关，优势互补。

专题八

创新之处

　　创新之处要求从学术思想、学术观点、研究方法等方面的特色和创新视角进行凝练和阐述。

一、定义解析

　　国家社科基金项目的"创新之处"是指项目在学术研究中所展现的独特性和新颖性。创新之处这个要点本来和以往的表格内容没有什么差异，但由于 2014 年以后，申请书中的每一个指标都标注了一个填表提示性说明"在学术思想、学术观点、研究方法等方面的特色和创新"，这个说明反而让很多申请人无所适从，不知道该怎么填写，以为学术思想、学术观点、研究方法这三个方面都一定要有特色和创新。

　　笔者认为，这是一种机械式的解读。一个国家社科基金项目，研究时间不长，研究经费有限，研究队伍也不是很大，尤其是青年项目还对所有参与人员年龄有严格限制，怎么可能有那么多创新和特色呢？笔者认为，申请人在描述创新之处的时候一定要根据自身项目的实际来描述，甚至可以不用太在意后面的描述说明，有一两点创新之处即可，如果有更多的创新之处当然更好，但这也不是必需的。另外，项目描述具有自身特色也行，不一定非要去写比特色的层次更高、难度更大的创新之处。

2014 年以后，申请书的创新之处的说明中增加了学术思想和学术观点两个要点，笔者认为也可以把这两个要点理解为 2014 年之前评审专家特别重视但很多青年学者不知道如何填写的要点。因此，学术思想和学术观点一定是申请人独立思考、对研究选题或领域有别于他人和前人研究成果的"旗帜鲜明"的科学认识与判断。

从改革后的申请书对创新之处的描述来看，基本有两种表达模式：第一种表达模式是继续 2014 年以前的表达模式，即直奔主题，直接描述创新之处具体的点，也不去理会是否与学术思想、学术观点、研究方法一一对应。可能几个创新点都是属于学术思想方面的或学术观点方面的，也有可能是包含研究方法方面的创新。第二种表达模式就是与学术思想、学术观点、研究方法三个方面一一对应进行描述。后文给出了类似的案例供读者参考。

2014—2023 年，申请书的这种补充说明给申请人提供了一个解读创新之处的明确路径，就是创新之处其实是很宽泛的，可以从学术思想、学术观点、研究方法三个方面甚至更多的视角进行解读。换言之，创新之处可以从研究内容、研究方法、研究结论与对策等方面进行挖掘，也可以从研究的顶层学术思想、基本学术观点中凝练，甚至可以从研究对象上区别于前人的地方寻找。然而，申请人在描述时一定要清晰、得体，切忌夸大，更不宜使用"填补空白"之类的表达。

2024 年，申请书对项目的"创新之处"减少了"学术思想的创新"。创新之处要求从学术观点、研究方法等方面的特色和创新视角进行凝练和阐述。这一要求不仅提升了创新的标准，更鼓励研究者在项目设计上展现多层次的学术思考和方法论创新。

第一，在学术观点方面，创新不再仅仅意味着对已有理论的简单延续和补充，而是要求研究者能够提出新的学术见解或对现有理论进行深刻的重新审视。这种创新体现在如何突破学术领域内的固有认知，开辟新的研究路径或构建新的理论框架。学术观点的创新需要研究者对研究领域有深刻的理解，并具备独立思考的能力，能够在复杂的学术环境中找到新的切入点，并提出具有学术前瞻性的观点。

第二，研究方法的创新同样至关重要。国家社科基金项目申报明确要求项目不仅要在理论层面有所突破，还要在研究方法上展现独特性和创新性。这意味着研究者需要探索和应用先进的研究技术、跨学科的研究方法，或者开发新的研究工具来应对研究中的挑战。创新的方法能够更有效地捕捉研究对象的复杂性，提供更为精确和深入的分析结果，从而提升研究的整体质量和影响力。

二、判断标准

笔者在判断创新标准上，给出这么几点建议：

一是判断理论是否具有一定程度上或者较大程度上的创新。申报者可以从能否构建全新理论体系（构建全新理论或理论体系难度很大，一般一个国家社科基金项目很难达到这一目标，所以申请人一定要慎重）、能否进一步丰富和完善学科理论体系、能否进一步丰富和完善或拓展学科某一理论、能否有助于新兴交叉边缘学科或领域的形成或为其诞生奠定一定理论基础等宏观、中观、微观视角进行考察。

二是判断方法创新主要从两个视角进行判断：①将其他学科领域的方法首次引入本学科领域开展探索性创新研究和尝试。目前这个路径比较多见，尤其是近年来交叉学科已成为学术创新最活跃的领域，方法的交叉引入也算是创新视角之一。②从方法自身进行考察，即对方法的参数、指标等进行不同程度的修正、完善和拓展。通过这些创新，改进后的方法能够更加科学、客观和精准地分析所研究的理论或现实问题，同时能够更加深入和深刻地探寻科学问题的本质和规律。

三、部分案例

——案例：2018年，L副教授、博士，国家社科基金理论经济青年项目"长江上游地区工业生态集聚及空间差异化策略研究"。

4.〔创新之处〕 在学术思想、学术观点、研究方法等方面的特色和创新。

（1）**学术思想特色和创新**。本课题提出长江上游地区的工业生态集聚思想，拓展了产业集聚常规的"经济"内涵，实现了经济与生态意义的叠加；建构"主体-过程-空间"的理论分析框架，提出分类、分阶段、分园区有序推进工业生态集聚的思想。

（2）**学术观点特色和创新**。集群是集聚的高级空间组织形态。推进工业生态集聚向工业生态集群演进，需要因时、因地而异。本课题提出"面上保护，点上开发"的"保护发展观"，聚焦"1+4+17+X"空间布局框架下各级工业园区的"关停并转"、改造提升与转型升级。

（3）**研究方法特色和创新**。本课题借鉴社会学田野调查方法，对工业园区、园区企业及政府部门进行实地调研，利用深度访谈、问卷调查等方式对微观对象数据、资料进行采集，提出"生态集聚度"的指标构建与测度方法。

——案例：2024年，H教授，国家社科基金应用经济学一般项目"东南沿海典型湿地生态系统的碳汇贸易价值实现路径研究"。

三、〔创新之处〕 在学术观点、研究方法等方面的特色和创新

1. **学术观点的特色和创新**。①湿地生态系统碳汇是一种具有独特自然属性的碳减排手段，应作为减缓碳排放的重要学理工具。②生态系统碳汇贸易价值是经济与生态的统一，包括由碳汇贸易所带来的经济价值，以及提供碳汇服务所带来的生态效益。

2. **研究方法的特色和创新**。基于固碳主体基本属性，选择生态系统服务价值评估法、市场价值法、替代成本法、直接成本法、旅游费用法、碳交易价格法等多种方法，采取分类核算，逐级汇总的原则，最终得出蓝碳的总体经济价值。

——案例：2024 年，L 副教授、博士，国家社科基金党史·党建西部项目"长征时期川滇黔红军文艺宣传史料抢救挖掘与活化利用研究"。

三、［创新之处］在学术观点、研究方法等方面的特色和创新

（一）学术观点

①长征红军文艺宣传是中国革命的一面镜子，是中国共产党领导红军实现伟大征程的文艺实践与审美经验。关注长征红军文艺本体背后的人和事，是艺术价值与革命历史意义的叠加。②红军"战略转移"至多民族聚居的川滇黔地区，其文艺宣传的形式、特征与民族民间艺术有很强的关联性。长征红军文艺宣传是长征历史的活态呈现，人民文艺的生动表达，也是党民族政策的具体体现，与中华民族共同体意识有着密切关系。③中国革命的历史进程滋养了长征红军文艺，长征红军文艺反哺了中华民族现代文明发展，丰富了各族人民共同凝结而成的长征精神及文艺大众化理论体系。

（二）研究方法

①使用人类学田野调查和口述史等方法，收集散落在民间的相关革命史资料普查笔记，红军文艺的碑刻、壁画、口述材料等民间资料。②将红军文艺宣传资料进行影像摄录，将 E-R 模型的设计方法和 3NF 的设计方法等运用于长征红军文艺宣传史料的收集整理与数据库建设。③运用艺术学的舞台场景追溯历史的真实性，并用大数据技术进行推广，将文学艺术还原到中国革命史和军事斗争语境中，进行一种综合式、交叉式、数据化的"话语表达"。

专题九

预期成果

一、定义解析

2024 年之前，预期成果主要包括成果形式、使用去向以及预期社会效益。自 2024 年起，预期成果将"使用去向"修改为"宣传转化及预期学术价值"。这一变化不仅是措辞上的调整，更反映了国家社科基金项目评审对成果的评价标准已不再局限于学术研究的理论深度和科学性，还更加关注研究成果的社会价值及应用价值，进一步强调了研究成果在学术界和社会中的传播与转化。

1. 成果形式与使用去向

成果形式体现申请人的理论与应用相结合的能力，这里的成果形式可以在表格一中成果形式的基础上进行拓展和延伸。成果形式和使用去向要结合起来撰写。申请书的成果形式可以是多样化的，既有理论成果也有应用成果，既有有形成果也有无形成果，既有结题上报的成果也有结题不用上报的成果。用 W 教授 2016 年结题的国家社科基金重大招标项目最后结题成果形式和使用去向作为案例进行展示就一目了然了。

成果形式主要包括论文（集）、专著、译著、辑刊、研究报告、人大代表议案建议及政协委员提案建言、获奖、决策建议、工具书、软件著作权（电脑软件）、教材、人才培养、学科建设、基地建设、数据库建设、案例集、科普成果、学术报告、学术性培训、学术性新闻媒体专访（采访）、其他。

2023 年，国家社科基金立项项目的最终结题成果形式主要有专著、研究报告、论文集、译著、电脑软件等，成果形式多样化明显，没有拘泥于单一形式的产出，更多的是两种及两种以上成果形式的同时产出。从数量上来看，成果形式含专著的项目最多，有 1 938 项，比重为 54.61%，其次是含研究报告的项目，有 1 591 项，比重为 44.83%（见表 9-1）。

表 9-1　2023 年立项项目最终结题成果形式统计

成果形式	数量/项	比重/%	总数量/项
含专著	1 938	54.61	3 549
含研究报告	1 591	44.83	3 549
仅专著	1 563	44.04	3 549
仅研究报告	1 004	28.29	3 549
含论文集	697	19.64	3 549
论文集、研究报告或其他	380	10.71	3 549
论文集、研究报告	360	10.14	3 549
仅论文集	148	4.17	3 549
研究报告、专著或其他	133	3.75	3 549

成果形式一般可以分为以下四大类，其使用去向可以根据成果形式来描述：

第一类是通过学术性出版渠道进行传播的成果，比如论文（集）、专著、译著、辑刊、工具书、教材、案例集等。

第二类是通过特殊资政渠道传播的成果，如成果被各级党委、政府、人大、政协及民主党派各级委员会等采纳、批示或立案等。这个渠道是很多年轻学者不太了解或不太重视的渠道，其实这是一个非常重要的将学术成果迅速转变为党和国家各级政府应用实践成果的重要途径。这类成果形式主要有人大代表议案建议及政协委员提案建言、决策建议、研究报告等类型。

第三类是指所在单位或所在研究领域为同行提供的对科研、学科建设、人才培养等有重要持续支撑作用的间接性研究成果，比如人才培养、学科建设、基地建设、数据库建设、调研跟踪点建设等。

第四类可以理解为其他成果形式，如获奖、软件著作权（电脑软件）、学术性新闻媒体专访（采访）、学术报告、学术性培训等。

成果使用去向主要考察成果的传播渠道和途径，其实只要把学术成果类型清楚地列出来，其成果去向就比较清楚了。但要明确一点，项目资助方是甲方，因此申请人在描述成果形式及成果去向的时候一定要首先考虑资助方的成果需求，否则立项的可能性会大大降低。

2024 年，国家社科基金在其预期成果的要求中，将"使用去向"修改为"宣传转化及预期学术价值"。也就是说，"预期成果"新增了"宣传转化"和"学术价值"。这两点变化不仅仅是措辞的调整，更体现了国家社科基金更加注重研究成果的实际应用和社会影响。从新增的"宣传转化"和"学术价值"两项内容可以看出，国家社科基金项目评审对成果的评价标准已不再局限于学术研究的理论深度和科学性，还更加关注研究成果的社会价值及应用价值。

具体来说，"宣传转化"要求研究成果不仅要停留在学术领域，还应通过多种渠道和形式向公众传播，使其研究内容和研究结论能够为更多的人所知晓，并在社会中得到广泛应用。宣传转化可能包括通过媒体（如短视频、公众号）、出版物、讲座、决策建议等方式，将研究成果有效传递给政策制定者、行业专家、投资者乃至普通公众，从而实现知识向实践的有效转化。"学术价值"强调研究成果在学术界的创新程度和贡献程度，学术价值要突出研究成果在学术层面的新的贡献、新的突破、新的方法、新的视角、新的补充、新的材料、新的证明等。国家社科基金项目更加关注研究成果能否推动相关学术领域的发展，是否为现有理论和实践提供了新的视角和方法。这不仅要求研究者在项目实施过程中具有严谨的学术态度和科学精神，还要求其在项目结题后，能够继续深化和拓展研究成果，为学术界带来持续的影响力。

从这些变化中我们可以看出，国家社科基金项目的政策导向更加务实，强调研究成果的社会价值和学术贡献，促使研究者不仅要在理论上有所创新，更要在实际中发挥研究的价值，为国家和社会的发展贡献力量。

国家社科基金项目需要有一个明确且可预见的成果目标，至少要勾画出一个理想化的蓝图，作为研究者和资助方共同追求的目标和愿景的支撑。如果缺乏这样的理想，项目最终可能难以达到一定的创新高度。国家社科基金项目的立项往往侧重党和国家发展的重大需求，把"米撒出来"是希望项目承担者"能下蛋、早下蛋、下好蛋、下大蛋"，如果申请人是想"吃完米，明天再下"，那就只有饿着了——难以成功立项。

2. 预期社会效益

一般国家社科基金项目研究成果的效益可以分为经济效益、社会效益和环境效益等。虽然表格上要求填写的是社会效益，但内容可以不仅限于社会效益，比如围绕生态文明、绿色发展、生态经济等领域立项研究的项目，其除了社会效益之外应该还有经济效益、环境效益。一般这些效益的描述都以定性为主，社科研究效益多数是间接效益，所以一般不太可能像各级科技管理部门的项目那样，比如科学技术部的 863 计划和 973 计划、重大支撑计划和省级科委项目，其经济效益等考核的技术指标那样明确具体。

二、注意事项

成果形式要明确具体，不要含混不清；要量力而行，不要好高骛远；要理论联系实践，不要空空如也；要结合实际，具有战略考量；要结合需要，实现名利双收。要言之有物，要谦虚谨慎，不要好大喜功。

三、部分案例

——案例：2011 年，W 教授、博士，国家社科基金重大项目"三峡库区独特地理单元'环境–经济–社会'发展变化研究"最终研究成果的形式及使用去向。

> **最终研究成果的形式及使用去向**
>
> 1. **研究报告**：最终完成"三峡库区独特地理单元人口演变及未来趋势研究""三峡库区独特地理单元土地利用格局变化与环境效应研究""三峡库区独特地理单元生态环境变迁与环境承载力研究""三峡库区独特地理单元产业结构升级及布局优化研究""三峡库区独特地理单元公共服务均等化与城乡统筹研究"等 8 份子项研究报告及《三峡库区独特地理单元环境–经济–社会发展变化研究》总报告。
>
> 2. **系列论文**：撰写 25~30 篇学术论文，在境内外有关的重要学术刊物上发表或将其提交到国内外学术会议。
>
> 3. **决策咨询报告（建议）**：撰写 10~20 份高质量决策咨询报告或建议提交全国哲学社会工作规划办公室、教育部、国务院三峡建设委员会办公室，以及重庆、湖北两省（市）发展改革委、移民局（办）、经信委（局）等相关部门，以供参考和借鉴。
>
> 4. **特色专题数据库**：建立和完善"三峡库区环境–经济–社会动态监测管理特色数据库"，供项目组所在单位以及国内外研究三峡库区学者参考和教学、培养人才使用。
>
> 5. **论文集**：在举办两次全国性和区域性学术研讨会的基础上出版《流域生态与流域经济学：理论与实践》《三峡库区后续移民安稳致富：理论与实践》两部。
>
> 6. **跟踪调研观测点（站）**：建立和稳定有关"三峡库区城乡统筹""三峡库区后续移民村镇安稳致富""移民生态工业园区"等系列长期跟踪调研观测点（站）10~20 个。
>
> 7. **调研报告或案例汇编集**：根据调研结果出版《三峡库区移民生态工业园区典型案例调研报告》《三峡库区城乡统筹试点县调查报告》《三峡库区典型移民村镇安稳致富调查报告》《三峡库区后续移民村镇安稳致富》等调研报告或案例汇编。

8. **专著**：出版《三峡库区独特地理单元复合生态系统研究》。

9. **教材**：出版《流域经济学论纲》，供全国本科生选修课、研究生和博士生专业课参考。

10. **决策支持系统软件一套**：开发设计一套国家授权的复合生态系统管理决策支持系统软件。

——案例：2011 年，W 教授、博士，国家社科基金重大项目"三峡库区独特地理单元'环境-经济-社会'发展变化研究"结题成果形式和使用去向。

九、课题主要成果

项目成果产出遵循特色化、应用性原则，成果表现形式多样，包括1 份总报告、6 份专题分报告（1 份生态环境专题报告、1 份土地利用专题报告、1 份经济专题报告、1 份基本公共服务专题报告、1 份人口专题报告和 1 份环境-经济-社会耦合专题报告）、1 个服务国家特殊需求的"三峡库区百万移民安稳致富"博士点人才培养项目、22 份重要决策建议和提案、7 部学术专著、1 套三峡库区可持续发展系列案例集、1 套流域经济·管理与可持续发展系列丛书、1 本科普读物、1 套连续出版物《流域经济评论》辑刊、2 本研究生和博士生试用教材、近 90 篇学术论文、1 个公益性和学术性的网络开放平台、1 个收录宏观数据的三峡库区数据管理系统、1 套定期连续追踪调查三峡库区经济-社会-环境发展的综合调查问卷、1 套服务国家特殊需求的应用型交叉学科人才培养模式、多个库区跟踪调研基地和系列学术会议等，如图 9-1 所示。

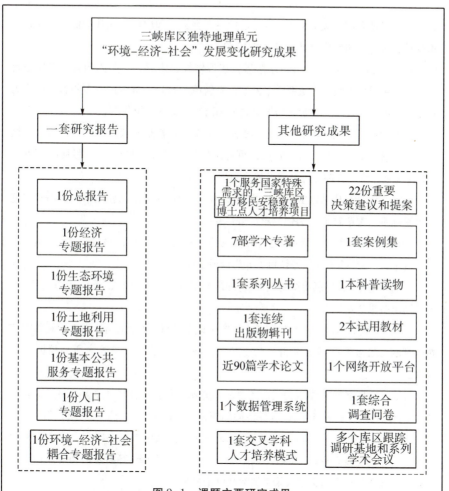

三峡库区独特地理单元
"环境–经济–社会"发展变化研究成果

一套研究报告

其他研究成果

1份总报告

1份经济
专题报告

1份生态环境
专题报告

1份土地利用
专题报告

1份基本公共
服务专题报告

1份人口
专题报告

1份环境–经济–社会
耦合专题报告

1个服务国家特殊
需求的"三峡库区
百万移民安稳致富"
博士点人才培养项目

7部学术专著

1套系列丛书

1套连续
出版物辑刊

近90篇学术论文

1个数据管理系统

1套交叉学科
人才培养模式

22份重要
决策建议和提案

1套案例集

1本科普读物

2本试用教材

1个网络开放平台

1套综合
调查问卷

多个库区跟踪
调研基地和系列
学术会议

图 9-1　课题主要研究成果

（一）以本项目为重要支撑，×××申报服务国家特殊需求的"三峡库区百万移民安稳致富"博士点人才培养项目成功获国务院学位委员会审批，国家重大社科基金项目首次与"服务国家特殊需求博士人才培养项目"试点工作有机结合和融合，实现将课题研究与教学改革、学科建设和服务国家战略任务需求紧密结合，为国家社科基金重大招标项目如何推进地方高校由量到内涵式发展提供了鲜活样本。

（二）项目组成员参加撰写完成 22 份重要决策建议，呈报 19 份，获得多位中央领导同志以及多位重庆市领导、九三学社中央委员会和中国人民政治协商会议重庆市委员会等部门领导重要批示或采纳12份。

（三）出版7部专著，专著出版后，获得较好学术评价，国内知名学者发表重要书评，主要学术观点被重要学术网站公开转载和报道，被全国众多销售集团作为重要图书推介和发售，并被多所著名高校和研究机构图书馆收藏。

（四）从流域可持续发展视角，结合三峡库区独特地理段元，在国内首次连续性出版2套案例集，1套为三峡库区可持续发展系列案例集（××出版社印刷中），1套为流域经济·管理与可持续发展系列丛书。

此外，该系列丛书自出版以来馆藏于××大学等40余所高校图书馆。部分研究成果受到重庆都市频道《为你喝彩》节目专访。

（五）出版1本旨在深入推进三峡库区等主体功能区建设的科普读物（××出版社印刷中）。重庆市有关领导认可，并为该科普读物作序。

（六）出版1套连续出版物《××××评论》辑刊（××出版社出版），已出版2辑，拟近期出版第3辑。

（七）出版2本硕士研究生和博士研究生试用教材。2本书出版以来，被放在京东图书网、当当图书网等网络平台上销售，被××大学图书馆等多所高校图书馆收藏。

（八）发表近90篇学术论文，其中在《光明日报》《新华文摘》《中国工业经济》《中国人口·资源与环境》《经济问题探索》《长江流域资源与环境》等CSSCI来源刊、CSSCI扩展刊、CSCD来源刊、CSCD扩展刊及中文核心期刊上发表论文近60篇，在 *Asian Agricultural Research* 和 *High Technology Letters* 等国外期刊公开发表论文2篇，另2篇英文论文被收录于国际会议论文集。

（九）创建1个公益性、学术性的网络开放平台，实现对国内外流域经济、流域管理以及水利水电库区等前沿问题进行跟踪研究，并实时推介最新相关学术动态及成果。

（十）基本建成水利水电库区特色数据库，包括1个收录宏观数据的三峡库区数据管理系统和1套定期连续追踪调查三峡库区经济-社会-环境发展的综合调查问卷。

（十一）基本建立了多个典型库区移民和非移民的长期跟踪调研基地，并进一步在库区建立工业园区、农业园区和典型企业中建立长期跟踪调研基地。

（十二）总结出 1 套基于教学、应用实践、管理制度三方面的"六个五工程"的服务国家特殊需求的应用型交叉学科人才培养模式，塑造出与社会需求较好对接的应用经济学研究生培养的特色与品牌。

该成果获得××大学 2016 年高等教育教学成果奖特等奖。部分高校应用经济学研究生培养单位对相关成果予以采纳和开展学习交流。

（十三）围绕水利水电库区和流域可持续发展召开系列全国性学术会议或高峰论坛。

会议吸引众多媒体关注，××门户网等多家媒体全程参与报道，其中部分重要成果获××门户网关注，刊载于中央党报。

（十四）其他。包括软件著作权、课题组成员参加的其他学术交流等。

——案例：2018 年，W 教授、博士，国家社科基金管理学一般项目"新时代中国特色社会主义流域生态文明理论研究"。

五、预期成果：成果形式、使用去向及预期社会效益等

（一）成果形式

（1）研究报告：1 份，30 万字。（2）学术论文：10～15 篇。（3）决策建议：10～15 篇。（4）特色资料库：流域生态文明文献资料库、基础数据库、乌江流域实践案例库。（5）调研基地：选取贵阳、遵义、武隆、涪陵等流域生态文明调研基地。

（二）使用去向及预期社会效益

（1）研究报告提交国家社科办，服务于国家决策。（2）学术论文发表在高层次期刊。（3）成果要报将报送全国哲学社会科学工作办公室，决策建议将报送九三学社、中央统战部及市委市政府。（4）智库共享给地方政府相关部门及相关学者，为其提供决策参考及学术支撑。（5）调研基地将共享给多个高校研究机构及地方政府相关部门。

——案例：2024 年，L 副教授 、博士，国家社科基金党史·党建西部项目"长征时期川滇黔红军文艺宣传史料抢救挖掘与活化利用研究 "。

四、[预期成果] 成果形式、宣传转化及预期学术价值和社会效益等。

（一）成果形式

1. 阶段成果： ①学术论文 1~3 篇；②资政建议 1~2 份；③长征红军文艺宣传史料信息数据库 1 个。

2. 最终成果： 研究报告 1 份，20 万字。

（二）宣传转化及预期学术价值和社会效益

1. 学术交流。 课题组将积极参加国内外相关领域的学术会议，推广课题的研究成果。

2. 媒体宣传。 课题组将通过新闻媒体、社交媒体等渠道，广泛宣传课题的研究成果，提高公众对长征时期川滇黔红军文艺宣传的关注度和认知水平。

3. 政策咨询。 课题组将积极与政府部门、教育机构等合作，为政策制定和实施提供咨询和建议，推动相关政策的完善与优化。

4. 加强文化建设。 数据库供党史研究相关机构和文艺爱好者共享，继承革命文化，发展社会主义先进文化，支持文化强国建设。

5. 助力旅游开发。 研究成果提供给文旅部门，推动红色文化资源的开发和利用。

6. 促进社会教育。 课题组将通过宣讲、培训、授课、公益活动等，提升公众对红色血脉的赓续，对红色基因的传承。

专题十

参考文献

一、定义解析

参考文献不是项目申报的核心考察点，但不加重视有可能会成为阻碍项目最终立项成功的负面考察点。通讯评审专家和大评委专家都是行业领域中顶级的专家，这些专家们通过参考文献的系统性、时效性、全面性、权威性、规范性就可以考察申请人的学术功底如何。如果专家通过查看参考文献发现申请人学术功底一般，他就会对整个申请书甚至申请人是否有能力顺利完成项目产生重大疑问，但对这种疑问申请人没有机会解释或辩解，一旦专家带有这样的疑问或情绪去考察评估你的申请书时，就会挑出一系列的问题，除非你的申请书在其他地方毫无瑕疵。尤其是近年来，通讯评审专家和大评委专家都是40~60岁的专家，绝大部分是经历了严格科班训练，具有博士学位、教授职称并且在各自研究领域都属于"翘楚"的专家。因此参考文献罗列一定要慎重。以往的申请书要求参考文献不能超过10项，同时参考文献还不能列入自己的文献，这就更加考验参考文献罗列的技术和技巧了。

总体而言，参考文献的选择和编辑要注意"系统性、时效性、全面性、权威性、规范性"。

第一，系统性。2014年以后的申请书明确要求国内外综述更名为"国内外相关研究的学术史梳理及研究动态"，学术史的梳理本身就包含了文献综述的系统性和历史脉络的延续性整理，因此文献的选择和罗列首先要有系统性。

第二，时效性。文献选择不仅要求系统性，还要求时效性，这也是国家社科基金项目和其他项目的差异之一。解决党中央、国务院和各级地方政府当前关注的重点难点问题是国家社科基金项目的重要使命之一，因此，文献也要求最新最前沿，比如每年国家年度经济工作会议、每年全会报告、近期国家领导人的重要讲话等都是最新最值得借鉴的文献。因此，文献不仅包括当年度学术期刊的最新研究文献，还包括这些重要文件、会议精神文献。

第三，全面性。全面性可以从两个视角考量：第一个是历史视角，既然是学术史梳理，就意味着要有该领域发端之初的文献，比如经济学可能要追溯到亚当·斯密时期甚至更早的文献，同时也要有最新的文献；第二个视角就是要求既要有国内文献，也要有国外文献。当然除了个别没有国内或国外文献的特殊学科或者问题。

第四，权威性。申请书内容本身字数有限，以前限制在4 000字以内，2014年后可以有7 000字，但还是相对有限，不可能将研究领域所有文献全部选择和罗列出来。这个时候选择权威性的文献就很有意义。为了提高命中率，笔者认为权威性要兼顾两点：第一点是项目研究领域国内外学界公认的权威级的学者的文献；第二点就是国内小学科专家的文献。换言之，你的申请书选题可能会进入那些通讯评审专家或大评委专家手里，这个时候能够在选择上兼顾当然更好。同时，申请人要处理和规避好国内学术界派别之争的问题。

第五，规范性。参考文献在形式上尤其要注意排列的规范性和美观度，这一点虽然是形式，但在最后的大评委专家评审阶段，形式比内容更重要。经过科班训练的博士都知道，博士论文的文献排列有一定的形式和规范。这里尤其强调外文文献标注形式的一致性和规范性，尤其是外国人姓和名的大小写、缩写、标点符号、前后顺序，论文名或杂志名是否斜体，时间等。

总之，文献一定要精挑细选，对主要参考文献的介绍要突出"新"
"全"两字（时效性）。在文献时间（系统性）、中外文文献国别（全面
性）、文献档次（权威性）、文献作者、文献格式（规范性），包括外文文
献作者格式（名和姓的编排、期刊、时间表述等）、文献之间的学科派别
冲突等方面要十分慎重。同时，注意不能将自己的文献列出来，这点不影
响通讯评审专家的判断，但是对大评委专家的判断有很大影响。

二、部分案例

——案例：2017 年，L 教授、博士，国家社科基金应用经济一般项目
"农村土地'三权分置'风险与农民权益保障研究"。

6. ［参考文献］开展本课题研究的主要中外参考文献。

［1］罗必良，胡新艳. 农业经营方式转型：已有试验及努力方向［J］. 农村经济，2016（1）：3-13.

［2］聂婴智，韩学平. 农地"三权分置"的风险与法治防范［J］. 学术交流，2016（10）：131-136.

［3］肖卫东，梁春梅. 农村土地"三权分置"的内涵、基本要义及权利关系［J］. 中国农村经济，2016（11）：17-29.

［4］潘俊. 农村土地"三权分置"：权利内容与风险防范［J］. 中州学刊，2014（11）：67-73.

［5］林毅夫. 制度、技术与中国农业发展［M］. 2 版. 上海：上海三联书店，上海人民出版社，2005.

［6］温铁军. 土地的社会保障功能与相关制度安排［M］. 北京：社会科学文献出版社，2001.

［7］黄季焜，等. 中国的农地制度、农地流转和农地投资［M］. 上海：上海三联书店，上海人民出版社，2012.

［8］黄祖辉，等. 我国土地制度与社会经济协调发展研究［M］. 北京：经济科学出版社，2010.

［9］ALCHIAN A, DEMSETZ H. The property right paradigm［J］. The Journal of Economic History，1973，33（1）：16-27.

［10］SEVKIYE SENCE TURK. Land readjustment：An examination of its application in Turkey［J］. Cities - the International Journal of Urban Policy and Planning，2005，22（1）：29-42.

［11］NICOLA YEATES. Gender families and housing：Matrimonial property rights in Ireland［J］. Women's Studies International Forum，1999，22（6）：607.

——案例：2014 年，S 副教授、博士，国家社科基金应用经济重点项目"新型种粮大户的成长机理及种粮激励研究"。

---

3. 本课题前期主要参考文献

[1] 林毅夫. 制度、技术与中国农业发展 [M]. 2 版. 上海：上海三联书店，上海人民出版社，2005：1-191.

[2] 陈洁，罗丹. 种粮大户：一支农业现代化建设的重要力量 [J]. 求是，2012 (3)：32-34.

[3] 钱克明，彭廷军. 关于现代农业经营主体的调研报告 [J]. 农业经济问题，2013 (6)：4-7.

[4] 陈家骥，等. 重点扶持大户是进一步推进"四荒"治理的政策选择 [J]. 经济问题，2001 (3)：57-64.

[5] 黄祖辉，俞宁. 新型农业经营主体：现状、约束与发展思路：以浙江省为例 [J]. 中国农村经济，2010 (10)：16-26.

[6] 黄季焜. 农产品进入供需难平衡的国家食物安全问题 [J]. 江西农业大学学报 (社科版)，2013 (3)：1-3.

[7] 刘守英，伍振军. 新时期农村改革与发展的几个问题 [N]. 中国经济时报，2014-02-20 (5).

[8] SCHULTZ THEODORE W. Transforming traditional agriculture [M]. New Heaven：Yale University Press，1964：1-48.

[9] LESTER R BROWN. Who will feed China [M]. New York：Norton & Company，1995：314-423.

[10] ROBERT EUGENE EVENSON, PRABHU L PINGALI. Handbook of agricultural economics：Agricultural development：farmers, farm production and farm markets [M]. New Heaven：Yale University Press，2007：1118-1471.

专题十一

研究基础

一、研究基础撰写要求的前后变化

1. 典型年份的研究基础撰写要求

2008 年国家社科基金项目申请表（完成项目研究的条件和保障）

> 负责人和主要成员的前期相关研究成果；科研成果的社会评价（引用、转载、获奖及被采纳情况）；完成本课题研究的时间保证，资料设备等科研条件。

2014 年国家社科基金项目申请表（完成项目研究的条件和保障）

> 1. 课题负责人的主要学术简历、在相关研究领域的学术积累和贡献；
> 2. 课题负责人前期相关研究成果的社会评价（引用、转载、获奖及被采纳情况等）；
> 3. 完成本课题研究的时间保证、资料设备等科研条件。

2015 年国家社科基金项目申请表（研究基础和条件保障）

> 本表参照以下提纲撰写，要求填写内容真实准确。
> 1. ［学术简历］课题负责人的主要学术简历、学术兼职，在相关研究领域的学术积累和贡献等。
> 2. ［研究基础］课题负责人前期相关研究成果、核心观点及社会评价等。
> 3. ［承担项目］负责人承担的各级各类科研项目情况，包括项目名称、资助机构、资助金额、结项情况、研究起止时间等。

4. ［与已承担项目或博士论文的关系］凡以各级各类项目或博士学位论文（博士后出站报告）为基础申报的课题，须阐明已承担项目或学位论文（报告）与本课题的联系和区别。

5. ［条件保障］完成本课题研究的时间保证、资料设备等科研条件。

2021 年国家社科基金项目申请表（研究基础）

本表参照以下提纲撰写，要求填写内容真实准确。

1. ［学术简历］课题负责人的主要学术简历、学术兼职，在相关研究领域的学术积累和贡献等。

2. ［研究基础］课题负责人前期相关代表性研究成果、核心观点及社会评价等。

3. ［承担项目］负责人承担的各级各类科研项目情况，包括项目名称、资助机构、资助金额、结项情况、研究起止时间等。

4. ［与已承担项目或博士论文的关系］凡以各级各类项目或博士学位论文（博士后出站报告）为基础申报的课题，须阐明已承担项目或学位论文（报告）与本课题的联系和区别（略写）。

2024 年国家社科基金项目申请表（研究基础）

本表参照以下提纲撰写，要求填写内容真实准确。

1. ［学术简历］申请人主要学术简历，在相关研究领域的学术积累和贡献等。

2. ［前期成果］申请人前期相关代表性研究成果及其与本研究的学术递进关系。

3. ［承担项目］申请人承担的各级各类科研项目情况，包括项目名称、资助机构、资助金额、结项情况、研究起止时间等。

4. ［与已承担项目或博士论文的关系］凡以各级各类项目或博士学位论文（博士后出站报告）为基础申报的课题，须阐明已承担项目或学位论文（报告）与本课题的联系和区别（略写）。

2. 主要变化

2008—2024 年研究基础撰写要求的变化比较如表 11-1 所示。

表 11-1 2008—2024 年研究基础撰写要求的变化比较

项目	2008 年	2014 年	2015 年	2021 年	2024 年
标题	完成项目研究的条件和保障	同 2008 年	研究基础和条件保障	研究基础	同 2021 年
填写对象	负责人	负责人	负责人	负责人	申请人
填写要求	无	无	本表参照以下提纲撰写，要求填写内容真实准确	同 2015 年	同 2015 年
学术简历	无	课题负责人的主要学术简历、在相关研究领域的学术积累和贡献	使用"［XXX］"关键词总结；增加"学术兼职"；增加"等"字	同 2015 年	删除了"学术兼职"
前期成果	负责人和主要成员的前期相关研究成果	使用序号清晰罗列；不填写主要成员的前期成果；前期相关研究隐含在社会评价中	增加"核心观点"	增加"代表性"	删除了"核心观点及社会评价"；增加了"与本研究的学术递进关系"
社会评价	科研成果的社会评价（引用、转载、获奖及被采纳情况）	限定"课题负责人前期相关研究成果"	删除了"（引用、转载、获奖及被采纳情况等）"，仅保留"社会评价"	仅保留"社会评价"	删除了"社会评价"
承担项目	无	无	增加"承担项目"	同 2015 年	同 2015 年
与项目或论文关系	无	无	增加"与已承担项目或博士论文的关系"	增加"略写"	同 2021 年
条件保障	时间保证、资料设备	时间保证、资料设备	无	无	无

二、学术简历

学术简历包括课题申请人的主要学术简历，在相关研究领域的学术积累和贡献等。

　　写好学术简历其实有一个很简单的方法，就是平时多学习观察百度百科上一些学术领域专家的百度简介，上面就基本是按照学术简历、研究领域、学术积累和贡献等方面进行分类介绍的。比如林毅夫的百度百科目录，如图11-1所示。

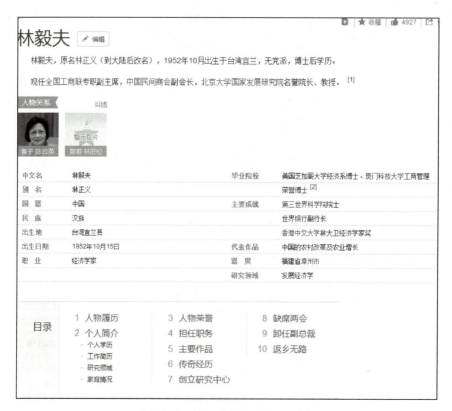

图11-1　林毅夫的百度百科目录

1. 主要学术简历

　　学术简历相对简单，主要是按时间节点围绕自己从大学到当前这段时间的学术发展来描述，其中最主要的本科、硕士、博士、博士后、国内外中长期访学等经历是必写的部分，如果有相关单位挂职、任职经历也可以写上。围绕这几个要点进行内容的删减或扩展就行了。撰写时要注意以下几个方面：

第一，由于有关课题申请人的主要学术简历、在相关研究领域的学术积累和贡献等内容是自我介绍，因此申请人在内容和力度上一定要把握好，以客观中性为宜，既不能夸大自己，也不用贬低自己或过分谦虚。

第二，申请人要注意平时养成对自己学术简历的积累和管理的习惯，尤其要结合项目申报选题有意识地主动扬长补短，围绕论文、著作、资政、科研项目、获奖、学术会议、调研调查等方面系统总结，制定一个内容完善的学术简历。

第三，在呈现方式上，申请人通常可以采取编年体记叙文模式，即通过时间阶段划分进行总结。每个阶段具体呈现与课题紧密相关的学术活动和科研成果等。这些学术活动和科研成果应该是具体的以及是有亮点的和有特色的。同时，阐释内容要精简，不宜过多。当然，部分学科还可以使用更加清晰的表格方式进行呈现。

第四，申请人注意使用当年更新的申请书，并按照申请书要求进行填写。近些年，申请书变化较多，需要引起申请人的高度重视，申请人必须仔细阅读和比较前后变化。

例如，2014年之前的申请书为"课题负责人的主要学术简历、在相关研究领域的学术积累和贡献"，没有学术兼职这个指标，因此，过去在填写这部分内容的过程中不同申请人的描述方式也有所不同。大致可分为两类：一类是以编年体格式对学习简历和学术研究、访学、学术兼职简历合并进行介绍；另一类是将自己的学术简历与有关成果总结编辑成一段文字。

申请人特别要注意：第一，申请人在撰写学术简历时不应只写院校和专业背景。第二，申请人应注意各个阶段阐述内容篇幅的均衡性。第三，申请人在展示简历内容多样性的同时，应兼顾研究的延续性和专长。第四，年轻教师尤其要注意将科研与平时教学、带学生开展的赛事活动以及社会调研等相结合，并在此过程中积累学术成果。

——案例：2014 年，S 副教授、博士，国家社科基金应用经济重点项目"新型种粮大户的成长机理及种粮激励研究"学术简历。

> 1. 学术简历
>
> 课题负责人为教育部人文社会科学重点研究基地——××大学××研究中心副教授、硕士生导师，农学学士、经济学硕士、管理学博士，在我国"三农"问题研究方面有扎实的理论功底、跨学科背景和实际研究经验。
>
> 1998.7—2004.8 在重庆市××委员会生态能源处工作，其中 1998.9—1999.7 作为重庆市首批青年志愿者赴大巴山区城口县开展生态农业技术推广，指导当地农民通过沼气技术实施种养结合发展生态循环农业。
>
> 2004.9—2007.6 在××大学金融学专业（农村金融方向）硕士毕业，获经济学硕士学位，主要从事农业保险方面的研究，并参与了重庆××公司的农业保险核保核赔工作。
>
> 2007.7—2011.7 在××大学技术经济及管理专业（农业经济理论与政策方向）博士毕业，获管理学博士学位，主要从事农业技术经济和农业系统工程研究。
>
> 2011.7 至今在教育部人文社会科学重点研究基地——××大学××中心××研究所工作，其中 2013.4 月进入××博士后流动站，主要从事农业组织结构创新方面的研究。
>
> 2011.7 起兼任重庆市××集团决策咨询专家，为集团农业产业化组织整合提供决策咨询；2012.10 起兼任重庆市××集团决策咨询专家，为粮油企业全产业价值链组织集成整合提供决策咨询。

——案例：2018 年，L 副教授、博士，国家社科基金理论经济青年项目"长江上游地区工业生态集聚及空间差异化策略研究"课题负责人的主要学术简历。

> 1. [学术简历] 课题负责人的主要学术简历、学术兼职，在相关研究领域的学术积累和贡献等。
>
> （一）学术简历
>
> 课题负责人为××大学××学院副教授，理学学士、经济学博士，在产业集聚、集聚演化及其对区域经济发展的影响研究方面，具有较扎实的理论功底和较丰富的科研经验。
>
> 2005.9—2009.6，本科毕业于××大学××专业，获理学学士学位，其间参与两项关于"产业发展与空间布局"的调查实践项目。

> 2010.9—2012.6，硕士就读于××大学××专业，获硕博连读资格，攻读博士学位；其间在上海开发区协会实习半年（2012.3—2012.9），参与开发区的数据统计与分析工作。
>
> 2012.9—2016.6，博士毕业于××大学××专业，获经济学博士学位，其间前往韩国首尔国立大学（2014.8.5—2014.8.7）参加"第四届亚洲区域科学研讨会"，并做有关"长江三角洲地区工业集聚"问题的英文论文报告，获得国际交流经验。
>
> 2016.7至今，就职于××大学××学院，担任重庆长江会展研究院兼职研究人员（2017.1至今），获重庆市教委副教授职称认定批准（2017.12）。

2. 学术兼职

2024年申请书中将2015年申请书中加入的"学术兼职"删除了。我们认为：

其一，学术兼职这个指标的设计对开展课题研究和判断申请人研究能力是很重要的。学术兼职实际上体现的是一种有组织的科研，申请人从事相关学术兼职，不仅有利于加强学者间的学术交流，尤其有利于申请人与相关领域的权威专家开展学术前沿对话，而且借助一些学术兼职平台申请人还可以更方便地开展课题论证、课题调研等活动。

其二，2024年申请书中不再明确"学术兼职"这个指标还可能是考虑到一些年轻学者的实际情况。年轻学者往往从事的学术兼职较少，甚至没有担任相关学术兼职。

其三，申请人在撰写申请书时不应再单独列出"学术兼职"，但可以将相关学术兼职融入学术简历中去，既体现申请书变化的要求，同时增加学术简历内容的丰富性。

学术兼职范围比较广泛，包括国内外期刊编委、匿名审稿人，国内外高校研究机构名誉、特聘或兼职教授，国内外各类学术组织团体兼职会长、理事长、理事、会员等，国内外有关学术基金项目通讯、会评专家，国内外官方、民间学术科研管理机构库专家，国内外各级党派组织或专委会学术兼职，国内外各类智库成员，国内外尤其是国内有关有影响的专家称号，有关企业、组织学术顾问、兼职。

　　每个申请人可以根据自身情况酌情编排有关内容，但一定要与申请项目有相关性。如果内容丰富可以适当压缩，如果内容比较少就可以充分挖掘自己的潜力，比如某教师很年轻、资历经历比较简单，这个时候就可以把硕士研究生、博士研究生、出国访学等短期、中长期学术交流等环节以及师从哪些名家大家，具体从事哪些工作写得详细一些，避免这一块过分单调或者空白。总体要求：不能"空白交卷"，也不要让历史"一片苍白"，同时描述一定要有层次感且按时间顺序编排。

　　——案例：2011 年，W 教授、博士，国家社科基金重大项目"三峡库区独特地理单元'环境-经济-社会'发展变化研究"有关学术兼职。

　　·2000.1 国家××局"建设项目环境影响评价"上岗资质证书（环评岗证字第 B3402003 号）

　　·2003.12—2007.7 贵州省××学会副秘书长

　　·2004.8 至今 国家××基金项目评审、成果评审全国通讯评审专家（学科分类：JYFC，专家序号：4295），并多次被评为成果评审信誉优良专家

　　·2004.9 至今 中国××学会生态分委员会理事

　　·2006.11—2007.7 贵州省××协会人文社会科学分委会主任委员

　　·2008.7 至今 重庆市金融评审专家，重庆市、河北省等自然科学基金评审专家（FRQBCY）

　　·2009.7 至今 中国××协会专家委员会委员（产业经济专家）

　　·2010.6 至今 重庆市××审组成员

　　·2010 年至今 ××大学、××大学、××大学等多所大学研究生、博士生论文匿名通讯评审、现场论文答辩专家或担任主席

　　·2010.12 重庆市××学会副会长、秘书长

　　·2010.10 中华××研究会××研究分会理事

　　·2010.11 九三学社重庆市委××理事

　　·2011 年重庆市首批社会科学文库专家、科普评审专家

　　·2011.4 重庆市××研究院客座教授

　　·2011 年国家××学部、××学部通讯评审专家

——案例：2024 年，L 副教授、博士，国家社科基金党史·党建西部项目"长征时期川滇黔红军文艺宣传史料抢救挖掘与活化利用研究"有关学术兼职。

> 申请人是民族学博士，现为贵州理工学院马克思主义学院教师，教授中共党史等课程。**研究方向**聚焦红色文化、长征文化和民族艺术等。**教育经历**：2016—2020 年云南大学民族学与社会学学院博士，方向为民族艺术学；2006—2009 年贵州师范大学文学院硕士，专业为文艺学；2020 年参加北京文化艺术基金项目"民族音乐产业创新人才交流平台"；2019 年为比利时鲁汶大学访问学者。**学术兼职**："贵州红色文化研究中心"指导专家；"四川省红色体育文化研究中心"兼职研究员；贵阳市委宣传部文艺电影处课题评审专家；德钦县文化和旅游局非物质文化遗产中心文化顾问；中国少数民族音乐学会和中国艺术人类学学会会员。

3. 学术积累与贡献

第一，结合申请书表格三的说明要点，我们建议申请人将学术积累和学术贡献分开描述。由于第二部分研究基础专门强调项目负责人前期相关研究成果、观点和社会评价以及第三部分承担项目应包括项目名称、资助机构、资助金额、结项情况、研究起止时间等，因此申请人可以将第一部分学术简历中的学术积累理解为与该项目相关的申请人学术成果的总体概述。学术贡献可以理解为在学术积累基础上对成果进行二次系统的梳理和总结。

第二，学术积累可以按照常见科研类型进行归纳。具体可以按照论文、专著、获奖、项目、决策建议、研究报告、数据库、案例库等分条依次总结。同时，申请人宜使用数据化呈现每种学术积累的总量，用案例呈现具有代表性的、权威的和特色的成果。申请人特别要注意学术贡献要在已有成果的基础上进行分类、归纳、总结和凝练，不能记流水账式罗列。

第三，学术贡献不应该是一种对成果的简单罗列，而应该是一种高度的总结和凝练。

特别需要注意的是：其一，学术贡献建议按照不同领域分开来阐释，当然这些不同的领域围绕同一个主题是最好的，体现研究的深入和递进关系。其二，学术贡献阐释要客观、具体，不宜过分夸大贡献。同时，申请人应通过文献比较及相关社会效益和社会评价的引用体现出具体的理论、方法、观点等贡献，而非阐述仅是自我认为的创新贡献。

——案例：2018 年，W 教授、博士，国家社科基金管理学一般项目"新时代中国特色社会主义流域生态文明理论研究"学术积累和学术贡献。

---

1. 学术积累

（1）主持完成 1 项国家社科基金重大招标项目"三峡库区独特地理单元'环境–经济–社会'发展变化研究（11&ZD161）"、1 项国家社科基金项目"基于生态系统管理理论的西部民族地区生态文明建设模式研究"（08XMZ030）、1 项国家软科学项目"基于县域尺度的流域复合生态系统管理创新模式研究——以乌江流域为例（2010GXQSD353）"以及重庆市科委软科学重大项目、重点项目、一般项目、国家软科学和其他省部级项目 30 余项。

（2）出版专著《长江上游生态文明研究》、案例集《国外流域管理典型案例研究》以及辑刊《流域经济评论》等 10 余部。

（3）在《新华文摘》《思想战线》《光明日报》（理论版）等重要期刊发表论文《流域生态安全须高度重视》《论政治生态化》等 50 余篇。

（4）为党中央、国务院、全国政协、九三学社中央委员会、重庆市委市政府和政协等提交各类决策建议 30 余份，部分被李克强、张高丽等国家领导人批示或有关部委、厅局采纳。

（5）《流域环境变迁与生态安全预警理论与实践》《流域生态产业理论与实践——以乌江为例》等成果获得省部级科研三等奖 4 项。

2. 学术贡献

（1）**生态文明方面**：认为生态文明建设应该是一个从一种文明发展理念转化为具体的实际建设模式和实现路径的过程；同时，以西部民族地区为理论建构背景，分析了西部民族地区生态文明建设与生态功能区耦合机制，提出了普遍适用于我国西部民族地区的生态文明建设理论（见《西部民族地区生态文明建设模式研究》2013年7月科学出版社）。

（2）**流域生态文明**：针对乌江流域，提出政府合作机制、法律协同机制、政策联动机制等绿色协同发展机制（见《中国环境报》2018年2月6日第3版）；针对长江上游典型流域，提出"1+4+18+X"生态经济总体布局的思路，即1个成渝经济区、4个国家级新区、18个国家开发区以及若干个省级开发区（见《长江上游生态文明研究》2016年9月科学出版社）；针对长江经济带绿色发展，分析了"共抓大保护，不搞大开发"的哲学意蕴和实践维度（见《中国环境报》2018年2月23日第3版）。

（3）**流域生态安全预警与可持续方面**：指出实现我国流域生态安全需要结合我国区域功能分区的理论和实践，将以自然地理区划为特征的流域与有中国行政管理特色的县域经济单元有机结合，要从流域环境与经济发展统一的角度，建立流域生态系统、流域经济系统和流域社会系统，以此实现和推进流域发展的动态化、可视化和预警管理（见《光明日报》2009年4月9日第6版）。该观点契合党的十九大关于"实施流域环境和近岸海域综合治理"等方面的要求。

（4）**流域经济与绿色发展方面**：结合乌江流域的具体情况，提出在流域内形成节约资源和保护生态环境的生态产业结构、持续增长方式、绿色消费模式，在三峡库区一级支流率先建成生态产业带的发展范式，推进乌江（经济与环境）和谐流域战略（见《流域生态产业初探——以乌江为例》2013年7月科学出版社）。该观点契合"保护好三峡库区和长江母亲河，事关重庆长远发展，事关国家发展全局"的战略要求。

（5）**流域综合治理方面**：针对长江上游流域治理面临的问题，从深化落实主体功能区建设、狠抓支流保护以推进流域保护"一盘棋"、培育环保产业以引领壮大战略性新兴产业等层面提出具体实践路径（见《零讯》2017年专报第152期）。该观点在新时代生态文明建设过程中发展趋势日渐明显。

（6）**流域特色数据库方面**：研究团队长期致力于对典型流域资料的系统整理与收集，目前已经建立1个收录宏观数据的三峡库区数据管理系统、1套定期连续追踪调查三峡库区经济-社会-环境发展的综合调查问卷以及1套为三峡库区可持续发展系列案例集等资料库，为新时代流域生态文明理论研究的特色资料获取与实践经验借鉴提供了便利，也为地方经济社会发展的政策制定提供了可靠的数据支撑。

——案例：2024年，L博士，国家社科基金应用经济学青年项目"全息流域分工下环保税生态大保护联动效应及协同路径研究"相关研究领域的学术贡献。

（三）学术贡献

1. 在流域经济可持续发展方面的学术贡献

（1）总结了改革开放以来我国长江经济带生态大保护政策历史演变的四个阶段。具体分为环保体系初步构建阶段、环保区域分治体系形成阶段、环保多元共治体系完善阶段和生态大保护战略全面推进四个阶段（见《河北经贸大学学报》2021年第5期）。

（2）提出长江上游一体化绿色发展战略构想。为了实现流域协调发展，发挥长江上游成渝双城经济圈辐射带动西南片区和联动发展东南片区的关键战略枢纽作用，提出成渝双城经济圈"圈外部"建设建议（获九三学社中央委员会采纳，2021年），并基于全息流域分工与流域可持续发展理论，对标典型区域重大战略，进一步提出"成昆渝一体化绿色发展"战略构想（见《贵州财经大学学报》2022年第4期）。

（3）将国际合作关系理论引入跨国流域可持续发展研究领域。以可持续发展和环境友好为跨国流域治理的价值取向，探索更有效的多边机制，以实现水利、环境、经济增长与生态一体化的最佳结合的可持续发展途径［国家社科基金一般项目"新时代中国特色社会主义流域生态文明理论研究"（18BGL006）］。

2. 在环保税效应研究方面的学术贡献

（1）从税收中性的角度出发，提出完善环保税财税政策如绿色信贷等财税政策支持，以缓解因环保税税负的增加产生的"产业转移效应"引致的要素区际流出和创新能力的"挤出效应"，纠正资源错配，促进环保税"双重红利"的实现（见《南通大学学报（社会科学版）》2022年第5期）。

（2）为更好地发挥环保税绿色竞争力效应，是需要市场力量推动的功能性整合和政府力量推动的制度性整合紧密配合，通过有效市场和有为政府双引擎互相协同作用来提升环保税绿色竞争力效应（见《长江流域资源与环境》2024年第4期）。

（3）进一步加强环保税对企业可持续发展的引导和促进作用，除了通过扩大环保税征收范围，还可以通过环保税强度和监督机制的设计，给予国有企业更大的合规压力，辅以其他环境政策工具，形成政策组合拳，扩大政策作用的企业范围（见*Economic Changeand Restructuring*2024年第2期）。

——案例：如何对有关浩瀚的成果文献进行凝练参见作者对某大学应用经济学的"定位与目标、优势与特色、人才培养目标、学科方向设置、国内外影响"。

Ⅳ-1 学科简介

（填写本学科的定位与目标、优势与特色、人才培养目标、学科方向设置、国内外影响等，限填 2 000 字。）

××大学始创于 1952 年，2002 年由原××大学和原××学院（隶属商业部）合并而成，是一所经管文工法理协调发展、具有鲜明财经特色的多科性大学。应用经济学发轫于 20 世纪 80 年代原××学院的传统商科，先后建成区域经济学（2000，重庆首批）、产业经济学（2006）、应用经济学（2011）市级重点学科，以及应用经济学硕士点、市属高校唯一的服务国家特殊需求博士点（三峡库区百万移民安稳致富国家战略）和应用经济学博士后流动站；2008 年和 2012 年在教育部学科评估中分别位居全国第 28 名（与重庆大学并列）和第 30 名。本学科队伍包含国家百千万人才工程、教育部跨世纪优秀人才、重庆两江学者等 65 人，其中博士学位占 88%，来自美国××大学、××大学、法国××大学等的全职海外归国博士 6 人。

一、定位与目标

围绕"服务需求、突出特色、创新模式"的总体要求，大力加强有本校特色的应用经济学基础理论和方法研究，以服务三峡库区—长江上游经济中心—成渝经济区—长江上游地区和长江经济带经济社会重大问题为主线，以地域性、应用性、时代性为学科特色，"政、产、学、研、用"相结合，致力于长江上游地区的创新、协调、绿色、开放、共享发展，经过 5～10 年，把本学科建设成重庆市和西部地区"高峰"学科，长江上游地区"一流"学科，在国内有重要影响、国际上享有一定知名度的"特色"学科。

二、优势与特色

学科优势：①优势与教学机构：包括××研究中心、××学院、××学院和××学院。其中，××研究中心是重庆市唯一省部共建教育部人文社科重点研究基地；××学院于2011 年由重庆市市长揭牌成立，实行理事会领导下的院长负责制。②科研平台：包括我校国家级经济管理实验教学示范中心、国家级经济管理虚拟仿真实验教学中心、教育部社科基地××研究中心、重庆市社科基地××研究院和重庆市××研究院以及重庆市首批唯一社类科研平台——××中心。③特聘教授岗位：重庆市区域经济学唯一"两江学者"以及区域经济学、产业经济学"巴渝学者"特聘教授岗位。④学会

挂靠单位：重庆市××学会等单位。⑤高端学术会议交流平台：近年来举办了包括"中国××学会年会暨××学术研讨会"等在内的国内外学术会议十余次，形成了围绕长江上游地区经济、三峡库区安稳致富、成渝经济区城市群、乌江流域特色经济走廊、嘉陵江流域生态经济带、金沙江流域可持续发展等学术交流"洼地"和窗口。⑥建有"长江上游地区经济社会""重庆市县域经济""三峡库区安稳致富长期跟踪调研"等自建特色数据库，以及一系列野外长期跟踪观测点。学科特色：经过30多年的积淀传承，本学科紧密联系长江上游地区区域发展实际，把握三峡库区安稳致富、重庆建设长江上游经济中心、成渝经济区和长江上游地区绿色发展等国家战略时代脉搏，通过"科研助区、培训帮区、人才送区、资政援区、服务到区"五大学科行动服务地方经济社会发展现实需求，形成本学科"地域性、应用性、时代性、开放性"的鲜明学科特色。

三、人才培养目标

以马克思主义立场和观点为指导，依托我校鲜明财经特色的多学科体系，地处长江上游经济中心、共建"一带一路"倡议和长江经济带的战略节点的区位优势，重点研究长江上游地区经济发展相关理论、运行机制和规律，以及非经济活动的经济、社会效益，培养具有厚重应用经济学理论素养并掌握多学科复合知识，具备能应对长江上游地区人口–资源–环境–经济–社会复杂系统能力的复合型、创新型高层次应用人才。

四、学科方向设置

本学科涵盖区域经济学、产业经济学、国民经济学、数量经济学、金融学、财政学、国际贸易、商贸流通（自设）8个优势学科方向和4个特色研究领域，具体有：①三峡库区安稳致富与流域经济：利用本学科所处的区位优势，围绕三峡工程衍生形成的系列应用经济及相关领域，尤其是后三峡时代与之伴生的库区安稳致富这一世界级难题和研究热点领域，通过多学科交叉融合，试图探索构建流域经济学等特色研究方向。②城乡统筹与成渝城市群一体化：围绕国务院批准成渝城乡统筹综合改革试验区、成渝城市群与长江经济带等国家战略和区域性国家战略展开系统深入研究。③长江上游地区现代服务业：本方向主要针对中央和国务院围绕重庆建设长江上游地区商贸中心、（功能性）金融中心、物流中心、（西部）创新中心等现代服务业领域，通过依托和继承原重庆××学院传统"商科"优势，借助现代互联网+技术手段建设跨界融合的特色新兴领域，对长江上游地区和西部地区具有重要理论和现实意义。以及中新（重庆）战略性互联互通示范项目金融服务、航空、交通物流等作为重点研究领域，为共建"一带一路"倡议和长江经济带战略提供智力支撑。

④长江上游生态产业与绿色发展：按照长江上游地区"大战略、大生态、大保护"生态文明战略要求，围绕长江上游地区三次产业内循环、外循环和大循环方面做出不懈努力，智力推动长江上游生态文明示范区和上游地区绿色发展战略，筑牢长江上游生态屏障区。

五、国内外影响

①科学研究实现重大突破。获得1项教育部重大攻关项目（11JZD017）、2项国家哲社重大招标项目（11&ZD161；13&ZD156）以及该学科首项国家社科基金重点项目（14AJY021）；主持教育部基地重大招标项目11项，国家社科、自然科学、软科学、教育部等国家级项目76项，在地方高校中实属不易。②论文质量显著提升。在国际SSCI、SCI、EI期刊发表论文25篇（SSCI 3篇，SCI 17篇），是上一周期的5倍。③资政服务能力明显增强。一批学术成果或决策建议被时任或现任国家级、省部级领导人批示，三峡库区相关成果还获得国务院三峡办领导肯定。④人才培养层次跨越发展。2012年，申报的服务国家特殊需求博士人才培养项目成为国务院学位办批准的重庆市唯一的博士人才培养项目。2014年，人事部批准我校设立市属高校唯一的应用经济学博士后流动站。⑤科研平台评估再创佳绩。市级人文社科基地区域经济研究院在2014年全市综合评估排名再次第一。××研究中心继2009年获16个省部共建基地全国第三的好成绩之后，2015年在151个基地综合评估中位列63名，其中投入指标和社会服务能力分别位居全国第3位和第12位。在包括北大、南开等在内的24个经济类基地片区中综合排名第10位。为此，教育部社科司明确"重点支持××研究中心打造中国特色新型高校智库，紧密围绕国家重大战略需求，充分发挥战略研究、人才培养、政策建言、舆论引导和公共外交功能，服务党和政府的科学民主决策"。

三、前期成果

1. 申请人前期相关代表性研究成果

申请人前期相关代表性研究成果的撰写要体现申请人前期相关代表性研究成果及其与所申请项目的学术递进关系。

申请人前期相关代表性研究成果主要指与申请人所申请项目相关的专著、论文、研究报告、决策建议、工具书、教材、获奖等。

相关代表性研究成果特别要注意以下几个方面：

一是前期相关代表性研究成果限报 5 项。实际申报过程中依然有申请人填写超过 5 项的成果，这是不符合要求的。还有部分学者，尤其是年轻学者成果不足 5 项。此时我们建议按照成果形式，如论文、专著、资政、研究报告等，再次对已有成果进行整理，同时需要提早谋划，尽量在申报之前完成 5 项成果。

二是与之前相关研究成果申报要求相比，申报要求增加了"代表性"。这实际上要求更高了，不仅要满足成果数量上的要求，还要突出成果的高层次、权威性以及重要贡献、重大价值，类似日常所说的"代表作"。当然，这也是相对的，对于部分成果积累较弱的申报者来说，即使成果没有异常突出，只要相关成果能够支持项目研究，也应填写。

三是此处的成果一定不要和第三部分的项目重复。如果少数教师的确没有什么成果，这个时候可以将第三部分中一些已经结题的横向项目的结题文本作为研究报告在这里罗列出来。

四是建议 5 项成果的选取采取组合方式，即以论文成果为主，同时加入著作等其他方面的成果。有不少申请人成果全部为外文论文，建议在申报前也积累一些中文类成果。

五是总体上不建议申请人将博士论文作为相关代表性成果列入。

六是新的申报要求不再明确要求填写核心观点和社会评价，实际上这需要申请人谨慎处理。对核心观点，我们建议依然可以保留。这是由于阐释学术递进关系时的一个重要方面是需要结合成果的学术观点来展开的。或者说，学术递进关系的要求实际上已经隐含成果核心观点的阐释，因此新的申报要求没有明确要求核心观点。对社会评价，我们建议依然可以融入成果简介之中，尤其被复印转载的成果。如何具体阐释核心观点和社会评价依然可沿用本书之前版本的建议。

　　首先，核心观点主要是指负责人在前期成果的基础上凝练出的"有见地、有深度、有影响"的学术观点，甚至可能是具有一定排他性的学术观点。这种学术观点可以是理论上的，可以是方法上的，可以是针对某些实践领域应用方面的观点，可以是理论和实践相结合的学术观点。"凝练"二字很重要，它不是简单地把标题说明一下，而是申请人的成果中的成果、观点中的观点、凝练中的凝练。关于核心观点，其实很多论文的题目往往就是作者对某一个问题研究的核心观点，申请人只需要进一步阐述和凝练而已。一本专著、一个横向项目都有其独到的见解，这种见解也可以深化、升华或凝练为学术的核心观点。申请人在撰写此处尤其需要注意的是不能把核心观点写成论文摘要、论文写作过程，而应该凸显论文的发现和结论等。

　　其次，社会评价和核心观点的描述方式可以根据其研究成果的多少、优劣来选择描述方式和阐述深度。如果申请人的成果有很多，可以先将成果罗列出来，再总体对成果的主要观点进行凝练总结，不必对每一项成果都进行观点凝练总结，社会评价也是如此。对于成果不是很丰厚的年轻教师而言，其可以对每一项成果的观点及社会评价进行凝练。社会评价可以用表格的方式罗列，尤其是论文的社会评价更应如此。社会评价可以从以下几个方面提取：一是项目负责人和主要成员学术成果的引用情况。申请人要将引用人、引用论文名称和刊物水平等明确具体地描述出来，同时也可以在知网上查询论文的浏览频率和下载频率等信息。二是项目负责人和主要成员学术成果的转载情况。申请人除了注意《新华文摘》等转载之外，尤其注意网络转载情况，包括国家有关政府网、学术性网络等的转载情况。三是项目负责人和主要成员学术成果获奖情况。获奖不仅包括政府奖，民间和各级各类学会、学术研讨会等获奖情况也可以罗列出来。四是项目负责人和主要成员学术成果被采纳情况。这里相对的可塑性空间较大，既要模糊也要具体。五是申请人可以将有关学术成果、课题结题、硕博论文等评审专家意见列出，也可以将国内外有关权威重要专家的评价进行描述。

2. 与本研究的学术递进关系

新增加的学术递进关系这一要求实际对申请人的前期成果要求更高了。其一，学术递进关系要求申请人填写成果时要注意与申报课题选题的相关性。这也就要求申请人在某个领域需要有一定的成果积累，考查申请人前期研究的专业性和坐"冷板凳"的学术坚守。

其二，学术递进关系要求申请人在前期相关成果的基础上有深化拓展、延伸和创新，甚至形成一定的研究体系。学术递进关系不仅体现学术观点上的递进，在研究区域、研究对象、研究资料、研究方法等上都可以进行拓展和延伸。

——案例：归纳模式。申请人先按照论文、资政等类型进行成果类型分类并依次罗列，再按照成果类型进行学术递进关系的阐释。这种模式适合相关成果丰富的申报者。

——案例：流水模式。申请人将每项成果的社会评价和影响单独罗列出来（各种申请书都可以采用此种模式），并且主要观点也通过这种流水账的方式描述出来（2024年，L博士，国家社科基金理论经济学青年项目"全息流域分工下环保税生态大保护联动效应及协同路径研究"），但此种模式依然要按照成果的不同类型罗列。

---

1. Lin C Y, Lu S B, Su X Y, Wen C H. Can the greening of the tax system improve enterprises' ESG performance? Evidence from China ［J］. Economic Change and Restructuring, 2024, 57 (127), SSCI, JCR 二区.

观点： 环保税通过企业内部的绿色创新水平和企业外部公众环境关注度两个方面显著提高企业 ESG 水平，同时企业内部治理水平和外部分析师关注度在此中起到了正向调节作用。

学术递进关系： 该论文从微观层面研究了环保税可持续发展效应，为本课题研究环保税微观效应提供基础。

2. 林彩云，王明阳，兰秀娟，等. 环保税对地区绿色竞争力的影响研究——基于市场一体化背景［J］. 长江流域资源与环境，2024，33（04）：728-741，CSSCI.

观点： 当市场一体化进程发展到一定阶段时，环保税对地区绿色竞争力会有更为显著的促进作用；但随着市场进入高度一体化阶段，环保税对地区绿色竞争力的促进作用又会有所下降。

学术递进关系：该论文从研究了区域市场一体化视角下环保税效应，为本课题区域全息论下环保税效应的研究提供基础。

3. 文传浩，林彩云. 环保税能否给长江经济带带来双重红利效应？——兼论流域环保税税制改革［J］. 南通大学学报（社会科学版），2022，38（05）：48-62，CSSCI.（导师一作）

观点：环保税强度的提高确实能够给长江经济带带来环境保护效应，但却没有出现预期中的经济增长效应。环保税税负的增加产生了产业转移效应的要素区际流出和创新能力的挤出效应。

学术递进关系：该论文从流域层面研究了环保税双重红利效应，为本课题"流域"环保税的提出提供研究基础。

4. 文传浩，林彩云. 长江经济带生态大保护政策：演变、特征与战略探索［J］. 河北经贸大学学报，2021，42（05）：70-77，CSSCI扩展版.（导师一作）

观点：为深入推进长江经济带的生态大保护工程，应以整体系统化保护思维，以全方位、全领域等"六全"为基本维度，将生态大保护机制中的多元化属性归整到系统化属性。

学术递进关系：该论文研究了长江经济带生态大保护政策演变、特征及战略探索，为本课题研究提供了流域生态大保护的理论基础。

5. 文传浩，林彩云，滕祥河等. 关于发挥成渝地区双城经济圈对外辐射带动作用建议，资政建议，九三学社中央委员会采纳，2021.（导师一作）

观点：发挥成渝双城经济圈辐射带动西南片区和联动发展东南片区的关键战略枢纽作用，推动云、贵、桂等周边地区主动融入、对接成渝经济圈，支持长江上游交通互联互通，以成渝地区双城经济圈带动长江上游绿色一体化发展。

学术递进关系：该资政明确长江上游的"生态功能"，为本课题研究提供了流域分工研究视角。

——案例：表格模式（表格也可以不显示线条）。申请人可以将已有成果通过表格——罗列出来，将有关观点、评价以及递进关系（在原作者所画表格基础上添加的）表达出来。这种模式适合年轻教师或成果相对薄弱的申报者（2015年，L副教授、博士、国家社科基金管理学一般项目"基于生态位理论的战略性新兴产业集群协同发展研究"，见表11-2）。

表 11-2　成果罗列示例

涉及方向	成果名称	发表期刊或项目来源	部分核心观点	社会评价	作者	发表时间
创新相关研究	有限理性下竞争性联盟成员合作创新博弈分析 [J]	软科学	研发、市场、物流、金融、外包、信息等多个方面可以开展资源的社会化配置，是推动战略性新兴产业发展的着力点	CSSCI 期刊论文，2 次引用	xx	2013. 9
	现代服务环境下制造服务创新的内涵与外延 [J]	华东经济管理		CSSCI 期刊论文，2 次引用	xx	2012. 7
	现代服务环境下制造服务合作创新机理及模式研究 [R]	重庆工商大学博士启动资金			xx	2012. 7
	制造服务价值演化研究综述与评析 [J]	软科学		CSSCI 期刊论文	xx	2011. 10
协同管理与创新相关研究	制造服务导入下同质汽车配供应商合作绩效分析 [J]	科研管理	深化专业化分工，实现资源的社会配置，可以提高资源配置效率	国家自然科学基金委管理科学部认定的 A 类高水平期刊，CSSCI/CSCD，9 次引用	xx, xx	2010. 4
	基于 Lotak-Volterra 的汽车零部件横向企业协调决策分析 [J]	科研管理		国家自然科学基金委管理科学部认定的 A 类高水平期刊，CSSCI/CSCD，8 次引用	xx, xx	2009. 3
	两阶段决策下物流任务联盟协同管理优化 [J]	计算机集成制造系统		EI: 20102513030498，12 次引用	xx, xx	2010. 4
	基于成本信息选择性共享的资源联盟 [J]	计算机集成制造系统		EI: 2009361289564，6 次引用	xx, xx	2009. 7
	Logistics Optimization of Auto Parts Supplier Embedded by Service Alliance [J]	Journal of Networks		EI: 2013411684524	xx, xx	2010. 4
	制造服务博弈及优化研究 [M]	经济科学出版社	政府引导与市场主导的 "双轮驱动" 是战略性新兴产业发展的重要路径	重庆工商大学优秀科研成果三等奖	xx	2012. 8
	信息产业对地区经济发展的贡献及政策研究 [M]	西南财经大学出版社		重庆市经信委采纳	xx, 等	2011. 9

四、承担项目

申请人承担的各级各类科研项目情况，包括项目名称、资助机构、资助金额、结项情况、研究起止时间等。

这部分没有什么技巧，就是严格按照要点和要求，最好采用要点列表或无线条表格罗列，这样更加清晰明了（见表11-3）。部分年轻教师刚刚毕业，没有主持什么项目，我们在这里要提醒年轻教师或博士，平时要多主动融入有关专家教授团队，积极参加一些项目，这是项目积累的过程。申请人在这里就可以将参加的项目列出来，即便排在最后也是一种项目和科研经验的积累。年轻教师或博士千万不要一开始就只想当"老大"，别人的项目不想参加，自己又申请不到项目。年轻教师或博士始终应记住，"老大"也是从"小角色"成长起来的。

特别注意：项目主持和主研一定要明确区分开来，否则一旦被专家发现"鱼目混珠"就"死定了"。

另外，项目罗列形式一定要规范美观，这方面也可以考察申报者的科研管理习惯、基本科研和公文素养。申请人可以直接按照说明要求、参考文献模式罗列出来。

表 11-3　承担项目的要点列表

项目名称	资助机构	资助金额	结项情况	起止时间	备注（角色）

——案例：2024年，M教授、博士，国家社科基金理论经济学西部项目"世界级清洁能源走廊市场化多元化对口协作发展机制创新研究"承担的各级各类科研项目情况。

三、[承担项目] 申请人承担的各级各类科研项目情况，包括项目名称、资助机构、资助金额、结项情况、研究起止时间等。

1. **主持**：东西部企业技术创新联盟协调机制研究（09CJY019），国家社科基金项目，8万元，结题，2009—2013

2. **主持**：三峡库区农业产业集群形成与演化机制研究（2012M520535），中国博士后科学基金第52批面上资助项目，5万元，结题，2012—2013

3. **主持**：重庆市水源地生态补偿机制研究（090822），重庆市教育委员会科学技术研究项目，1万元，结题，2009—2014

4. **主持**：重庆市全面深化改革成效评估模型研究（CSTC2019JSYJ - ZDXWTA0038），重庆市技术预见与制度创新项目，10万元，结题，2019—2020

5. **主持**：重庆构建市场为导向的科技成果转化生态研究（CSTC2021JSYJ - ZDXWTA0018），重庆市技术预见与制度创新项目，10万元，结题，2021

6. **主持**：新阶段全国对口支援三峡重庆库区经济合作体制机制研究，重庆市水利局委托项目，8万元，待结题，2023—2024

7. **主研**：新发展阶段协调推进"四个全面"战略布局的路径研究（21AKS024），国家社科基金重点项目，待结题，2021—2024

五、与已承担项目或博士论文的关系

凡以各级各类项目或博士学位论文（博士后出站报告）为基础申报的项目，须阐明已承担项目或学位论文（报告）与本项目的联系和区别。

关于这部分，刚毕业的博士直接用博士论文来申报，如果被发现就会被取消申报资格，或者在评审过程中被专家大打折扣，甚至被记入诚信档案中，影响以后几年的正常申报。这里一定要说明过去研究基础、博士论文、博士后出站报告与所申报项目的区别和联系。

区别要说明不是重复研究，联系要说明是在以前研究基础上的一种深化、创新或拓展；联系要说清楚，但更要说明其区别，是在前期研究的基础上的一种延伸、深化甚至创新研究。

——案例：2018 年，L 副教授、博士，国家社科基金理论经济青年项目"长江上游地区工业生态集聚及空间差异化策略研究"与已承担项目或博士论文的关系。

> **4.[与已承担项目或博士论文的关系]** 凡以各级各类项目或博士学位论文（博士后出站报告）为基础申报的课题，须阐明已承担项目或学位论文（报告）与本课题的联系和区别。
>
> **（一）与已承担项目的关系**
>
> 课题负责人前期承担的项目与本课题**有一定的差异，但部分研究观点是本课题的理论基础之一**。例如，产业集聚存在持续演化的规律与特征，这对长江上游地区工业生态集聚的演进路径、差异化策略研究具有理论指导意义。
>
> **（二）与博士论文的关系**
>
> 相较于课题负责人的博士论文，本课题研究与其有一定的联系，即都涉及对产业集聚内容的研究，但它们之间也具有明显差异。**首先**，课题负责人的博士论文《生命周期视角下的工业集聚及其演化研究》是以生命周期理论作为研究视角进行切入，而本课题以"生态集聚"为研究主线进行串联。**其次**，博士论文的主要研究内容为工业集聚演化的动态特征，而本课题旨在研究工业"生态集聚"的动力机制、演进路径和差异化策略。**最后**，博士论文的研究对象区域为中国各省域及江阴市，而本课题的研究对象区域为长江上游地区。综上，课题负责人的博士论文与本课题在研究视角、研究内容和研究区域等方面均存在差异，本课题研究是对博士论文内容的继承、拓展与深化，使研究内容之间保持了一定的延续性和连贯性。

——案例：2024 年，L 博士，国家社科基金应用经济学青年项目"全息流域分工下环保税生态大保护联动效应及协同路径研究"与已承担项目或博士论文的关系。

> **四、[与已承担项目或博士论文的关系]** 凡以各级各类项目或博士学位论文（博士后出站报告）为基础申报的课题，须阐明已承担项目或学位论文（报告）与本课题的联系和区别。（略写）
>
> **（一）与已承担项目的关系**
>
> **1. 联系：**课题申请人前期承担的项目与本课题研究有一定的连续性，总体关注

流域经济，前期项目研究内容主要围绕长江经济带尤其是长江上游的可持续发展；部分研究观点和成果为本课题理论建构提供了支持，如长江经济带生态大保护研究与中国特色社会主义流域生态文明研究。

2. **区别**：前期项目的研究对象主要为长江上游生态大保护政策，未对研究对象实施更加精准和细致的区分，而本课题研究对象为流域环保税政策，研究指向更为明确具体。

（二）与博士论文的关系

1. **联系**：本课题的研究对象与博士论文的研究对象均为环保税；博士论文基础研究和理论研究导向的专业训练为本课题理论建构提供了支持；完成博士论文过程中的数据收集及调研活动为本课题调研提供了先前经验；博士论文的规范与实证性研究为本课题提供了一定的方法基础。

2. **区别**：博士论文研究目标为环保税的双重红利效应，本课题的研究目标为环保税的生态大保护效应；博士论文研究的区域为长江经济带，本课题的研究区域是面向全国流域层面的；研究目标与研究区域的差异导致研究内容体系的本质不同，且本课题服务国家和地方经济社会发展的应用性也更强。

专题十二

国家社科基金艺术学项目申报说明及建议

一、性质、定位及类别

　　国家社科基金艺术学项目作为国家社科基金单列项目必须坚持以习近平新时代中国特色社会主义思想为指导，全面贯彻落实党的二十大精神，深刻领悟习近平文化思想，深入实施《中共中央关于加快构建中国特色哲学社会科学的意见》，坚持正确的政治方向、价值取向和学术导向，坚持以重大理论和现实问题为主攻方向，坚持基础研究和应用研究并重，发挥国家社科基金示范引导作用，推动中国特色艺术学学科体系、学术体系、话语体系建设，着力推进文化自信自强、促进新时代文化艺术高质量发展，为党和国家工作大局服务。

　　申报国家社科基金艺术学项目要体现鲜明的时代特征、问题导向和创新意识，着力推出代表正确方向、体现国家水准的研究成果。基础研究要密切跟踪国内外学术发展和学科建设的前沿与动态，着力推进学科体系、学术体系、话语体系创新，具有主体性、原创性和较高的学术思想价值；应用研究要立足党和国家事业发展需要，聚焦文化艺术发展中的全局性、战略性和前瞻性的重大理论与实践问题，具有现实性、针对性和较高的决策参考价值。

国家社科基金艺术学项目设置重点项目、一般项目、青年项目，同时设立西部项目，对边远贫困地区和少数民族地区特别是西部地区研究项目给予一定倾斜。西部项目不专门申报，从西部地区研究人员申报的项目中评审产生。项目资助额度参考标准为重点项目 35 万元，一般项目、青年项目、西部项目 20 万元。

二、申报要求

国家社科基金艺术学项目作为国家社科基金单列项目、全国艺术科学规划项目与国家社科基金项目的申报有相同的要求，也有一些特殊的要求，申请人需要仔细研究申报公告和课题指南，按规定申报。

第一，课题负责人同年度只能申报一项国家社科基金艺术学项目，并且不能作为课题组成员参与其他国家社科基金艺术学项目的申报；课题组成员同年度最多参与两个国家社科基金艺术学项目申报；在研国家级项目的课题组成员最多参与一个国家社科基金艺术学项目申报。

第二，在研的国家社科基金项目、国家自然科学基金项目、教育部人文社科研究项目及其他国家级科研项目的负责人不能申请新的国家社科基金艺术学项目。

第三，申请国家社科基金项目、国家自然科学基金项目、教育部人文社会科学研究项目及其他国家级科研项目的负责人同年度不能申请国家社科基金艺术学项目，其课题组成员也不能作为负责人以内容相同或相近选题申请国家社科基金艺术学项目。

第四，凡以博士学位论文或博士后出站报告为基础申报国家社科基金艺术学项目，申请人必须在申请时注明所申请项目与学位论文（出站报告）的联系和区别，申请鉴定结项时必须提交学位论文（出站报告）原件。

第五，"活页"论证字数不超过 4 000 字，同行专家通讯初评采用"活页"匿名方式，不得出现申请人、课题组成员姓名以及所在单位名称等有关信息，否则取消参评资格。

三、相关立项数据

1. 立项总数

2014—2024 年，国家社科基金艺术学项目总计资助数量达到 2367 项，每年立项数量呈现波动上升的态势，其中 2024 年达到历年最高的 255 项。

2014—2024 年国家社科基金艺术学项目立项数如表 12-1 所示。

表 12-1　2014—2024 年国家社科基金艺术学项目立项数　单位：项

年份	2014	2015	2016	2017	2018	2019	2020	2021	2022	2023	2024
立项数	159	184	196	249	220	214	215	221	219	235	255

2. 项目类型

2020—2024 年国家社科基金艺术学项目立项中，除青年项目每年的立项数目变化较小外，重点项目、一般项目、西部项目每年的立项数目总体上均有较大幅度的增加。2020—2024 年国家社科基金艺术学项目立项情况如表 12-2 所示。

表 12-2　2020—2024 年国家社科基金艺术学项目立项情况　单位：项

年份	重点项目	一般项目	青年项目	西部项目
2020	14	145	35	20
2021	17	151	29	24

表12-2(续)

年份	重点项目	一般项目	青年项目	西部项目
2022	18	142	32	27
2023	20	150	36	29
2024	30	160	32	33

3. 学科分布

2019 年，从立项的国家社科基金艺术学一般项目所在学科分布情况看，排前三位的是设计艺术（37 项）、美术（26 项）、综合（25 项），立项数量最少的学科是舞蹈。

2019 年国家社科基金艺术学项目资助学科如表 12-3 所示。

表 12-3　2019 年国家社科基金艺术学项目资助学科　　　　单位：项

序号	学科	一般项目所属学科类别项目数	青年项目所属学科类别项目数	西部项目所属学科类别项目数
1	艺术基础理论	13	2	1
2	戏剧	16	4	2
3	电影、广播电视及新媒体艺术	17	5	3
4	音乐	20	5	2
5	舞蹈	6	1	1
6	美术	26	6	3
7	设计艺术	37	6	5
8	综合	25	5	3

四、申请书填写经验和建议

1. 不踩红线

申请人应严格按照相关申报要求，做到不违反申报规定，不得有违背科研诚信要求的行为，不得出现学术不端的行为。

申请人特别应对项目成员进行细致合理的安排，防止出现课题组成员申报多个课题而违规的情况。

2. 关注指南变化动态，聚焦"问题"

申请人应深入结合当前党和国家关于艺术学研究及发展方向的政策方针，反复仔细阅读申报公告和课题指南，聚焦加快构建中国特色艺术学体系，推动文化和旅游融合发展，为党和国家工作大局服务，为繁荣发展哲学社会科学服务，聚焦艺术学理论和实践关键问题，构思具有学术价值和社会价值的选题。研究问题必须在填写项目申请书之前就梳理清晰。课题指南中标星号的选题是当年国家需要主要解决的问题，申请人应深入思考理解，深度剖析自己的学术研究方向，多方面咨询专家，从而调整好申报思路和计划。例如，体系构建、中国化、艺术观念、艺术传播、"一带一路"、跨学科、新技术新媒体、全球视野、产业发展、设计理念、发展战略、文旅融合、创造性转化和创新性发展等关键词宜频繁出现，申请人需要提高站位，长期准备，久久为功。

3. 严密策划项目申报学科类别，做到有的放矢

国家社科基金艺术学项目所属学科众多，但项目数量仅为 200 项左右，申报难度相当大。因此，学科类别选择至关重要，是关系到盲审专家学科专业背景以及对项目内容是否了解的关键环节。完成申请书填写后再选择申报学科方向的做法不可取，申请人必须在前期申报策划时就仔细斟酌从

而选定学科类别。在 8 个项目类别中，申请人通常会在"艺术基础理论""综合"两类中犹豫。"艺术基础理论"主要是宏观的艺术学理论、艺术史和艺术批评研究，而非具体的、某一门类的专题研究。"综合"主要是文化政策、文化单位发展、非遗保护政策、文化热点问题的对策研究，研究问题集中在政策研究层面。当然，这些研究类型也需要以具体的研究方向作为基础，但此两类学科类别的评审专家与其他类型的评审专家相比较学科背景更为综合。选题方向特别专业者或以往研究成果较少者在选择这两类，特别是"综合"时需要格外慎重。当然，在普遍性的问题并结合对策研究的情况下，申请人选择"综合"又会有利于申报成功。

4. 全面构思策划，题目清晰明确

题目对项目申报至关重要。题目虽然字数少但可以全面反映课题的问题和研究方法以及课题的价值和指向。在国家社科基金项目申报中，只有题目写得好才有可能进入下一个环节。题目是在全面构思的基础上拟定的，申请书所有内容就是对题目的深度分解和逻辑性阐述。题目一般不使用副标题。

5. 锤炼句子，有效利用字数

国家社科基金艺术学项目"活页"要求字数在 4 000 字以内，除空格和标点符号外一般字数在 3 800 字左右，这对写作提出了很高的要求。整个申请书（特别是"活页"）在遣词和造句上必须做到学术用语准确、句子精练、句子与句子逻辑关系清晰，不能出现"口水话""口号话"以及模糊性词句，特别是在申请书中不要重复不必要的内容，核心句子可以换种句式再一次加以表达。

6. 其他注意事项

各级标题的字体、字号和行间距要做到统一，排版疏朗明晰。参考文献格式和脚注必须按照要求处理，页脚必须有页码。申请人务必反复检查，杜绝错别字、错标点符号以及错句。

专题十三

国家社科基金冷门绝学研究专项申报说明及建议

一、性质、定位及类别

国家社科基金冷门绝学研究专项是全国哲学社会科学工作办公室于2018年新设立的专项工程。2018年和2019年称为国家社科基金冷门绝学和国别史等研究专项，2020年更名为国家社科基金冷门绝学研究专项。根据《2024年国家社科基金冷门绝学研究专项申报公告》的规定，国家社科基金冷门绝学研究专项旨在重点支持对国家发展、文明传承、文化安全具有重要意义或填补空白价值的冷门绝学。其主要包括古文字与出土简牍文献整理和研究，重要历史文化典籍版本收集与整理研究，古代丝绸之路和海上丝绸之路历史遗存保护研究，石窟寺保护研究，重要历史文化遗址保护研究，传统村落、历史街区、古老建筑保护研究，边疆民族地区历史文化遗产保护研究，少数民族语言文字与历史研究，方言与地域文化研究等。

从项目类别看，国家社科基金冷门绝学研究专项分为学术团队项目和学者个人项目两个类别，申请人可以自行选择其一申报。学术团队项目参照国家社科基金重大项目的标准，一般为每项60万~80万元；学者个人项目参照国家社科基金年度重点项目的标准，一般为每项35万元。

2022—2024 年国家社科基金冷门绝学研究专项申报公告变化情况如表 13-1 所示。

表 13-1　2022—2024 年国家社科基金冷门绝学研究专项申报公告变化情况

年份	资助领域	申请人条件	资助强度
2022	甲骨学、简牍学、敦煌学、古文字学、濒危语言（方言）研究、少数民族语言文字与历史研究（藏学、蒙古学、西夏学等）、特色地域文化研究、传统文献和出土文献整理与研究等； 重点支持对国家发展、文明传承、文化安全具有重要意义或填补空白价值，但目前投入不足、人才匮乏、研究断档、亟须抢救的冷门绝学，并对边疆史、边海防史等学科领域予以倾斜	具有副高级（含）以上职称	学术团队项目参照国家社科基金重大项目标准，一般每项资助 60～80 万元； 责任单位应对获立项的项目给予相应的配套研究经费支持
2023	包括古文字与出土简牍文献整理和研究、重要历史文化典籍版本收集与整理研究、古代丝绸之路和海上丝绸之路历史遗存保护与研究、石窟寺保护研究、重要历史文化遗址或历史街区与古老建筑保护研究、边疆民族地区历史文化遗产保护研究、少数民族语言文字与历史研究等	具有副高级（含）以上职称	学术团队项目参照国家社科基金重大项目标准，一般每项资助 80 万元； 责任单位应对获立项的项目给予相应的配套研究经费支持
2024	主要包括古文字与出土简牍文献整理和研究，重要历史文化典籍版本收集与整理研究，古代丝绸之路和海上丝绸之路历史遗存保护研究，石窟寺保护研究，重要历史文化遗址保护研究，传统村落、历史街区、古老建筑保护研究，边疆民族地区历史文化遗产保护研究，少数民族语言文字与历史研究，方言与地域文化研究等	具有副高级以上（含）专业技术职称（职务）或具有博士学位	学术团队项目参照国家社科基金重大项目标准，一般每项资助 60～80 万元（删除了"责任单位应对获立项的项目给予相应的配套研究经费支持"）

二、区别与联系

根据国家社会科学基金相关管理办法的要求,国家社科基金项目可以分为若干类型,国家社科基金冷门绝学研究专项属于专项工程。国家社科基金冷门绝学研究专项是在年度项目、青年项目和西部项目外,对特定研究领域的专门支持,且资助力度更大。从联系角度看,两者同属国家社科基金项目,具有同等重要的学术地位;从区别角度看,两者的申请方式、评审规则等有所差异。国家社科基金冷门绝学研究专项与年度项目、青年项目和西部项目的区别如表 13-2 所示。

表 13-2　国家社科基金冷门绝学研究专项与年度项目、青年项目和西部项目的区别

1. 申请方式不同	
国家社科基金冷门绝学研究专项	申请书
国家社科基金年度项目、青年项目和西部项目	申请书+"活页"
2. 评审规则不同	
国家社科基金冷门绝学研究专项	会评
国家社科基金年度项目、青年项目和西部项目	通讯评审+会评

三、相关立项数据

1. 立项总数

2020—2024 年,国家社科基金冷门绝学研究专项总计资助数量达到 406 项(学术团队项目 106 项,学者个人项目 300 项),总资助数量呈现逐年递增的态势。其中,2024 年达到历年最高的 101 项,包括学术团队项目

24 项，学者个人项目 77 项。

2020—2024 年国家社科基金冷门绝学研究专项项目立项情况如表 13-3
所示。

表 13-3 2020—2024 年国家社科基金冷门绝学研究专项项目立项情况

单位：项

年份	学术团队	学者个人	总计
2020	20	46	66
2021	23	48	71
2022	12	63	75
2023	27	66	93
2024	24	77	101

2. 学科分布

从 2019 年立项的国家社科基金冷门绝学研究专项所在学科分布情况
看①，学科主要集中在中国文学、中国历史、民族学等学科。不过，鉴于
鼓励跨学科跨领域研究的主旨，全国哲学社会科学工作办公室在国家社科
基金冷门绝学研究专项的统计中并没有进行学科划分。

3. 高校分布

2020—2024 年，国家社科基金冷门绝学研究专项总计资助的责任单位
共计 173 家，其中高校 135 家，占比 78.03%。总计资助排名第一的高校是
北京大学（13 项），总计资助排名第一的"双非"高校是山西大学
（5 项）。2020—2024 年国家社科基金冷门绝学研究专项项目高校立项情况
如表 13-4 所示。2020—2024 年国家社科基金冷门绝学研究专项项目"双
非"高校立项情况如表 13-5 所示。

---

① 2019 年后冷门绝学立项结果不再公布学科。

表 13-4　2020—2024 年国家社科基金冷门绝学研究专项项目高校立项情况

单位：项

序号	学校名称	2020 年	2021 年	2022 年	2023 年	2024 年	合计
1	北京大学	4	2	1	3	3	13
2	中央民族大学	2	1	3	3	1	10
3	南开大学	1	0	2	3	3	9
4	厦门大学	2	1	1	3	2	9
5	北京师范大学	1	3	1	2	0	7
6	复旦大学	1	1	2	2	1	7
7	中国人民大学	1	2	2	1	1	7
8	中山大学	2	1	2	1	1	7
9	清华大学	0	0	2	3	2	7
10	云南大学	1	1	1	2	1	6

表 13-5　2020—2024 年国家社科基金冷门绝学研究专项项目
"双非"高校立项情况　　　单位：项

序号	学校名称	2020 年	2021 年	2022 年	2023 年	2024 年	合计
1	山西大学	1	0	0	1	3	5
2	广西师范大学	1	0	0	0	3	4
3	广西民族大学	0	1	2	0	1	4
4	河北大学	1	2	0	1	0	4
5	内蒙古师范大学	0	0	3	0	1	4
6	大连民族大学	0	1	1	1	0	3
7	北京语言大学	1	0	1	0	1	3
8	福建师范大学	0	1	1	1	0	3
9	河南大学	0	1	0	1	1	3
10	山东师范大学	1	0	1	1	0	3

四、申请书填写注意事项

国家社科基金冷门绝学研究专项学术团队项目申请书填写注意事项参见本书国家社科基金重大招标项目申请书填写注意事项相关内容。

国家社科基金冷门绝学研究专项学者个人项目申请书填写注意事项参见本书国家社科基金年度项目、青年项目和西部项目申请书填写注意事项相关内容。

五、其他注意事项

作为专项工程，国家社科基金冷门绝学研究专项主要支持研究群体很小的分支学科和交叉学科。这就使得国家社科基金冷门绝学研究专项项目具有高度的个性特点，很难总结出申报的一般性规律，但是申请人在申报过程中有以下两点特别需要注意：

第一，申请人需要说明其丰富的前期成果。鉴于申报国家社科基金冷门绝学研究专项的项目多具有学术关注度低、成果产出难的特点，前期成果并非一定是已经公开出版和发表的著作或论文，也可以是已经掌握的特殊研究工具、前期积累的特有文献、长期积累的社会调查报告等能够说明项目申请人具有深厚积累的材料。

第二，申请人应使用切实可行的研究方法。国家社科基金冷门绝学研究专项鼓励学者根据学术兴趣和学术积累运用新理论新方法进行跨学科跨领域研究，这就需要申报者撰写研究计划时，将跨学科研究方案撰写得尽可能详实，并具有可操作性。当然，一些项目确实不适用新理论新方法进行跨学科跨领域研究，申请人也切勿贪多求新而使研究计划脱离实际。

专题十四

国家社科基金后期资助项目申报说明及建议

一、性质、定位及类别

根据《2024年国家社会科学基金后期资助暨优秀博士学位论文出版、优秀学术著作再版项目申报公告》的规定，国家社会科学基金后期资助项目旨在鼓励广大哲学社会科学工作者弘扬优良学风，潜心治学，扎实研究，努力推出和打造具有学术创新价值和传承意义的精品力作，培养一批优秀青年学者，充分发挥国家社科基金在繁荣发展哲学社会科学中的示范引导作用。该项目主要资助已基本完成且尚未出版的哲学社会科学研究优秀学术成果，以资助学术专著为主。

从资助重点看，重点资助围绕党和国家工作大局、经济社会发展的重要理论和实践问题以及哲学社会科学各学科领域的重要基础和前沿问题开展原创性研究取得的优秀学术成果。

从项目类别看，国家社科基金后期资助项目分为重点项目和一般项目。其中，重点项目资助金额为35万元左右，一般项目资助金额为25万元左右。

二、区别与联系

根据国家社会科学基金相关管理办法的要求，国家社科基金项目可以分为若干类型，如果将"在成果完成前资助还是成果完成后资助"作为标准，可以将国家社科基金项目大致分为后期资助项目和前期资助项目两大类。从联系角度看，两者同属国家社科基金项目，具有同等重要的学术地位。从区别角度看，两者申请的方式、呈现的内容等有所差异。国家社科基金后期资助项目与前期资助项目的区别如表 14-1 所示。

表 14-1　国家社科基金后期资助项目与前期资助项目的区别

1. 申请方式不同	
国家社科基金后期资助项目	申请书+成果稿
国家社科基金前期资助项目	申请书+"活页"
2. 呈现内容不同	
国家社科基金后期资助项目	我研究出了什么？
国家社科基金前期资助项目	我打算研究什么？
3. 成果稿是否定型不同	
国家社科基金后期资助项目	已完成 80% 的成果稿
国家社科基金前期资助项目	无成果稿

三、相关立项数据

1. 立项总数

2013—2024 年，国家社科基金后期资助项目总计资助数量达到 8 986 项，总体立项数呈现出波动上升的趋势。其中，2024 年立项数为 1 292 项，是 2013 年的约 3.6 倍。2013—2024 年国家社科基金后期资助项目立项数如表 14-2 所示。

表 14-2　2013—2024 年国家社科基金后期资助项目立项数　单位：项

年份	2013	2014	2015	2016	2017	2018	2019	2020	2021	2022	2023	2024
立项数	362	382	419	398	487	613	1008	954	1044	1102	925	1 292

数据来源：根据历年国家社科基金后期资助项目立项公示结果统计。

2. 学科分布

从 2024 年立项的国家社科基金后期资助项目所在学科分布情况看，后期资助项目主要集中在管理学、中国文学、中国历史、哲学、法学、应用经济和马列·科社等学科，这些学科资助项目数量均超过 80 项。人口学、新闻与传播学、宗教学、统计学、民族学、政治学等学科的后期资助立项项目相对较少，资助数量均不超过 20 项。2024 年国家社科基金后期资助项目主要资助学科及立项数如表 14-3 所示。

表 14-3　2024 年国家社科基金后期资助项目主要资助学科及立项数

单位：项

序号	学科	所属学科立项数
1	管理学	171
2	中国文学	113
3	中国历史	99
4	哲学	98

表14-3(续)

序号	学科	所属学科立项数
5	法学	96
6	应用经济	87
7	马列·科社	85
8	语言学	73
9	艺术学	65
10	理论经济	48

数据来源：根据2024年国家社科基金后期资助项目立项公示结果统计。

3. 高校分布

从2024年国家社科基金后期资助项目的高校分布情况看，共有28所高校立项数在10项以上。其中，排名第一的是四川大学，总计立项29项；排名第二的是武汉大学，总计立项23项；郑州大学、山东大学分别位居第三、第四，立项数分别为20项、16项。2024年国家社科基金后期资助项目立项排名前10名的高校如表14-4所示。

表14-4　2024年国家社科基金后期资助项目立项排名前10名的高校

单位：项

序号	学校名称	总计
1	四川大学	29
2	武汉大学	23
3	郑州大学	20
4	山东大学	16
5	广东外语外贸大学	15
6	苏州大学	15
7	中国矿业大学	15
8	北京师范大学	14
9	复旦大学	14
10	中山大学	14

数据来源：根据2024年国家社科基金后期资助项目立项公示结果统计。

四、申请书填写注意事项

1. 申请书封面

①封面上的编号栏不用填写（见图 14-1），由项目组织管理单位负责填写。

图 14-1　编号栏

②封面上的"项目类别"填写"重点项目"或"一般项目"。

③封面上的"学科分类"填写代码表中的一级学科名称，如"世界历史"。

④封面上的"责任单位"按单位和部门公章填写全称。

2. 数据表

数据表要严格按照"填写注意事项"的相关要求进行填写，其中需要重点关注的事项特别说明如下：

①数据表上的"申报成果字数"应以出版社统计的版面字数为准。由于统计方式不同，按照个人习惯利用办公软件统计的字数一般与出版社统计的版面字数有所差异，而国家社科基金后期资助项目最终成果形式为书稿，填写由出版社统计的字数更为客观。因此，申请人应联系出版社协助统计成果稿字数。

②数据表上的"最终成果字数"应以出版社统计的预期版面字数为准。需要注意的是，"申报成果字数"要超过"最终成果字数"的80%。

③关于数据表上的"计划完成时间"，重点项目和一般项目的完成时限为1~3年。

④关于数据表上的"本成果主要合作者"，一方面，主要合作者相当于课题组成员，最终出版时相关的合作者姓名是否在图书封面或扉页上署

名，取决于项目负责人和合作者的最终协商情况；另一方面，主要合作者不宜太多，原则上按表格设计不超过 4 位，并且必须为研究成果的真实参与者。笔者建议主要合作者应老中青搭配、校内外搭配。

3. 相关项目及成果

"本人近两年内发表的相关论文"是指近两年内的成果。近两年是从申报当年向前推两年，如申报当年是 2025 年，近两年就是指 2023 年和 2024 年。笔者建议仅列出高质量、有代表性的相关论文，一定避免填写发表于"水刊"或进入"黑名单"的期刊的论文。在填写技巧方面，申请人一是可以按相关论文的重要性和相关性顺序填写，而不是按发表时间排序；二是可以在发表期刊名称后注明检索情况，如为 CSSCI 检索或 SSCI 检索等；三是可以考虑注明论文转载、被引或观点建议采纳与批示情况。

"本人近两年发表的相关论文"样表如表 14-5 所示。

表 14-5　"本人近两年发表的相关论文"样表

本人近两年内发表的相关论文			
序号	论文名称	发表期刊	时间
1	××××××	××××××（CSSCI 检索，被引××次，被××××转载）	××××
2	××××××	××××××（SSCI/SCI 检索）	××××

4. 申报成果介绍

申报成果介绍部分是申请书的重中之重，包括主要内容、主要观点、研究方法、学术创新、学术价值、存在的问题和需要改进之处、未完成章节情况、下一步研究计划。此部分要求填写字数不超过 4 500 字。

①"主要内容"是重点，需要详写。申请人在撰写时应先用 300～500 字写明研究背景及意义和研究思路，这样可以使项目评审专家对成果研究逻辑有一个总体印象。

——案例：2019 年，Y 教授，国家社科基金后期资助项目"面向经济高质量发展的区域创新资源配置研究"。

随着创新驱动发展战略的深入实施，中国的创新资源总量保持较快增长、投入强度持续提升。但是与此同时，以全要素生产率、技术效率等反映的技术进步水平和经济发展质量却并没有呈现出明显的提高趋势，其中一个重要原因就是创新资源配置不优，导致国家和区域创新体系整体效能不高。理论和实践证明，区域创新资源的配置比创新资源本身更加重要。

本研究主要探讨区域创新资源配置影响经济高质量发展的微观机理和宏观效应。首先，本研究从中国经济高质量发展与区域创新资源配置的基本现实着眼，构建区域创新资源配置影响经济高质量发展的基本理论分析框架；其次，本研究以全要素生产率衡量狭义的经济高质量发展，从总体上分析评估区域创新资源配置的效率及其对经济高质量发展的影响效应；再次，本研究揭示研发资源、创新人才资源和科技金融资源等不同类型创新资源的配置状况及其对经济高质量发展影响的时空异质性；最后，本研究提出优化区域创新资源配置、推进经济高质量发展的实现路径和政策建议。

……（此处接着写研究主要内容）

②"主要观点""研究方法""学术创新""学术价值"重点阐述通过项目研究已经得到的主要结论性内容，项目研究过程中已经采用的具体研究方法，项目组认为本研究成果已经具备的思想、理论创新、理论价值和应用价值。需要注意的是，此处填写的内容是"已经完成或取得的"，而不是"拟"采用的研究方法或"预期"的学术创新和学术价值。

③"存在的问题和需要改进之处""未完成章节情况""下一步研究计划"可以放在一起写。申报人需要注意客观、真实、坦诚，成果中存在的问题不要藏着掖着，下一步研究计划要细致清晰、有针对性和可操作性。

首先，"存在的问题和需要改进之处"要写清楚研究成果具体存在的、明确的问题或不足，不能笼统模糊。这部分内容既包括项目研究过程中由于某些因素限制了研究进程或成果质量而导致的问题或不足，如囿于数据可获得性导致部分研究数据较为陈旧或样本期不统一等，也包括研究内容本身存在的问题或需要改进的地方，如部分研究考虑的因素不够全面或研究不够深入具体等。

其次，"未完成的章节情况"主要指两种情况：一是存在研究难点，一些章节未能完成，但需要说明难点是什么，强调制约因素客观存在；二是由于时间不够等原因导致未能完成的章节，这部分章节内容只要有时间并不难完成。

最后，"下一步研究计划"要针对"存在的问题和需要改进之处"写明的问题和不足撰写，应写清楚具体需要完善哪些内容和章节，用哪些可操作的、有针对性的方式方法进行补充研究等，必要时也可以做一个时间进度表。

——案例：2019 年，Y 教授，国家社科基金后期资助项目"面向经济高质量发展的区域创新资源配置研究"。

1. 存在的问题和需要改进之处

一是数据问题。囿于部分年鉴和数据库仍然没有更新，个别章节的研究样本数据以 2016 年为截止日期，稍显陈旧。二是本研究测算了研发（R&D）资源配置扭曲程度，但并未探究造成 R&D 资源配置扭曲的诱因。三是本研究探讨了人才的要素资源匹配问题，但需要进一步探究人才的要素质量匹配问题及其对经济高质量发展的影响。四是本研究对科技金融资源配置的探讨主要局限于资源投入角度，尚未考虑产出问题。

2. 未完成章节情况

一是第×章尚未完成，后续需要结合科技金融资源的投入与产出数据进行补充分析；二是时间原因，第×章部分内容需进一步细化。

3. 下一步研究计划

一是查询最新数据和面上资料，将分析数据统一更新至 2018 年或 2019 年，根据新的样本数据重新进行经验检验并更新相应的研究内容；二是深入探究 R&D 资源配置扭曲的诱因及对人力资本的"侵蚀效应"，重点分析引起 R&D 资源配置扭曲的内在制度因素，考量 R&D 资源配置扭曲对人力资本产生"侵蚀效应"的大小及区域异质性，进一步分析 R&D 资源投入的阈值；三是界定人才的要素质量匹配理论内涵，揭示人才的要素质量匹配影响经济高质量发展的微观机理，选择合适的变量，检验其对经济高质量发展的宏观影响效应；四是甄别科技金融资源配置的直接或间接产出，从投入产出效率角度探讨科技金融资源配置对经济高质量发展的影响效应。

5. 出版社意见

根据国家社科基金后期资助项目申请书关于此部分的填写说明——"已与我办指定出版机构签署出版合同或达成出版合作意向的须填写此栏"，我们可以这样理解，一是没有与出版社签署出版合同或达成出版合作意向的可以不填此栏；二是如果已经与出版社签署出版合同或达成出版合作意向的就需要填写此栏，同时需要强调的是，这里的出版社是"指定出版机构"，相关机构名单在项目申报公告里有说明。总之，这部分内容可填可不填，如果要填写，就要与指定出版社提前联系（建议提前 1 个月），按照惯例起草推荐意见，在意见中必须要求出版社直接表明同意推荐，且推荐内容的表述要真实客观，避免出现"首次""第一""突破性"等绝对化或不够准确的表述方式和内容。

——案例：某出版社推荐意见。

《××××××（此处填写成果名称）》具有重要的学术价值和现实意义。课题负责人已经完成了该著作 80% 以上的工作量，对于后续问题也做了较好的安排和处理。该著作行文流畅，逻辑结构严谨，研究方法科学，参考文献详实，资料运用得当，研究结论比较可靠。

本单位同意推荐其申报。

五、成果稿撰写和提交注意事项

1. 不踩红线

申报人一是要注意申报条件中的限制性说明；二是要保证没有知识产权争议，并且不得有违背科研诚信要求的行为，不得出现学术不端行为。

2. 成果字数和完整性

①全国哲学社会科学工作办公室对国家社科基金后期资助项目仅规定成果稿要完成 80% 以上，没有规定具体字数，但建议成果稿按办公软件统计的字数至少在 10 万字。

②成果稿最好有内容简介和前言，内容简介 300 字左右，总体介绍成果主要内容和特点，但要注意与前言的区别。前言 1 500 字左右，阐明研究背景和意义、研究思路和内容编排、主要结论和创新点等，但要注意与第一章导论或绪论的区别。我们可以简单理解为内容简介是前言的概括，前言是导论或绪论的浓缩。

③研究框架和章节内容要完整，尽量做到主体章节已经全部完成，非主体章节每章都有内容。同时我们建议申报人应在每章撰写一个本章小结，用于对该章的主要思路和结论性内容进行总体说明。

④申报人可以将原始数据、相关代码、调研问卷等作为成果稿附件。

3. 成果稿格式

申报人应统一各级标题、字体、字号和行间距；统一各类图表的制作和标识方式，确保图表清晰可见，尤其要注意地图使用的规范性；统一参考文献格式和脚注；页脚须有页码，可考虑设置页眉；所有公式用公式编辑器编辑。

4. 其他注意事项

申报人应反复仔细检查有无错别字和错误标点符号。成果稿用 A4 纸双面印制，左侧装订（胶装），封面可以写明成果名称和成果完成时间等信息，封面颜色没有具体规定。

专题十五

国家社科基金优秀博士论文
出版项目申报说明及建议

一、性质、定位及类别

国家社科基金优秀博士论文出版项目与后期资助项目的宗旨和资助对象相同，主要资助已基本完成且尚未出版的哲学社会科学研究的优秀学术成果。国家社科基金 26 个学科，包括教育学、艺术学、军事学 3 个单列学科均可申报国家社科基金优秀博士论文出版项目。

国家社科基金优秀博士论文出版项目设立时间较后期资助重点项目与一般项目要晚，是 2019 年新增加的项目类别，主要用于资助研究深入、创新程度较高的优秀博士学位论文，突出对具有较大发展潜力的优秀青年学者的科研支持。从 2020 年开始，国家社科基金优秀博士论文出版项目划为单列项目，与后期资助项目合称国家社科基金后期资助项目暨优秀博士论文出版项目，没有重点项目与一般项目的区分。每项资助金额为 20 万元左右。

二、区别与联系

国家社科基金优秀博士论文出版项目与后期资助项目除宗旨相同外，还要求有下列情形者不得申报：

第一，申请人承担的国家社会科学基金项目、国家自然科学基金项目及其他国家级科研项目尚未结项。

第二，属于国家社科基金项目、国家自然科学基金项目及其他国家级科研项目、教育部人文社会科学研究各类项目的研究成果。

第三，成果内容涉及国家秘密。

国家社科基金优秀博士论文出版项目和后期资助项目之间还存在较大的区别，具体表现在以下几个方面：

第一，对申报成果完成字数的要求。申报国家社科基金后期资助重点项目和一般项目的成果需完成80%以上。与此不同的是，申报国家社科基金优秀博士论文出版项目，没有具体完成比例的要求。

第二，对申报成果与博士论文、博士后研究报告关系的规定。以博士论文、博士后研究报告为基础申报后期资助重点项目与一般项目，论文完成日期要求为博士论文答辩或博士后出站报告答辩3年以上，如2024年后期资助重点项目与一般项目，若以博士论文或博士后出站报告为基础，则答辩日期要求在2021年6月30日之前。同时，原论文要进行实质性修改，且增删、修改内容篇幅达到原论文字数30%以上。

国家社科基金优秀博士论文出版项目对时间的要求则是在博士论文答辩3年之内，如2024年国家社科基金优秀博士论文出版项目申报对博士论文完成日期的要求是2021年6月30日至2023年6月30日（以答辩日期为准）。国家社科基金优秀博士论文出版项目没有在原论文的基础上进行实质性修改，且增删、修改内容篇幅达到原论文字数30%以上的要求，申请人只需提交博士学位论文原文。

第三，对申请人年龄的要求。后期资助重点项目与一般项目对年龄没有具体要求，申请人遵守《中华人民共和国宪法》和法律，坚持正确的政治方向、价值取向和研究导向，遵守国家社科基金项目有关管理规定；能够独立开展研究工作，学风优良；具有副高级以上（含）专业技术职称（职务），或者具有博士学位即可申请。国家社科基金优秀博士论文出版项目的申请人，要求年龄应在 35 岁以下，如 2024 年对申请人年龄的要求为 1989 年 7 月 1 日后出生。

第四，对成果语言及等级的要求。后期资助重点项目与一般项目对申报成果的社会评价没有具体的要求，且对外文书稿未设限制。但是，国家社科基金优秀博士论文出版项目要求论文必须以中文写作，且被毕业院校评定为"优秀"等级。同等条件下，获得省部级以上优秀博士论文的优先予以支持。

三、相关立项数据

2019 年，国家社科基金优秀博士论文出版项目共立项 86 项，其立项名单与后期资助重点项目和一般项目合并公布。根据国家社科基金优秀博士论文出版项目各学科立项数据图（见图 15-1）可以看到，哲学立项率最高，共立项 12 项，占总立项数的 14%；其次为法学，共立项 11 项，占总立项数的 13%；政治学、教育学、艺术学、管理学分别立项 5 项、6 项、7 项、8 项，分别占总立项数的 6%、7%、8%、9%；马列·社科、理论经济、中国历史、中国文学、语言学均立项 4 项，均占总立项数的 5%；应用经济、社会学、外国文学均立项 3 项，均占总立项数的 3%；国际问题、图书情报学均立项 2 项，均占总立项数的 2%；党史党建、考古学、民族学、体育学立项数量最少，都仅立项 1 项，分别占总立项数的 1%。

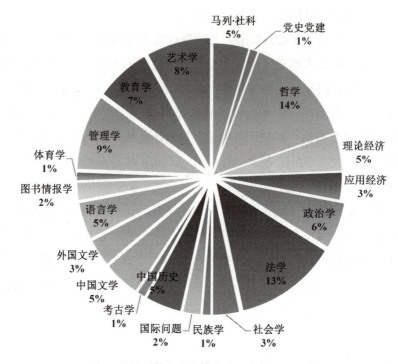

图 15-1   2019 年国家社科基金优秀博士论文出版项目各学科立项数据图

2020 年后，国家社科基金优秀博士论文出版项目单列，共立项 67 项，与后期资助项目分开公示。2021 年立项总数为 80 项，2022 年立项总数为 69 项，2023 年立项总数为 74 项，2024 年立项总数为 98 项。值得一提的是，2020 年以后国家社科基金优秀博士论文出版项目不再对外公布立项项目的学科归属。

四、申请书填写注意事项

从目前个人申报与同行反馈的状况看，申请书填写注意事项大致包括以下几个方面：

1. 数据表的填写

（1）论文字数与预计字数之间的关系

论文字数即原博士论文字数，预计字数即立项后的结项成果的总字数，申请人可以根据博士论文的实际情况进行填写。一般情况下，预计完成字数稍多于原博士论文字数。需要提醒的是，国家社科基金优秀博士论文出版项目没有对原博士论文进行修改达到30%的规定，申请人要将其与后期资助重点项目和一般项目区分开来。

（2）计划完成时间

申请人一定要仔细阅读当年申报公告中对优秀博士论文出版项目单独设置的完成时间，如2024要求的博士论文完成时间为2021年6月30日至2023年6月30日，而后期资助项目要求的完成时间为2021年6月30日之前。申请人切忌将优秀博士论文出版项目完成时间与后期资助重点项目和一般项目完成时间混为一谈。

（3）工作单位与委托管理单位

工作单位是申请人所在单位设有科研管理部门时填写的，填写时可以具体到二级单位。委托管理单位是申请人所在工作单位无科研管理部门时，可以委托博士学位授予单位进行申报和管理的单位。若申请人所在单位设有科研管理部门，则填写个人所在工作单位，在委托管理单位一栏填写"无"；若申请人所在单位没有科研管理部门，则在委托管理单位一栏填写委托单位名称，并在工作单位一栏填写"无"。

2. 科研情况表

（1）成果

对于成果一栏，一定要注意，填写的是"博士在读期间发表的与博士学位论文密切相关的代表性成果"。填写发表期刊时，申请人需要将期刊等级标明，即对是何核心刊物用括号进行标注，突出个人相关成果质量。

（2）学术简历

学术简历要清晰明了，首先介绍申请人目前的工作单位及主要研究方向，之后按本科、硕士、博士以及博士毕业至申请项目时的顺序，填写不同阶段就读高校、研究方向、主要成果（若成果较多，则用数据概括，文章注意突出核心刊物的数量）、荣誉以及学术兼职。

3. 博士论文介绍

这一部分内容的撰写实质是对博士论文绪论部分的总结与升华，但写作过程中仍然要注意以下问题：

（1）主要内容

主要内容是项目申请书明确要求详写的部分，因此申请人要特别注意这一部分的写作。申请人在撰写主要内容部分时，应用 150 字左右的篇幅对博士论文在相关学科中的价值进行评述，之后再根据博士论文具体情况，分章节、有层次地对博士论文进行高度归纳与总结，突出博士论文的特色。在写作过程中，申请人可以适当对标题及关键词句进行加粗处理，篇幅约 2 500 字。

（2）主要观点

主要观点是指博士论文的主要观点。这是博士论文的精髓，也是突出博士论文价值的地方。一方面，申请人要注意先总括，再进行简单阐述；另一方面，申请人要注意凸显博士论文的观点的不同之处。主要观点一般撰写 3 点，约 300 字。

（3）研究方法

对于研究方法，切忌大而化之的笼统表述，申请人一定要结合学科的特色进行细化，适当地增加举例，使表述更有说服力。研究方法一般撰写 3 点，约 300 字。

（4）学术创新点

学术创新点要注意和主要观点相区分。主要观点是对主要内容的高度概括，学术创新点也许不是博士论文的主要内容，而是博士论文中的出彩之处。较之主要观点，学术创新点更要注意理论价值的提升。申请人在具体写作时，可以用 1~2 句话对整个博士论文的创新之处进行高度概括，之后再分项进行论述，同时要突出创新点对学科或某具体研究的贡献。学术创新点一般撰写 3 点，约 400 字。

（5）学术价值

申请人在阐述学术价值时，应用 50 字左右的篇幅写一个简单的引言，之后分项进行阐述；以主要观点与学术创新点为基础，总结博士论文在不同领域的价值，仍然要十分注意对理论价值的提升。具体分项根据实际情况决定，不宜过多。若涉及方面较多，申请人可以分类分层次进行处理。此部分篇幅约 500 字。

（6）存在不足

存在的不足之处与研究改进计划一定要分开叙述，让申请人自己和评审专家能够清晰看到目前博士论文存在的问题。这部分一定要将问题具体化，不能大而化之地指出某一章、某一部分存在问题，而要将存在的问题具体呈现出来。此部分篇幅以 200~300 字为宜。

（7）研究改进计划

这部分不用标注修改的具体时间计划，最重要的是根据不足之处，一一对应提出弥补博士论文不足之处的计划，切忌笼统回应。这也是国家社科基金优秀博士论文出版项目和国家社科基金一般项目在研究改进计划的写作中存在的较大的不同之处。此部分篇幅以 300~400 字为宜。

4. 申报国家社科基金优秀博士论文出版项目需要提供的材料

申报国家社科基金优秀博士论文出版项目需要提供的论文等级证明材料、博士学位论文评阅书复印件、答辩决议书复印件等都由博士毕业单位提供。因为不同院校与研究机构对此有不同的规定，所以申请人在申报前应与原二级单位管理学位的工作人员联系，根据具体规定进行准备。

五、成果稿撰写和提交注意事项

对于国家社科基金优秀博士论文出版项目成果稿，即博士论文原稿，申请人在提交申请时，不需要对其进行修改，但如果博士论文存在格式不规范之处，仍需进行完善。申请人不需要按照出版格式进行修改，待顺利立项后，国家哲学社会科学办公室会指定出版社统一出版，申请人届时可以再根据专家意见与出版社格式规范进行系统修改。

此外，还需要提醒的是，申报要求并未对原博士论文封面、扉页、中英文摘要、致谢（后记）等提出具体的规范。因此，在申报时，申请人应保留中英文摘要，删除原博士论文封面、扉页与致谢（后记）。原博士论文封面删除后，申请人应对国家社科基金优秀博士论文出版项目申请书的封面进行适当修改，将其印刷后再提交。

专题十六

国家社科基金重大项目申报说明及建议

一、国家社科基金重大项目概述

国家社科基金项目已形成包括重大项目、年度项目、青年项目、西部项目、特别委托项目、专项工程、后期资助项目、中华学术外译项目、《国家哲学社会科学成果文库》、学术通俗读物、单列学科等类别的立项资助体系。

国家社科基金重大项目是由全国哲学社会科学工作办公室管理并组织实施的研究项目，是资助体系中层次最高、资助力度最大、权威性最强的项目类别，旨在鼓励广大社会科学工作者弘扬优良学风、潜心治学、扎实研究、努力推出具有学术传承创新价值的高水平研究成果。目前，国家社科基金重大项目有年度重大项目和专项重大项目，覆盖面广、影响力大，具有重要的导向性、权威性、前瞻性和示范性，代表了国家在哲学社会科学领域研究的最高层次，研究成果对推动国家政策制定、经济发展、社会进步具有重要的学术价值和实践意义。

1. 研究主题重大

国家社科基金重大项目主要聚焦于党和国家的重大政策、战略需求、学术前沿问题以及社会发展中的重大理论和现实问题。研究课题具有全局性、战略性和前瞻性，通常与国家发展和社会进步密切相关。

2. 资助力度大

国家社科基金重大项目的资助额度较高，通常项目经费可达几十万元至上百万元不等，支持规模庞大的研究团队开展深入系统的研究，确保研究有充足的资金保障。

3. 研究周期较长

国家社科基金重大项目的研究周期通常较长，一般为 2~5 年，允许研究团队在充足的时间内进行深入调查、理论构建和系统性研究，最终产出高质量的科研成果。

4. 团队合作与跨学科研究

国家社科基金重大项目通常需要具备较强的研究团队力量，项目负责人及团队成员需要具备较高的学术水平和丰富的研究经验。国家社科基金重大项目鼓励跨学科合作，结合不同学科的视角来解决复杂的理论或实践问题。

5. 学术与实践并重

国家社科基金重大项目不仅注重学术研究的创新性和前沿性，还强调研究成果的实践应用价值。研究成果往往要求为政府决策、社会管理和经济发展提供科学依据或政策建议。

二、国家社科基金重大项目招标对象

国家社科基金重大项目招标对象主要包括中央有关部门，教育部直属高校，省级以上党校（行政学院）、社科院、高校和重点研究基地，军队系统重点院校和社科研究机构的研究人员。投标以责任单位名义组织，多单位联合投标须确定一个责任单位。国家社科基金重大项目鼓励跨学科、跨地区、跨单位联合投标，鼓励理论工作部门与实际工作部门合作开展研究。

三、国家社科基金重大项目招标要求

国家社科基金重大项目坚持以习近平新时代中国特色社会主义思想为指导，全面贯彻落实党的二十大精神，深入实施《中共中央关于加快构建中国特色哲学社会科学的意见》，坚持正确的政治方向、价值取向和学术导向，以对推进党的理论创新和中国式现代化具有学术支撑作用的重大理论和现实问题、对中国特色哲学社会科学发展和建构中国自主知识体系有关键性作用的重大基础理论问题为主攻方向，推出具有重大学术创新价值和文化传承意义的标志性研究成果，着力服务党和国家战略需求，着力推进知识创新、理论创新、方法创新和应用创新，着力加强中国特色哲学社会科学学科体系、学术体系、话语体系建设，为党和国家工作大局服务，繁荣发展中国特色哲学社会科学。

四、国家社科基金重大项目的招标数量和资助强度

国家社科基金重大项目包括基础理论研究、应用对策研究和交叉学科研究，以基础理论研究为主，涵盖国家社科基金 26 个学科领域（不同年度发布的选题涉及的学科数量不同）。除方向性选题外，每个招标选题原则上只确立 1 项中标课题。资助强度根据研究的实际需要确定，一般为每项 60 万~80 万元（国家社科基金重大项目近年来的资助额度标准为 80 万元，并列立项项目的资助额度为 60 万元）。研究周期长、经费投入大、带

有工程性质的重大选题及大型数据库建设项目可以单独编制经费预算。如获中标，国家社科基金重大项目将根据研究进展情况和完成质量，立项两年后经中期检查评估合格后予以滚动资助。

五、国家社科基金重大项目的投标资格要求

1. 投标责任单位须具备的条件

投标责任单位须具备下列条件：

第一，在相关研究领域具有较强的科研力量和深厚的学术积累。

第二，设有专门负责科研管理工作的职能部门。

第三，能够为开展重大项目研究工作提供良好条件。

2. 投标人须具备的条件

投标人须具备下列条件：

第一，遵守《中华人民共和国宪法》和法律，遵守国家社会科学基金各项管理规定；在相关研究领域具有深厚的学术造诣和丰富的科研经验，社会责任感强，品行端正，学风优良；具有正高级专业技术职称或厅局级（含）以上领导职务，能够承担实质性研究工作并担负科研组织指导职责；每个投标团队首席专家只能为一人。

第二，在研国家社会科学基金项目、马克思主义理论研究和建设工程重大项目及其他国家级重大科研项目、教育部哲学社会科学研究重大课题攻关项目的负责人，不能作为首席专家参加投标。申报2024年国家社会科学基金年度项目的申请人，不能投标本年度国家社会科学基金重大项目。

第三，首席专家只能投标一个项目，且不能作为子课题负责人或课题组成员参与同批投标的其他课题。子课题负责人须具有副高级（含）以上职称，在同批次招标中只能参与一个投标课题，课题组成员最多参与两个投标课题。在研国家社会科学基金重大项目、重大研究专项项目及教育部

哲学社会科学研究重大课题攻关项目的负责人，不得作为子课题负责人参与同批次投标。

六、国家社科基金重大项目的投标课题要求

第一，投标人须按照《招标公告》发布的招标选题或研究方向投标。招标选题分为方向性选题（带＊）和具体选题。投标方向性选题的，投标人可以立足自身研究基础，围绕选题方向选择不同视角自拟题目申报；投标具体选题的，投标人原则上不能修改选题表述，如确有需要可进行适当微调，但不得大幅压缩或改变研究内容，自选课题不予受理。投标须按照新修订的《20××年国家社会科学基金重大项目投标书》（以下简称《投标书》）规定的内容和要求填写申报材料，填报此前版本无效，不同年度均需要使用当次发布的版本进行填写。《投标书》要突出课题论证设计部分，重点介绍总体研究框架和预期目标，课题研究思路、研究重点和创新之处，简要介绍研究综述、子课题负责人情况等内容，课题设计论证和研究计划合计不超过4万字。《投标书》文本要简洁、规范、清晰，不加附件。

第二，投标课题要突出研究重点，体现有限目标，课题设计不宜过于宽泛，避免大而全，子课题数量一般不超过5个。大型文献典籍整理、丛书编纂、数据库建设等规模较大的课题，可以根据实际需要设计子课题数量。每个子课题只能确定一名负责人。

第三，投标人须提交3项与申报选题研究领域相关的代表性成果（论文或专著），作为评审立项的重要参考。

第四，投标人要熟知国内外相关领域研究前沿和动态，具备扎实的研究基础和丰富的相关前期研究成果。除必要的学术史梳理或综述外，投标人应着重阐明本课题设计相对于已有研究的独到学术价值、应用价值和社会意义。

第五，投标人要树立鲜明的问题导向和创新意识，在框架设计、研究思路、主要内容、基本观点、研究方法等方面，体现创新的学术思想、独到的学术见解和可能取得的突破。投标跨学科研究选题要侧重学科交叉（在《投标书》中注明直接相关学科）和协同创新，注重采取多学科研究方法和组建跨学科研究团队，发挥重大项目在科研育人方面的重要作用。

第六，项目完成时间根据研究工作的实际需要确定，一般应在 2~5 年完成，少数研究任务艰巨、规模较大、周期较长的课题可以分期完成，完成时限不做统一规定。

第七，预期研究成果的规模和数量应科学合理，确保质量和学术水准，多出精品力作。最终成果为大型文献典籍整理、多卷本专著、系列丛书等形式的，应注意编纂体例的科学性和统一性。最终成果为学术专题数据库（语料库）的，要坚持公益共享原则，结项验收时须实现线上开放使用功能。

七、国家社科基金重大项目的投标纪律要求

第一，责任单位和投标人要加强审核，切实把好政治方向关和学术质量关。各地社科管理部门和在京委托管理机构要按工作程序对《投标书》、投标人及科研团队进行资格审查，合格的予以报送。

第二，投标人要弘扬崇尚精品、严谨治学、注重诚信、讲求责任的优良学风，自觉坚持公平竞争的原则，严格遵守国家社会科学基金项目管理规定。凡有弄虚作假、抄袭剽窃、违规违纪等行为的，一经查实即取消参评资格，5 年内不得申报国家社会科学基金项目，同时通报批评，并责成所在单位依规进行处分，如获立项，一律撤项，并列入不良科研信用记录。

第三，子课题负责人和课题组成员须为课题研究的实际参与者，且须征得本人同意。子课题负责人须在《投标书》上签字，否则视为违规申

报。如获中标，首席专家要兑现投标时承诺，确保子课题负责人有充足的时间精力投入研究，原则上子课题负责人不得变更。

第四，投标人可提出 2 名以内建议回避评审专家，全国哲学社会科学工作办公室将根据评审工作实际情况予以考虑。

八、时间安排

国家社科基金重大项目采取的是网络申报，投标人和责任单位须根据申报公告中关于申报系统开放时间内提交。在此期间投标人可以登录国家社会科学基金科研创新服务管理平台（https://xm.npopss-cn.gov.cn），并按规定要求填写申报信息（已有账号者无需再次注册）。逾期系统自动关闭，不再受理申报。

省级社科管理部门、在京委托管理机构须根据申报公告中关于申报系统审核时间前将审核通过的《投标书》报送全国哲学社会科学工作办公室，并确保数据的真实性、完整性和一致性。

全国哲学社会科学工作办公室对《投标书》进行资格审查，组织专家对通过资格审查的投标材料进行评审，提出建议中标课题名单并按程序立项。

九、国家社科基金重大项目相关立项数据

1. 立项情况

2016—2024 年，国家社科基金年度重大项目总计资助数量达到 3 040 项（仅含对外公示项目），2020 年国家社科基金年度重大项目立项数量达到历史最高的 363 项。2016—2024 年国家社科基金年度重大项目立项情况如表 16-1 所示，2016—2024 年国家社科基金艺术学重大项目立项情况如

表 16-2 所示，2016—2024 年国家社科基金其他类别重大专项立项情况如表 16-3 所示。

表 16-1　2016—2024 年国家社科基金年度重大项目立项情况　单位：项

年份	2016	2017	2018	2019	2020	2021	2022	2023	2024
数量	282	343	358	349	363	348	338	333	326

表 16-2　2016—2024 年国家社科基金艺术学重大项目立项情况　单位：项

年份	2016	2017	2018	2019	2020	2021	2022	2023	2024
数量	10	9	24	27	28	27	18	15	17

表 16-3　2016—2024 年国家社科基金其他类别重大专项立项情况（不完全统计）

单位：项

重大专项	2016年	2017年	2018年	2019年	2020年	2021年	2022年	2023年	2024年
研究阐释党的十八届五中全会精神	38								
研究阐释党的十九大精神			103						
研究阐释党的十九届四中全会精神					109				
研究阐释党的十九届五中全会精神						130			
重大历史问题研究专项						22			
研究阐释党的十九届六中全会精神							130		
重大历史问题研究专项							17		
研究阐释党的二十大精神								135	
重大历史问题研究专项								31	
研究阐释党的二十届三中全会精神									106
文化遗产保护传承研究专项									34
习近平文化思想研究中心重大课题									26

2. 立项分布

从 2024 年国家社科基金年度重大项目的立项单位分布情况来看，排名第一的是中国人民大学，立项 22 项；排名第二的是南京大学，立项 18 项；排名第三的是复旦大学，立项 17 项。2024 年国家社科基金年度重大项目立项数 3 项及以上的单位如表 16-4 所示。

表 16-4　2024 年国家社科基金年度重大项目立项数 3 项及以上的单位

序号	学校名称	计数/项	占比/%	序号	学校名称	计数/项	占比/%
1	中国人民大学	22	6.7	16	华中师范大学	4	1.2
2	南京大学	18	5.5	17	清华大学	4	1.2
3	复旦大学	17	5.2	18	同济大学	4	1.2
4	北京师范大学	12	3.7	19	中共中央党校（国家行政学院）	4	1.2
5	浙江大学	12	3.7	20	中国政法大学	4	1.2
6	武汉大学	10	3.1	21	东北大学	3	0.9
7	四川大学	8	2.5	22	东北师范大学	3	0.9
8	南开大学	7	2.1	23	湖南大学	3	0.9
9	厦门大学	7	2.1	24	暨南大学	3	0.9
10	北京大学	6	1.8	25	上海大学	3	0.9
11	山东大学	6	1.8	26	苏州大学	3	0.9
12	华东师范大学	5	1.5	27	天津大学	3	0.9
13	吉林大学	5	1.5	28	中南财经政法大学	3	0.9
14	中山大学	5	1.5	29	中南大学	3	0.9
15	东北财经大学	4	1.2				

十、国家社科基金重大项目填写说明

封面"招标选题序号"填写《招标公告》发布的招标选题序号（阿拉伯数字）；"课题名称"按招标选题相关要求拟定，自选课题不予受理；"首席专家"限填 1 人，每个子课题只能设 1 名负责人；"责任单位"填写项目经费管理单位，按单位或部门公章填写全称，如"北京大学"。

"表 1. 数据表"部分栏目填写说明如下：

课题名称、首席专家、责任单位须与封面相同。

关键词须按研究内容确定，一般不超过 3 个，词与词之间空一格。

涉及学科须填写一级学科名称，一般不超过 3 个。

通信地址及联系方式须填写详细地址和有效联系方式。

子课题负责人（除规模较大项目和切实研究需要外），一般不超过 5 人。

预期成果须填写最终成果形式，可以选填多项。字数以中文千字为单位。

投标书填写要简洁、规范、准确、清晰，课题设计论证和研究计划合计不超过 4 万字，不加附件。各栏除特别规定外，均可以自行加行、加页，申请人需注意保持页面连续性和完整性。其他注意事项，详见各表填写参考提示和脚注。投标书填写完毕后，申请人需在《目录》中标注实际页码。

投标书经责任单位审核盖章后，由投标人通过国家社科基金科研服务创新管理平台提交，各地社科管理部门或在京委托管理机构审核通过后报送全国哲学社会科学工作办公室。

十一、国家社科基金重大项目投标书
填写目录和内容

一份完整的国家社科基金重大项目投标书内容如下：

7个大类：基本信息、首席专家情况、课题设计论证、研究计划、研究经费、单位承诺、审核意见。

15个表：①数据表。②学术简历。③承担项目和发表（出版）成果目录（注：公开发表或出版的成果须注明学术期刊或出版社及刊出时间或出版时间、刊名及刊期；内部研究报告须注明报送单位及时间；被引用、转载须注明引征著作或刊名、刊期；获奖情况只填省部级以上政府奖；被采纳情况填完全采纳或部分采纳）。④研究现状和选题价值。⑤研究框架和预期目标。⑥研究思路、方法和可行性分析。⑦重点难点和创新之处。⑧子课题结构和主要内容（注：第一，除规模较大项目和切实研究需要外，子课题一般不超过5个。申请人自行复制申请表之二、之三等。第二，申请表之二、之三项所填内容须征得子课题负责人和参加者的同意和确认，子课题负责人须签字）。⑨参考文献和研究资料。⑩研究进度和任务分工。⑪经费预算表（注：第一，经费预算按照《国家社会科学基金项目资金管理办法》的有关规定编制，须注明开支细目。第二，研究周期长、经费投入大的项目可以分年度单独编制经费预算细目。如有其他经费来源，申请人须提供出资单位证明材料，附在预算表之后。第三，大型数据资料调查和境外调研经费须单独编制详细预算计划，附在预算表之后）。⑫项目责任单位承诺（注：如责任单位的二级机构有多个，申请人可以自行复制申请表之二、之三）。⑬项目合作单位承诺（注：如合作单位有多个，申请人可以自行复制申请表之二、之三等）。⑭责任单位审核意见。⑮各省（自治区、直辖市）社科管理部门或在京委托管理机构审核意见。

十二、国家社科基金重大项目投标书
填写首席专家信息

国家社科基金重大项目对首席专家的基本情况较为看重，因此本项一定要重点填写。

1. "表2　首席专家学术简历"

首席专家情况在整个投标书中的权重占比非常高。该部分内容将展示首席专家对所申报课题的熟悉程度、研究深度、驾驭能力和独到见解，申请人要予以充分重视。申请人在撰写时要注意以正面介绍为主，有述有评，以评代述（评述结合，以评为主）。申请人要梳理首席专家的国内外学习经历、工作简历、学术兼职、所获奖励或荣誉称号等基本情况，一定要准确、全面、系统、深入；在梳理主要研究领域和研究专长、与投标课题相关的代表性成果及基本观点、在相关研究领域的学术积累和学术贡献等具体情况时，要尽可能与投标主题密切关联；在梳理同行评价和社会影响时，要尽可能用一流专家特别是知名专家、一流期刊特别是权威期刊的成果。

2. "表3　首席专家承担项目和发表成果目录"

这部分一是介绍近五年作为第一负责人承担的各类项目情况，二是介绍近五年发表的与投标课题相关的主要研究成果。申请人在详细罗列时，均要突出重要性、关联性。此外，申请人需要注意的是：第一，承担项目情况，纵向课题填报省部级以上项目，横向课题填报经费超过2万元的项目。第二，成果名称后须注明第几作者、独著或主编等字样；公开发表的成果须注明出版社及出版时间、刊名及刊期；内部研究报告须注明报送单位及时间；引用、转载须注明引征著作或刊名、刊期；获奖情况只填省部级以上政府奖；被采纳情况填完全采纳或部分采纳。

十三、国家社科基金重大项目投标书的课题设计论证

对"表4　研究状况和选题价值",申请人主要从课题的研究背景、区域界定、概念界定、解决问题的思路等入手,目的是让评审专家能较为清晰地知道本投标书的主要思路和逻辑。投标书要突出课题论证设计部分,重点介绍总体研究框架和主要内容,课题研究思路、研究重点和创新之处,简要介绍研究综述、子课题负责人情况等内容。近三年对课题设计论证字数的要求均不一样,2020年对字数没有限制,2021年对字数的要求是不超过10万字,2022年对字数的要求是不超过5万字,2023年对字数的要求是不超过5万字,2024年对字数的要求是不超过4万字,因此申请人要根据当年的要求进行设计。

申请人在阐述本课题相对于已有研究的独到学术价值和应用价值,一定要有建立在实质性研究基础之上的深刻分析评论和独到见解,要提出自己对该学术领域研究现状的评价和判断,敢于亮出观点,充分展示自己对所申报课题的密切关注、熟悉程度、研究积累和独到见解。只有对所申报课题相关研究成果及其得失有客观、全面、系统的梳理,准确、深入的分析,申请人的研究才有可能高于国内外该领域学术研究的水平,或弥补缺失,或有所创新,方有可能被立项。申请人切忌空泛地自我评价,注意措辞,慎用"填补空白""原创""第一"等语句。

十四、国家社科基金重大项目撰写规范与技巧
——"六脉神剑" 修炼法

1. 第一剑——恒：咬定青山，持之以恒

国家社科基金重大项目是一种"高端智慧"劳动。这种内功的修炼需要靠勤奋"学"出来，靠刻苦"练"出来，靠潜心"悟"出来，靠坚忍"熬"出来，靠持久"跑"出来，靠加压"逼"出来。也就是说，国家社科基金重大项目投标书撰写过程无疑是一场漫长而艰巨的智力与毅力的双重考验。这一内功的修炼，绝非一朝一夕之功，而是需要学者们在日复一日的学习中积累知识，在夜以继日的实践中磨砺技能，于无声处听惊雷，于平凡中见真章。它要求研究者不仅要勤奋学习，刻苦练习，更要潜心领悟，坚忍不拔地面对挑战，持久不懈地奔跑在科研的道路上，甚至在必要时，通过自我加压，逼出潜在的能力，达到学术的新高度。

2. 第二剑——破：庖丁解牛，精准破题

用心烹饪每一道菜就是在创造一个克敌制胜的新招式，精准剖析每一句话就是在创造一个获得立项的新亮点。也就是说，如同庖丁解牛般游刃有余，精准破题是国家社科基金重大项目撰写中的关键环节。投标人需要具备敏锐的洞察力，能够透过复杂的表象，直击问题的核心。这要求我们在准备阶段，就要像精心烹饪一道菜肴那样，对每个细节都了如指掌，对每一句话都进行深入剖析，力求在投标书中创造出既新颖又具实用价值的观点和策略，使之成为获得立项的亮点和杀手锏。

3. 第三剑——答：仔细审题，一问一答

撰写国家社科基金重大项目投标书很关键的一步是审题。如果把题目

看错了，或者是把题意理解错了，那样解题肯定是得不出正确的答案来的。什么叫审题？简明扼要地讲，审题就是要弄清楚"问什么"和"答什么"。也就是说，审题是撰写国家社科基金重大项目投标书的基石，其重要性不言而喻。一旦对题目理解偏差，后续的解答方向便可能南辕北辙。审题，简而言之，就是要准确把握题目所问，明确回答的方向和重点。这要求研究者具备高度的专注力和敏锐的理解力，确保对题目的每一个细节都能精准把握，做到有的放矢，一问一答，条理清晰，逻辑严密。

4. 第四剑——连：合纵连横，借势聚力

在国家社科基金重大项目的撰写中，合作与联动是不可或缺的。第一，"连智"。投标人应建立自己的专家智库，对某些专业领域特别是自己把握不准的问题，最好多听几位专家的意见和建议，避免一家之言，避免以偏概全。对专业领域内的疑难问题，投标人应广泛听取多位专家的意见和建议，避免片面性，确保研究的全面性和准确性。第二，"连动"，即跨地区相互协作，实现调研资源的整合共享。子课题负责人和课题成员尽量要覆盖投标课题所涉及的区域，突出跨界协同。通过整合调研资源，投标人实现信息共享，形成跨界协同的强大合力，共同推动项目的顺利进行。

5. 第五剑——团：千军万马，夜以继日

社科研究很容易进入"独狼"误区，社科研究要善于学习借鉴理工科研究模式，要积极参加不同专家学者的项目研究，团队建设是科研和学科建设做大做强的最重要保障。也就是说，社科研究往往容易陷入单打独斗的误区，而成功的国家社科基金重大项目往往需要团队的支持与合作。研究者应善于学习理工科研究中的团队协作模式，通过团队建设来增强科研和学科建设的实力。一个团结、高效、互补的团队是攻克难关、取得突破的关键。

6. 第六剑——悦：字斟句酌，悦己者容

国家社科基金重大项目投标书的撰写对文字的要求极为严格。投标人要对每个字、每句话都仔细斟酌、推敲，写作的态度必须十分慎重。在国家社科基金重大项目投标书的撰写中，投标人应经过仔细斟酌和推敲，确保表达的准确性和精炼性。这种严谨的态度不仅是对学术的尊重，也是对自己研究成果的负责。投标人应秉持精益求精的精神，以严谨、耐心、专注、坚持、专业和敬业的态度，打造出既符合学术规范又具吸引力的投标书，赢得评审专家的青睐和认可。

专题十七

组织管理

国家社科基金项目实行三级管理体制，项目申请人所在单位是其中一个管理层级，在项目申报工作中承担组织、管理、审核等职能。在当前管理模式下，国家社科基金只受理单位推荐申报的项目，不受理以个人名义申报的项目。换句话说，所有申报项目都是单位推荐申报的。从这个意义上说，单位的组织管理是制度赋予的重要职能，是项目申报工作不可或缺的重要环节，申报单位都应当高度重视组织管理工作，切实履行管理职责。

单位科研管理部门的组织管理也是提升项目申报质量的重要保障。这一点对于老牌重点大学或实力超强的科研机构而言，效应或许并不显著，原因在于这些单位的学术治理机制比较完善，基层学术组织（院系、平台、团队等）非常"给力"，自身的学术水平又居于领先地位，在长期的科研工作实践中，这些单位已经形成了稳固有序的项目申报质量保障系统。"低重心"是这个系统的显著特征，即组织管理的"重心"在基层学术组织，基层学术组织自觉履行职能，自觉且有效地承担起申报项目的质量保障任务，而学校层面的科研管理部门则偏重于宏观的计划、指挥、协调和承担必要的事务管理职能。相对而言，科研实力不强的地方高校尤其是近年来新获批的地方本科院校，尚未形成这样完善的组织体系，质量保障的压力主要集中在学校科研管理部门身上。对于这类高校而言，科研管理部门应当高度重视，用精心组织和辛勤工作来弥补学术组织体系与质量保障体系的不足，从而提高本单位申报项目的竞争力。

基于这样的认识，本书结合一些高校的经验和做法，主要探讨科研实力不强的地方高校科研管理部门如何做好国家社科基金项目申报的组织管理工作。

地方高校做好国家社科基金项目申报的组织管理工作，首先要明确其基本取向或主要任务，也就是明确组织管理工作做什么、怎么做、如何做得更好的问题。

如果把申报组织工作分为"规定动作"和"自选动作"，那么"规定动作"就是按照国家社科基金项目的申报要求，转发申报通知，按时审核申报材料；"自选动作"则是科研管理部门为提高项目申报质量的各种努力。就像跳水比赛一样，完成"规定动作"得到的是基本分，而"自选动作"由于难度系数更大，完成好了将会得到更高的分数。在项目申报中，若仅限于"规定动作"，那这样的组织工作无异于收报材料而已。

综合"规定动作"和"自选动作"，我们认为，项目申报组织管理工作的重点环节主要有：第一，注重前期培育，开展广泛动员；第二，精准解读申报政策；第三，细化申报计划，确保申报工作有序、高效；第四，反复论证，致力于提高项目申报质量；第五，认真审核，发现并改正项目申报材料的疏漏之处；第六，高质量完成项目申报中必要的事务性工作。

下面，我们着重谈谈前期培育、申报动员、政策解读、项目论证、材料审核等几个项目申报组织工作的关键环节。

一、前期培育

对于科研实力偏弱的地方高校而言，着力抓好科研项目的前期培育，不仅能有效提高国家级科研项目申报竞争力，而且能在此过程中逐步打造学校科研特色和优势，提升学校整体科研实力。在学校层面，要立足实际，着眼长远，做到"点""面"结合。在"面"上，重在做好科研发展中长期规划和年度计划，凝练稳定的科研方向，引导教师的科研行为；在"点"上，主要是对教师提出的有价值的科研项目给予资助或努力争取主管部门的资助。"点""面"结合强调打造方向稳定的科研团队，以组建的团队或自发形成的团队为纽带，把学科、方向和教师个人有机连接起来。教师应做好前期研究工作，重点做好项目申报的知识储备、资料积累，产出相关前期成果。

做好前期培育，其主要抓手包括做好科研规划、组建科研团队、开展前期资助等几个方面。

1. 做好科研规划

我们这里谈科研规划，主要不是说科研规划应当怎么做，而是强调必须要有规划，尤其要凝炼和确定学校人文社科研究的主攻方向。如果学校不明确科研主攻方向，对教师的科研行为缺乏有力的引导，那么其社科研究必将处于"东一榔头西一棒子"的散漫状态，力量分散，不能"抱团"，在国家社科基金项目申报中怎么会有竞争力呢？笔者认为，做好科研方向规划，以下几点需要特别注意：

一要围绕学校主干学科精炼特色方向。主干学科是学校人文社科研究的主力军，科研能力强的教师多集中在主干学科。但跟重点大学相比，很多地方高校的主干学科实力偏弱，发展空间受限。因此，做好主干学科的方向规划，应当避免跟重点大学正面碰撞，要坚持"有所为而有所不为"，独辟蹊径，凝炼自己的特色科研方向。

二要善于在新兴学科和交叉学科领域凝炼独有方向。在新兴学科领域，大家的起步水平差距不大，地方高校完全可以放手一搏。学校要坚持问题导向，促进多学科交叉融合，在交叉学科领域找到本校的特色研究方向。

三要善于立足区域特色凝炼方向。地方高校扎根地方，很多地方拥有全国乃至全球独一无二的区域特色资源，若是全国唯一，那就有国家意义；"越是民族的，越是世界的"，若是全球唯一，那就有全球意义。这正是地方高校的优势所在。地方高校发掘这些独特资源，将其转化为自己的科研方向，打造出来，就是自己的特色和优势。

四是要制定实施政策措施，强有力地引导教师的科研行为向既定的科研方向靠拢。例如，在科研奖励方面，学校对符合方向要求的科研成果予以额外奖励；在科研配套资助方面，学校对符合方向要求的科研项目提高资助额度；在职称评审方面，学校对教师的代表作进行是否符合学校既定科研方向的审核；在科研考核方面，学校对不符合既定科研方向的成果不予计算工作量；等等。

2. 组建科研团队

团队是支撑方向建设和学科发展的骨干力量，是连接学科与教师个人的纽带。学校的科研方向确定后，围绕这些方向组建一批科研团队并予以资助是十分必要的。在国家社科基金项目申报工作中，团队至少具有如下三个方面的突出作用：

一是团队成员根据分工，围绕某个特定领域开展长期跟踪研究，积累大量科研资料，产出一系列相关前期研究成果，为申报国家社科基金项目奠定坚实的基础。

二是把项目申报从个人单打独斗变为团队行为，汇聚集体智慧申报国家社科基金项目。申请人拥有一个项目申报的专家咨询队伍，经过团队的反复论证、打磨，申请质量将得到显著提升。

三是团队为项目申请人提供项目研究队伍储备。项目立项后，团队成员可以作为项目研究的骨干人员，成员间通常配合默契，优势互补，有利于高质量完成国家社科基金项目。

组建科研团队，首先要围绕既定的科研方向设立团队，通过团队建设促进方向建设和学科发展；其次要遴选好团队负责人或带头人，这是团队建设和发展的关键；再次要对团队下达明确的任务，给予持续的资助，进行必要的考核，让团队成为责权利统一的科研组织；最后要注重团队成员年龄、职称、专业等方面的结构，成员间要分工明确，优势互补。

3. 开展前期资助

前期资助是对教师提出的有价值的科研选题予以资助，资助教师在这一选题上开展知识储备、前沿跟踪、资料积累和前期成果产出等工作。笔者多年的工作实践表明，开展前期资助是提高教师申报国家社科基金项目质量的有效途径。前期资助的方式是多样的。一是对新进教师给予科研启动费资助，资助他们围绕学校既定科研方向自选有价值的课题开展研究；二是设立校级课题立项计划，支持有潜力的科研人员针对有价值的选题开展前期研究，积累科研资料和前期成果，并把成功申报国家社科基金项目作为免予鉴定结项的条件；三是支持教师积极申报承担地市级、省部级等各级科研项目，通过其他科研项目的研究，积累前期研究资料和成果。

二、申报动员

动员就是发动尽可能多的教师去申请国家社科基金项目。有人说，国家社科基金项目不是限额申请吗，为什么还要广泛动员呢？其实，对申报组织者来说，有一个"多中选优"和"优中选优"的问题，不做广泛深入的动员，单靠教师自发申请项目，就意味着学校没有"选优"申报的余地，申报的整体质量就难以保证。

当前，地方高校越来越重视国家社科基金项目的申报工作，申报动员各有招数。我们考察了几家地方高校的做法，总结一下经验，就是申报动员要做到"点面结合"。

"面上"工作指的是做好相关制度安排，形成申报动员的长效机制。这一制度安排主要包括三个方面，即评价、奖励和资助。

评价，即学校的科研评价，对教师科研行为发挥着"指挥棒"作用。学校要善于通过完善科研评价来激励和引导教师积极申报国家社科基金项目。地方高校建立有利于国家社科基金项目申报的科研评价体系，需要科研部门、人事部门、研究生院（部）等部门加强政策协同。其一，科研考核方面，有的学校在考核体系中大幅度提升国家社科基金项目的工作量比重，有的学校规定承担国家社科基金项目的主持人可以在一定期限内免于科研考核，有的学校把争取多少个国家社科基金项目作为其批准设立的科研团队的基本任务，以此激励团队成员积极申报国家社科基金项目。其二，在人事制度方面，有的学校把承担国家社科基金项目作为评聘高级职称或专业技术职务晋级的基本条件，有的学校把争取一项国家社科基金项目作为新引进人才在一定期限内的任务要求。其三，在研究生教育制度方面，有的学校把是否承担国家社科基金项目作为遴选博士生导师的基本条件，或者作为能否招收博士生的重要条件。这三方面的政策相互协同，政策导向效应非常显著。

奖励就是对申报中标者予以奖励，从利益引导的角度引导教师科研行为。有的高校为了鼓励广大教师积极申报国家社科基金项目，在绩效工资体系里设立相关专项，对获得国家社科基金项目资助的教师给予专项绩效奖励。有的学校奖励力度很大，获得一项国家社科基金一般项目都能得到10万元左右的绩效奖励，在一定阶段内计入绩效工资分月发放给项目主持人。

资助通常包括两个方面：申报资助和配套资助。申报资助是针对项目申报工作的，是对教师在申报国家社科基金项目过程中耗费的必要成本，如项目论证会议费、专家咨询费、文印成本等的成本补偿，资助额度在几千元到上万元。大多数高校对获得国家社科基金立项的项目都会给予配套资助，一方面解决国家社科基金资助经费不足的问题，另一方面以此引导和激励教师通过申报承担国家社科基金项目而争取更多的科研经费。地方高校对国家社科基金项目的配套资助力度通常较大，一般都按照1∶1的比例予以配套，额度高的配套比例达到1∶2。资助体系解决的是教师的科研成本问题，传达给教师的政策信号是无论是申报还是承担国家社科基金项目，其成本均由学校承担，不需要教师自己承担。

"点上"工作就是要做好重点群体的动员工作。对地方高校而言，需要重点动员的群体主要有三个，即新入职博士、新引进人才和有潜力但准备"懈怠"的教师。新引进人才一般是经考察科研能力较强、科研成果较丰富的教师，科研管理部门和人才所在二级单位一定要"盯紧"他们，如果他们没有在研的国家社科基金项目，来校当年就应该让他们"上场"申报。博士毕业新入职的青年教师，在读博期间跟着导师做科研，往往有较好的前期研究基础，加之国家社科基金项目立项通常向青年项目倾斜，因此他们申报国家社科基金项目是很有优势的，是争取国家社科基金青年项目的中坚力量。但相对而言，青年博士独立开展科研工作的经验略显不足，其中一部分教师的信心也相对不足，需要给予他们特别的关注、关怀、鼓励和帮助。地方高校中还有一类教师，他们刚评上教授，科研能力较强，科研成果也较为丰富，申报国家社科基金项目具有良好的基础，但他们准备在科研上"休息"一下、"懈怠"一下，从人才队伍建设和学校发展的长远计，科研管理部门和二级单位一定不能"放过"他们，要想办法督促他们自加压力，积极申报国家社科基金项目。

三、政策解读

申报国家社科基金项目，首先要熟悉、把握国家社科基金的有关政策和要求，做到按规定申报，按规则"出牌"。重点做好两个方面的准备工作：一是学习有关文件，二是申报政策解读框架，即按照一定的框架解读文件，把握申报政策要点。

1. 学习有关文件

申报国家社科基金项目，不能仅仅看当年发布的《国家社会科学基金项目申报公告》（以下简称《公告》）。《公告》是基于国家社科基金管理规则发布的，是对当年申报工作的总体安排，但对一些既定的、重要的、具体的政策要求和管理细节着墨不多甚至并未提及。这就要求管理者和申请人在申请国家社科基金项目时，一定要通读国家社科基金申报的有关文件，全面把握申报要求，以免"走弯路"甚至"白忙活"。

一般而言，申报国家社科基金项目，至少需要学习下列文件：

一是当年发布的《国家社会科学基金项目申报公告》，主要了解和把握当年国家社科基金项目申报的最新要求与总体安排。

二是当年发布的《国家社科基金项目日年度课题指南》（2024 年度不再发布课题指南），主要了解和把握当年国家社科基金项目申报的选题方向与选题要求。

三是当年制发的《国家社会科学基金项目申请书》和课题论证活页，主要了解当年填报申报材料的各项具体要求和规定。

四是当年发布的《国家社会科学基金项目申报数据代码表》，了解和熟悉国家社科基金项目申报的学科分类及代码等，用于查阅后填报国家社会科学基金项目申请书的数据表。

五是《国家社会科学基金管理办法》（2013 年 5 月修订），重点了解申报条件和国家社科基金项目的管理规则。

六是《国家社会科学基金项目资金管理办法》（财教〔2016〕304 号），详细了解国家社科基金项目的经费管理规则，按规定填报国家社科基金项目申请书中的"经费概算"部分。

七是省（自治区、直辖市）社会科学规划办公室（或在京委托管理机构）发布的申请文件，重点了解本地区项目申报的具体安排。

八是本单位发布的申请文件，重点了解申报日程安排、项目论证安排、限额申报遴选要求等。

2. 申报政策解读框架

如上所述，申报国家社科基金项目，需要参阅较多的申报文件，一些具体的规定分散在不同的文件里，如果不理出头绪，看这么多文件，难免顾此失彼，甚至越看越糊涂，不能准确把握申报要求的关键点。这就需要我们梳理出项目申报的关键要求，拟定一个政策解读框架，按图索骥，以便全面准确地把握申报要求。

国家社科基金项目的申报政策，一般可以按照如表 17-1 所示框架进行解读和把握。

表 17-1　国家社科基金项目申报政策解读框架

序号	解读	查阅文件	解读要点
1	申报工作的指导思想	当年申报公告	当年资助的总体方向
2	选题方向	当年申报公告、课题指南	当年选题的方向性、范围性要求
3	立项类别及资助额度	当年申报公告	了解当年立项资助类别，通常包括重点项目、一般项目和青年项目、西部项目三个类别。 了解当年各资助类别的资助额度，这是提出经费申请和经费预算的依据（2017 年度资助额度为：重点项目 35 万元，一般项目和青年项目 20 万元）
4	申报条件	《国家社会科学基金管理办法》（2013 年 5 月修订）、当年申报公告、其他相关文件	申请单位的条件。 申请人的职称、学位、年龄等条件，特别注意如下规定：第一，国家社科基金青年项目，男性申请人年龄不超过 35 周岁（1989 年 5 月 19 日后出生），女性申请人年龄不超过 40 周岁（1984 年 5 月 19 日后出生）。第二，不具有副高级以上（含）职称（职务）或者博士学位的，可以申请青年项目，但必须有两名具有正高级职称（职务）的同行专家书面推荐。第三，全日制在读研究生不能申请。第四，具备申报条件的在职博士生（博士后）在供职单位申请。第五，具有正式聘用关系的兼职人员可以在兼职单位申请。 全面把握限制申报条件。为了避免一题多报、交叉申报、重复资助等问题，国家社科基金对项目申请设置了较多限定条件，需要切实把握，否则容易导致违规申报。 把握申报条件的最新动态。据 2017 年 5 月全国哲学社会科学工作办公室公开信息，经国务院台办、全国哲学社会科学工作领导小组研究决定，国家社科基金将向在大陆工作的台湾同胞开放项目申报，在内地工作的香港、澳门研究人员此次也一并纳入国家社科基金项目申请范围。 了解课题参与者的要求，如"限项"要求，项目参与者本人同意并签字确认的要求

表17-1(续)

序号	解读	查阅文件	解读要点
5	选题和题目设计具体要求	当年申报公告	申报公告或课题指南对题目设计做了哪些明确的要求。例如,2024 年申报公告要求:申请人可对照国家社科基金近年分学科课题指南的导向、已立项课题和研究成果,对应上述项目类别的定位和要求,着眼国家需求和学科发展,从学科视角按照选题规范自主议定题目申报,避免重复研究。鼓励围绕习近平新时代中国特色社会主义思想体系化学理化研究阐释、党的十八大以来的伟大成就伟大变革、中国式现代化进程中的风险与挑战、中华民族现代文明建设、国家治理体系和治理能力现代化、经济高质量发展、新质生产力、数智社会、建设教育强国科技强国人才强国、铸牢中华民族共同体意识、国家安全体系和安全能力现代化、党的自我革命、文化遗产保护传承、世界百年未有之大变局、中国特色大国外交、文明交流互鉴、人类命运共同体构建,以及哲学社会科学各学科领域基础理论和前沿问题、国际学术热点问题等方面开展深入研究。 近几年申报都规定:题目一般不加副标题
6	申报学科分类	当年申报公告、当年发布的申报数据代码表	涉及 23 个学科,学科分类按当年发布的申报数据代码表选择填报。重点项目跨学科研究课题以"靠近优先"原则,选择一个为主学科申报,同时列出 1~2 个相关学科。 教育学、艺术学、军事学单列学科另行申报
7	成果形式	当年申报公告、当年制发的国家社会科学基金项目申请书	了解成果类别。成果一般包括专著、译著、论文集、研究报告、工具书、电脑软件、其他等。 了解成果发表、出版的管理要求。例如,2017 年申报公告规定:凡以国家社科基金项目名义发表阶段性成果或最终成果,不得同时标注多家基金项目资助字样。最终研究成果须先鉴定、后出版,擅自出版者视为自行终止资助协议(了解这一条,避免在制订研究计划时,把最终成果出版时间列在项目鉴定结项之前)
8	完成时限	当年申报公告	了解不同类别项目完成时限的要求。例如,2017 年申报公告规定:基础理论研究一般为 3 年,应用对策研究一般为 2 年
9	经费概算要求	《国家社会科学基金项目资金管理办法》(财教〔2016〕304 号)	详细了解国家社科基金项目直接经费、间接经费的管理要求,详细把握直接经费各预算指标的具体要求。 按照目标相关性、政策相符性和经济合理性等原则填报项目申请书中的"经费概算"部分(这部分在会评考核之列)

表17-1(续)

序号	解读	查阅文件	解读要点
10	推荐人	当年申报公告、当年制发的国家社会科学基金项目申请书	哪些人申请项目需要推荐? 2017 年申报公告规定: 不具有副高级以上 (含) 职称或者博士学位的, 可以申请青年项目, 但必须有两名具有正高级专业技术职称 (职务) 的同行专家书面推荐。 推荐意见包括哪些内容? 详见项目申请书中"推荐人意见"栏目相关要求。 推荐人要求是什么? 推荐人须征得本人同意并签字确认, 否则视为违规申报
11	限额申报要求	当年申报公告、本省 (区、市) 发布的申请通知、本单位发布的申请通知	近年来国家社科基金项目实行限额申报, 限额指标通常下达给各地社科规划办 (在京委托管理机构) 等管理机构
12	项目申报日程安排	当年申报公告、本省 (区、市) 发布的申请通知、本单位发布的申请通知	项目申报具体时间安排一般按照本单位申请的日程安排为准
13	项目申请书填报要求	当年制发的项目申请书	项目申请书的"填写说明"。 项目申请书的"填写数据表注意事项"。 项目申请书各栏目填写提纲和脚注文字说明
14	课题论证活页填报要求	课题论证活页	字数限制。 版面限制。 匿名要求。 论证提纲 (注意跟项目申请书"课题设计论证"部分有区别)。 前期相关研究成果罗列方式。 排版和印制要求
15	申报材料印制要求	当年制发的项目申请书、课题论证活页	印制纸张规格、排版要求等。2017 年度要求项目申请书用 A3 纸双面印制、中缝装订; 课题论证活页用 A3 纸双面印制中缝装订, 一般为 8 个 A4 版面, 通讯评审意见表作为第一页
16	申报材料提交要求	本单位发布的申请通知	纸质件提交的份数, 电子版的提交文件格式 (2017 年度要求电子版申请书为 Word 文件格式)。 材料提交方式、提交时间等

四、项目论证

1. 组织项目论证的必要性

这里说的"项目论证"，指的是项目申请过程中的专家论证，有的称之为"专家指导"，有的称之为"专家评审"，有的称之为"专家辅导"。无论名称叫什么，总之就是邀请专家帮助申请人不断完善申请材料的一种举措，是一种旨在提高项目申请质量的努力，是面向申请人提供的一项很有"含金量"的科研管理公共服务。通过专家论证，可以有效帮助项目申请人拓展思路、开阔眼界、发现问题、获取有益经验，不断完善项目申报材料，提高申报项目竞争力。同时，专家论证有助于增强青年科研人员的科研意识，提高科研能力和素质，对于培养科研后备人才也发挥着积极的促进作用。

在国家社科基金项目的申请过程中之所以需要项目论证，是因为很多申请项目事实上存在着很大的质量提升空间。造成这种质量提升空间存在或者说质量缺陷存在的原因是多种多样的。例如，有的是申请人的态度有问题，马虎应对项目申请，草草了事，需要请专家发现问题和管理者督促改进；有的是申请人科研经验不足，像是刚入职的年轻教师，尚不熟悉国家社科基金项目申请的"套路"，对项目申请材料各项要求和具体填写指标的理解不一定到位，写出的申请书容易"文不对题"；有的是申请人处于"当局者迷"的状态，思路没有打开，思维受到局限，陷入困境，需要请处于"旁观者清"状态的专家来指点迷津；当然，还有的是申请人的能力问题，但通过专家指导、帮助，在短期内提高申请书写作能力是完全可以实现的；等等。我们组织项目论证，就是要借助专家的智慧尽可能发现这些质量提升空间，并由管理者督促申请人通过努力尽可能填补这些空间以提升项目申请的竞争力。

2. 项目论证的组织形式

笔者所在单位主要采取如下三种形式组织项目论证：

一是会议交流。首先把申请项目按学科分组，按照申报计划既定的日程，分组召开学术沙龙式的项目论证会，邀请2~3名具有丰富经验的本学科专家出席会议，进行指导。会前一般要求申请人提交相关项目论证材料，以确保论证会质量，同时督促申请人紧跟申报工作节奏。会议流程大致为：项目申请人阐述项目的主要内容和自我评价→专家提出意见和建议→与会者讨论交流→申请人会后自行提炼会议心得体会，进一步修改完善申请材料。在项目申请的不同阶段，申请人和专家关注与讨论的焦点有所差异，比如在选题阶段，重点关注选题的意义、价值，申请人的前期研究基础以及题目的凝炼、表述等；在初稿阶段，重点关注"项目设计论证"部分的问题；在定稿阶段，全方位关注整个申请材料的细节问题；等等。

二是专家预评审。在项目申请材料基本定稿后，按照国家社科基金通讯初评的模式，开展一次专家预评审。具体做法是：主要邀请曾经参与国家社科基金通讯初评工作的专家，严格按照国家社科基金通讯评审指标体系，对申报项目进行双向匿名评分，同时指出项目存在的明显问题并提出修改意见。专家双向匿名预评审的结果全部返还给项目申请人，作为申请人最后完成定稿的参考；预评审结果也可以作为学校限额遴选推荐申报项目的主要依据。实践表明，这种近似"实战"的预评审往往能带给申请人震撼性的刺激，他们通常能根据预评审情况更加深刻地发现和更加有效地解决项目申请中存在的质量缺陷。笔者单位有一位教师申报的项目在预评审中仅得到40多分，排名倒数第一。这位教师看到结果后承认自己由于"太忙"，不够重视，马虎了事，之后连续三天通宵达旦对申请书进行大幅修改，质量得到显著提高，当年项目获得了国家社科基金的资助。

三是"一对一"通讯指导。每年国家社科基金项目申请时段都要跨越高校的寒假。寒假期间尤其是春节期间，由于申请项目的教师各奔东西，以会议方式组织项目论证就难以实现了。笔者所在单位采用"一对一"通讯指导的方式来推进项目论证。基本做法是科研管理部门向申请人提供自建的专家库，请申请人自愿从中选择一位或几位专家作为自己的"顾问"并建立联系，通过电子邮件、微信、QQ 等方式讨论项目申请中的问题，取得的效果还是不错的。

3. 组织项目论证要做到"精心"

科研管理部门组织项目论证不能"走过场"，只有做到"精心"才会取得较好的成效。我们说的"精心"，是要做到如下几点：

一是全程覆盖。如果把项目申请过程划分为选题、初稿、二稿、三稿、定稿等阶段，那么每个阶段的节点都应当安排一轮专家论证，做到项目论证全程覆盖，至少让每个申请项目都能经过 15 人次以上的专家评阅。

二是多层级安排。地方高校可以立足校内学术组织结构的实际，规划安排多层级的项目论证工作。例如，有的学校组建有科研团队，那么首先就应要求科研团队为团队成员申请的项目组织项目论证，形成团队—院系（科研平台）—学科（学部）—学校四级论证体系；没有组建科研团队的学校，可以安排院系（科研平台）—学科（学部）—学校三级论证体系。

三是注重安排跨学科论证。在一些项目论证轮次，可以有意识地安排其他学科的专家参与论证。跨学科的专家论证，由于专家的学术视角、思维方式、话语体系、研究方法、学术规范等不一样，提出的意见、建议能带给申请人新的启发，往往能产生让人意想不到的效果。

四是注重配套政策措施。制定相应的配套政策措施，是有效开展项目论证的重要保障。配套政策措施要解决的关键问题在于充分调动申请人、校内学术组织的积极性。对申请人，要从制度上给予有效的激励和约束，充分调动其积极性，督促他们按照学校既定的申报工作计划实施申报行为，否则项目论证活动参与者寥寥，何以取得良好成效。对校内学术组织，要从考核、奖惩等方面予以规范，充分发挥其在项目论证中的作用。

表 17-2 所示的案例是某地方高校多年坚持的国家社科基金项目申报"三级论证"组织流程，在项目申报实践中取得了良好的效果。

表 17-2　某地方高校国家社科基金项目申报"三级论证"组织流程

序号	流程	时间节点	工作内容
1	选题指导	略	学校科研处组织专家，以面对面交流的形式，就课题组的选题计划提出意见和建议，指导课题组选题。课题组根据专家意见和建议，确定具体的题目名称和项目设计论证的重点
2	学院论证	略	各学院邀请专家对本单位申请课题组实施一级论证
3	申报政策及申请书填报交流	略	学校科研管理部门及有关专家解读申报政策，指导项目申报
4	学科（科研平台）论证	略	委托有关学科科研平台邀请专家，本学科申报项目组织实施二级论证
5	学校论证	略	科研处组织实施专家论证工作（三级）
6	提交专家预评材料	略	要求申请人在规定时间前完成申请书及活页填报工作，凡未参与专家评审或专家评审未通过的项目，一律不纳入推荐申报范围
7	专家预评审	略	组织专家按照国家社科基金项目评审指标、评审程序，对全部申报项目进行双向匿名通讯评审，并根据专家意见，按照限额申报要求确定推荐申报项目名单
8	反馈专家预评意见和修改建议	略	将专家预评分数、评价意见和修改建议反馈给课题组
9	课题组进一步完善申报材料	略	课题组参考专家预评意见，对申报材料做进一步修改完善并定稿
10	提交申报材料定稿	略	课题组在规定时间前提交申报材料定稿，由科研处审核受理

五、材料审核

以严谨认真的态度精心填报项目申请材料是国家社科基金项目申请得以成功的重要条件。申报国家社科基金项目，一方面要避免出现常见的"硬伤"，另一方面要加强申报材料审核，及时发现和修正问题，做到尽善尽美。

1. 申报材料填报的常见问题

国家社科基金项目申请材料填报说起来并不复杂，但从多年申报实践看来，仅有 1/3 的人提交的申请书没有瑕疵。我们以 2017 年度国家社科基金项目申请书填报为线索，简要介绍一下申请材料常见的共性问题和规避方法。

（1）申请书封面填写常见问题

申请书封面填写常见问题如表 17-3 所示。

表 17-3　申请书封面填写常见问题

填报项目	填报要求	常见问题
学科分类	填写一级学科名称，并且在数据表中填报该一级学科下的某个二级学科	只填写学科代码。填写二级学科名称。数据表中填报的二级学科并非该一级学科下的二级学科
项目类别	填写重点项目、一般项目、青年项目、西部项目之一	有的申请人用 2023 年以前的申请书，有"一般自选项目、青年自选项目"；有的西部项目选题同西部没有关系
课题名称	申请书封面、数据表以及课题论证活页三处填报的课题名称要保持一致	部分申请人在填报申请材料过程中修改过课题名称，但忽略了应该三处同时修改
申请人所在单位	填写单位全称	有的填写简称

（2）申请书数据表填写常见问题

申请书数据表填写常见问题如表17-4所示。

表17-4　申请书数据表填写常见问题

填报项目	填报要求	常见问题
课题名称	申请书封面、数据表以及课题论证活页三处填报的课题名称要保持一致	部分申请人在填报申请材料过程中修改过课题名称，但忽略了应该三处同时修改
关键词	最多不超过3个，中间用空格隔开	罗列多个关键词。中间用顿号或分号分隔
字数	单位为"千字"	部分申请人把单位理解为"万字"，导致误填数字
申请经费	单位为"万元"	部分申请人把单位理解为"元"，导致误填数字

（3）申请书课题设计论证与研究基础和条件保障填写常见问题

申请书课题设计论证与研究基础和条件保障填写常见问题如表17-5所示。

表17-5　申请书课题设计论证与研究基础和条件保障填写常见问题

填报项目	填报要求	常见问题
论证提纲	按照论证提纲编写。与课题论证活页的提纲有区别	简单地将这部分内容复制粘贴到课题论证活页中，导致课题论证活页论证缺少"研究基础"这一论证项；反之，简单地将课题论证活页的论证内容复制粘贴到申请书中，也会出现同样的问题。不按照提纲填报
研究基础和条件保障	按照论证提纲编写	不按照提纲填报。忽略脚注文字说明

（4）申请书经费概算填写常见问题

申请书经费概算填写常见问题如表17-6所示。

表 17-6　申请书经费概算填写常见问题

填报项目	填报要求	常见问题
经费概算	间接费用的核定比例由申报单位依照《国家社会科学基金项目资金管理办法》的有关规定确定，直接费用为资助总额扣除间接费用部分	部分申请人不了解《国家社会科学基金项目资金管理办法》，对直接费用各预算科目的内涵不清楚，经费概算部分随意填写
年度经费预算	与申请书数据表中填报的计划完成时间相适应，一般确保项目在研期间每年均有经费预算	部分申请人修改了计划完成时间，但忽略了经费年度预算应预支相适应。例如，某申请人把"计划完成时间"从 2020 年 6 月修改为 2021 年 6 月，但项目年度经费预算却没有填报到 2021 年，即 2021 年没有经费预算，这显然与科研实际是相脱离的

（5）课题论证活页填写常见问题

课题论证活页填写常见问题如表 17-7 所示。

表 17-7　课题论证活页填写常见问题

填报项目	填报要求	常见问题
课题名称	与申请书封面、数据表填报的课题名称要保持一致	忘记填写课题名称。填报申请材料过程中修改过课题名称，但忽略了修改活页的课题名称
论证提纲	按照论证提纲编写。与申请书课题设计论证提纲的区别（多一项"研究基础"）	简单地将申请书课题设计论证内容复制粘贴到课题论证活页中，导致课题论证活页论证缺少"研究基础"这一论证项。在填报前期成果时，透露了作者姓名、单位、刊物或出版社名称、发表时间或刊期等信息。将科研项目作为前期成果填入
活页版面	一般为 8 个 A4 版面	超过了 8 个 A4 版面

2. 申报材料审核

申报材料提交前，无论是申请人还是管理者，都应该对申请材料从头进行全面审核检查，发现问题及时修正，以确保申请材料完整、规范。

延伸阅读：

申请书及活页形式审核要点

六、评审立项程序

国家社科基金项目从申报到立项，一般要经过申报审核、通讯初评、会议评审、网上公示、审批立项等程序。了解每个环节的考察重点，对于单位规范项目申报材料具有重要的指导意义。

1. 申报审核

国家社科基金项目实行三级管理体制，这"三级"分别是全国哲学社会科学工作办公室、各省（自治区、直辖市）社会科学工作办公室（或在京委托管理机构）以及项目负责人所在单位。按照管理职责，每一级管理机构都要对各自受理的申报材料进行严格审核。申报审核的重点包括但不限于如下方面：

（1）资格审查

这主要审查项目申请人是否符合《国家社会科学基金管理办法》规定的申请条件以及当年课题指南或申报公告的有关要求，对不符合规定条件或要求的项目申请，将不予受理。

（2）形式审核

这主要审查申请人是否按照要求填报申请书和活页，是否按要求印制申请材料。存在明显"硬伤"的申请材料（如不按照项目论证提纲填写论证内容的申请书、透露了单位和个人信息的活页等），通常会面临"不予受理"的处理。

（3）学术规范审核

审核申请人是否存在弄虚作假、抄袭剽窃、侵犯知识产权的行为。凡存在弄虚作假、抄袭剽窃等行为的，一经发现查实，取消 3 年申报资格；如已获立项，予以撤项并通报批评处理。

此外，每一级管理者还可以对项目申请的内容进行审核，如审核项目选题是否符合当年课题指南或申报公告的有关要求，那些研究对象不明确、研究内容空泛或研究题目不适合申请国家社科基金资助的申报项目，将会予以淘汰。

2. 通讯评审

国家社科基金实行通讯评审与会议评审相结合的评审机制。

项目申请获受理后，将首先接受通讯评审。通讯评审采取双向匿名评审制，评审的材料就是申请人提交的课题论证活页。按照规则，每份申请书的课题论证活页将接受 5 名专家的评审，这些专家是按照专业对口和回避原则（专家不能参加本单位申报课题的评审）从国家社科基金同行评议专家库中随机抽选的。由于国家社科基金项目申报数量较多，因此每年全国参与通讯评审的专家都在 5 000 人以上。

通讯评审由评审专家按照课题论证活页前置的国家社科基金项目通讯评审意见表中所列评价指标，对申报项目按指标评分。

专家评审意见收回后，全国哲学社会科学工作办公室采取计算机系统自动计分的方式对专家评审情况汇总，并由计算机系统划定入围分数线。从近几年的情况看，如果得分在 75 分以上的，一般能够入围会议评审。全国哲学社会科学工作办公室公开资料显示，2011—2017 年，国家社科基金项目通讯评审入围率分别为 28.49%、22.78%、21.09%、20.89%、22.66%、24.2%、25.2%（见表 17-8）。也就是说，在通讯评审环节，超过 70% 的申请项目将被淘汰出局。根据近几年全国哲学社会科学工作办公室发布的年度报告数据，入围会议评审的项目，获批立项的比例约占 60%。

表 17-8　2011—2017 年国家社科基金项目通讯评审入围情况

年度	申请数/项	初评入围数/项	入围率/%
2011	21 182	6 034	28.49
2012	25 243	5 750	22.78
2013	28 678	6 049	21.09
2014	28 186	5 887	20.89
2015	27 916	6 337	22.66
2016	28 053	6 779	24.2
2017	29 440	7 422	25.2

资料来源：根据全国哲学社会科学工作办公室有关公开资料整理。

3. 会议评审

通讯评审完成后，全国哲学社会科学工作办公室将召开年度国家社科基金项目评审工作会议，对入围的项目进行集中会评。

由于需要对申报的项目进行全方位考察，因此会议评审不采取匿名评审制，评阅的材料是申请人提交的国家社科基金项目申请书。

会议评审通常以全国哲学社会科学工作办公室建立的学科评审组为单位进行组织。如表 17-9 所示，按照《国家社科基金项目会议评审细则》的规定，会议评审按照专家主审、小组讨论推荐、大组评议和不记名投票、召集人和主审专家签署意见的程序进行，提出建议立项名单。

表 17-9　国家社科基金项目会议评审程序

程序	评审规则
专家主审	每位会评专家分工主审一批申报项目，主要从政治方向、选题意义和价值、项目论证、研究方案可行性等方面进行评价，同时考虑申请人的学术背景、课题组构成、科研能力和条件、研究基础、经费预算合理合规性等方面对申报项目做出评价

表17-9(续)

程序	评审规则
小组讨论推荐	主审专家之外的小组成员要审阅本组全部材料并发表意见,以协商或投票(2/3以上多数同意)方式向大组推荐课题
大组评议和不记名投票	小学科可设一个大组。超过120个评审课题的学科,可以根据实际情况分成若干讨论投票组。参加讨论投票的专家,对本组的立项申请书都要审阅。投票须有2/3以上学科评审组成员出席方能进行,并由出席成员的2/3以上多数通过。未达到2/3以上票数的可进行第二轮投票,仍未达规定票数的不再进行第三次投票
召集人和主审专家签署意见	投票通过的课题,由主审专家和学科组长分别在申请书内签署立项意见和建议资助金额

资料来源:《国家社科基金项目会议评审细则》。

全国哲学社会科学工作办公室的年度报告显示,国家社科基金项目会议评审值得关注的特点主要有:

第一,**严把政治关**。凡是政治倾向上有问题的,一律不予立项。

第二,**严把质量关**。评审坚持"质量第一,宁缺毋滥"的原则,严把学术质量关。

第三,**突出问题导向**。应用对策研究侧重资助体现国家发展战略需求、服务党和政府的课题,基础理论研究侧重资助体现学术前沿和理论创新价值的课题。

第四,**强调综合平衡**。这体现在:在确保质量的前提下,对立项指标超过100项的学科,一般要求各省(自治区、直辖市)都有项目立项;同一单位同一学科立项数有最高限额;各学科均预留一定的立项指标用于综合平衡以扩大受益面。

第五,**扶持后备人才**。青年项目立项指标不得用于重点项目和一般项目,而重点项目和一般项目若有剩余可用于青年项目立项。

第六,**严格评审纪律**。会评专家实行轮换制度,一般五年内参加2~3次评审会议。会评专家实行严格的回避制度,如果专家当年申报了项目,一律不能担任会评专家。同时,专家还要回避本人为课题组成员,或者与课题负责人有亲属、师生关系的项目评审和讨论。会议评审实行封闭管理，实行严格保密制度。会议评审不印发全体专家名单。综合平衡时，会评专家不得推荐本单位项目。通讯评审入围名单不提前下发，投票的时候才予下发。建立专家诚信档案。严格会议工作人员管理。

4. 网上公示

全国哲学社会科学规划办按照相关规定和专家评审意见，对会议评审结果进行复核，提出拟资助项目名单。

按照《国家社会科学基金管理办法》的规定，全国哲学社会科学工作办公室一般在其官方网站上对拟资助项目进行公示，接受社会监督。

近几年，每年都有拟资助项目在公示后被"拿下"：

2015 年公示的拟立项课题为 3 781 项，但有 4 项因举报查实不予立项，公布立项课题为 3 777 项。

2016 年公示的拟立项课题为 3 919 项，但有 2 项因举报正在核查暂不予立项，公布立项课题为 3 917 项。

2017 年公示的拟立项课题为 4 293 项，但有 4 项因需要核实相关情况暂不予立项，公布立项课题为 4 289 项。

2018 年公示的拟立项课题为 4 512 项，但有 6 项因需要核实相关情况暂不予立项，公布立项课题为 4 506 项。

2019 年公示的拟立项课题为 4 629 项，但有 2 项因申请人主动放弃或不符合立项条件不予立项，公布立项课题为 4 627 项。

2020 年公示的拟立项课题为 4 629 项，但有 4 项因不符合立项条件不予立项，公布立项课题为 4 625 项。

2021 年公示的拟立项课题为 4 650 项，但有 4 项因不符合立项条件不予立项，4 项暂缓立项，公布立项课题为 4 642 项。

2022 年公示的拟立项课题为 4 683 项，但有 8 项需要核实相关情况暂不予立项，公布立项课题为 4 675 项。

2023 年公示的年度项目和青年项目拟立项课题为 4 796 项，有 2 项取消立项，4 项需进一步核实相关情况，立项课题 4 790 项；公示的西部项目拟立项课题为 428 项，有 1 项取消立项，立项课题 427 项。

2024 年公示的拟立项课题为重点项目 395 项，一般项目 2 765 项，青年项目 1 996 项，西部项目 495 项。但最终公布的立项课题为重点项目 392 项，一般项目 2 757 项，青年项目 1 989 项，西部项目 495 项。对比立项公示名单，重点项目有 3 项未通过公示，一般项目有 8 项未通过公示，青年项目有 7 项未通过公示。

5. 审批立项

经公示无异议的拟资助项目，报全国哲学社会科学规划领导小组审批立项。全国哲学社会科学工作办公室一般在其官网发布立项名单，随后印发立项通知书和相关立项文件。2006—2021 年国家社科基金项目立项情况一览表（不含西部项目）如表 17-10 所示。

表 17-10　2006—2021 年国家社科基金项目立项情况一览表（不含西部项目）

年度	受理有效申请数/项	立项数/项	立项率/%
2006	15 319	1 314	8.58
2007	16 227	1 500	9.24
2008	18 353	1 588	8.65
2009	22 547	1 720	7.63
2010	27 171	2 285	8.41
2011	21 182	2 883	13.61
2012	25 243	3 291	13.04
2013	28 678	3 826	13.34
2014	28 186	3 816	13.54
2015	27 916	3 777	13.53
2016	28 053	3 917	13.96
2017	29 440	4 289	14.57
2018	29 677	4 506	15.18
2019	29 452	4 627	15.71
2020	32 103	4 625	14.41
2021	32 714	4 642	14.19

资料来源：根据全国哲学社会科学工作办公室有关公开资料整理。

专题十八

撰写小结

编者寄语：

　　世界上最厉害的人，说起床就起床，说学习就学习，说减肥就减肥，说旅行就旅行，说放手就放手。做没做过的事情，叫做成长；做不敢做的事情，叫做突破。人生最大的敌人不是时间，而是犹豫、观望和等待……

一、撰写申请书的八项注意

　　第一，找准关键问题。美国学者赫尔·葛瑞格森在《问题即答案》一书中写道："学会提问。提出切题、恰当且一针见血的问题，你就学会了学习，再没有人可以阻止你找到问题的答案。"发现问题，是找到答案的开始。国家社科基金项目申报书撰写的首要任务，就是先要找准要研究和解决的关键问题，问题就是课题。关键问题可以是"老题新解""新题初解"，抑或是"难题巧解""小题快解"，一定是基于党和国家、社会发展需要而亟待破解的现实问题，而并非仅仅基于个人科研兴趣或研究偏好而定。

第二，善用故事思维。这个世界从来不缺少道理，缺少的是能将道理讲成故事，并最终让人信服的人。撰写国家社科基金项目申请书，本质上就是讲好社科研究故事，讲故事的能力就是生产力。一个好的故事通常包括四个关键要素：冲突（渴望+障碍）、行动、结局。一份成功的申请书也要具备四个环节：目标（问题+困难）、方法、效果。我们要研究的这个问题是当下亟待解决的迫切问题，然而长久以来很多人一直在尝试却又没人能真正解决好。现在，我们提出一个新理论、新思路、新方法、新路径、新对策，解决问题的同时还能兼顾经济价值和社会效益的实现。故事既要讲得有学术、有理论、有逻辑、有事实，又要讲得有冲突、有情怀、有滋味、有新意。

第三，写好项目论证。论证是一门学问。一个好的项目论证要符合两条并列的逻辑主线，即充分性与必要性、理论性与实践性。

①充分性与必要性的论证。人们通常决定做一件事的时候，最好是既"需要去做"又"能够做好"，因此在论证的过程中，我们应先论证"不做这件事的危害性后果"，提出做的必要性，再论证"已经具备做这件事的条件支撑"，凸显完成项目的充分性。

②理论性与实践性的论证。理论学习为我们提供了看待世界的基本框架和思维模式，然而仅仅有深刻的洞见和认知还远远不够，我们更需要不断探索将科学原理应用于实际生活解决问题的有效方法。国家社科基金项目既要高端、大气、上档次，又要低调、简约、接地气。成功的项目要同时具备系统性、逻辑性、聚焦性、学理性和严谨性。

第四，释放文字张力。文字张力是隐含于文字之中的，大于其字面意思的内容，是语言符号与人类想象共振的强大能量。在信息爆炸的时代，高质量的内容是连接申请人与评审专家的桥梁和纽带。申报书的文字表达要具有强大的表现力和感染力，能够激发起读者的强烈心理共鸣和情感互动。申报书的文字张力通常体现在文字内容、文字结构、文字风格等方面，呈现出思想的张力、逻辑的张力、情感的张力。

　　第五，关注形式美学。人类是典型的视觉动物，人们通过视觉直观地感受世界。科学研究发现：人类所能感知的外部世界信息中有80%来自视觉。申报书是申请人与评审专家隔空对话的载体，也是评审专家对申请人深入了解的渠道。如果申报书出现字体小众、字号突兀、标题缺失、行距不等、错字连篇、图片模糊、表格疏漏等问题，会给评审专家造成不好的观感体验，很难相信在"拉垮"的申报书外表下，有一颗严谨治学的灵魂。格式规范、形式美观、样式新颖是一份成功的申报书不可或缺的要素。

　　第六，交换用户视角。国家社科基金项目申报书是要拿给通讯评审和会评专家评阅的，不是申请人自己"孤芳自赏的美丽"，自美其美不算数，大家说好才是真的好。撰写基金申报书前，申请人要转换用户视角，站在评审专家的立场上，身临其境地观察和思考，追求更好的用户体验。评审专家通常是非常专业、敬业且高度负责的学者，申请人千万不要认为未成功立项只是运气不好，最核心的问题还是申报书投入精力不够，申报书质量不过硬。评审专家肯定一份申报书，一定是从选题到论证、从内容到形式全方位满意，但否定一份申报书，很可能就是一点点硬伤或错误。因此，申请人要尽量站在评审专家的视角审视自己的申报书，提前查漏补缺、有效"避坑"。

　　第七，寻求组织借力。地方高校要从事有组织的社科研究工作，持续探索先进的科研组织模式，有效整合和利用国家、高校以及社会的各类科研资源，提升新时代高校社科研究的整体效能。高校要注重申请单位的三级论证组织程序和申请书资格审查的三级预审制度，以提高申报成功率。

　　①高校要把基金申报作为年度周期性工作来抓。

　　②高校要落实申报单位有组织实施三级预审制度。

　　③高校要坚持有计划、有意识的三级专家论证。

　　④高校要构建各学科资深专家教授辅导优化团队。

　　⑤高校要与各级社科规划管理部门保持密切联系。

　　⑥高校要系统培育和提升青年博士社科研究素养。

⑦高校要着力提升高校社科管理部门的政策熟知度。

⑧高校要组织社科项目申报交流沙龙和经验分享活动。

第八，修炼成事心法。国家社科基金项目申报是一个持续深耕、持续积累、持续优化的过程。

①申请人要常怀一颗自信心。信心比黄金更加珍贵，足够的信心是做成一件事的关键。我们永远不可能做成一件连自己都不相信的事情。

②申请人要常怀一颗平常心。申请人要正确看待成功与失败，过程拼尽全力，结果随遇而安，做完该做的努力之后，放手等待，静待花开。

③申请人要常怀一颗谦卑心。申请人要正确看待优势与创新，充分尊重和客观评价前人研究成果，切忌盲目夸大个人价值（如国内外首次提出、国内外首创、填补研究空白等）。

④申请人要常怀一颗勇敢心。心怀勇气，人生就有底气。没有人生来就是勇敢的，申请人不要担心学校、职称、学历、资历的先天短板，正视劣势，顺应趋势，围绕时势，发挥优势。申请人要有接纳自己不完美的勇气，有改变自己不优秀的勇气，更要有历经万难、不改初心的勇气。

二、把握撰写申请书的四对关系

1. 申报要求与申报过程的关系

申请人在申报前一定要仔细阅读国家社科基金相关管理制度、年度申报公告和申报指南，严格按照公告要求填写信息数据和撰写项目论证，涉及申报人和申报单位的相关信息必须隐去，避免在资格审查时被淘汰出局。如果申请人的选题很好，论证也充分，唯独因在申报要求"令行禁止"的细节上出现纰漏而落选，确实是一件非常遗憾的事情。

2. 以我为主与为我所用的关系

申请人要尽早进行选题论证，收集和整理与选题相关的国家制度、政策文件和学界权威研究成果，从而对所选选题的"前世今生"有更系统的把握，对所选选题的理论价值和实践价值有更清晰的认知。

申请人要虚心听取所在专业学者和行业专家的意见与建议，潜心深耕，反复修改、持续打磨，做好申报书的修改和优化，不断提升课题论证的科学性、学理性、专业性和艺术性。

申请人要充分发挥项目组成员学科专业优势，挖掘团队学术资源，为课题研究提供智力支持。

申请人要主动链接所在单位和社会机构的科研平台，获得课题研究各类大数据和信息支撑，不求为我所有，但可为我所用。

3. 论证活页与申请书的关系

论证活页与申请书的课题名称要保持一致，一般不加副标题。

论证活页与申请书中"二、课题设计论证"内容略有不同。

论证活页字数要求 7 000 字以内，不得出现任何可能透露申请人身份的信息，申请书只需关注规定的版面篇幅。

申请书纸质版报送一式 3 份，统一用 A3 纸双面印制、中缝装订。

论证活页与申请书的 Word 排版问题（字号、字体、标题加粗、行间距、段间距）须格外注意。

前期相关代表性研究成果限报 5 项，只填成果名称、成果形式（如论文、专著、研究报告等）、作者排序、是否为核心期刊等，不得填写作者姓名、单位、刊物或出版社名称、发表时间或刊期等。申请人承担的已结项或在研项目、与本课题无关的成果不能作为前期成果填写。申请人的前期成果不列入参考文献。

4. 形式美学与内容科学的关系

课题论证内容设计要兼顾科学性与逻辑性，点点清晰、条条分明、面面俱到、层层深入，申请人要结合所在学科的研究范式特点，适当选用数据表、进度表、思路框架图、高频词图片等方式，提升论证的力度。

申报书和论证活页中的标点符号、字体字号、行间距、段间距、黑体、加粗、下划线、数字和字母全角半角等，都要尽可能调整到清爽整洁、要点分明的页面视觉感受。

段落层次分明，主题句高度凝练、对仗工整，参考文献格式规范。

为保证纸质申请书的印刷和装订品质，申请者可以选取不同克重的纸张各打印一份，从中选取最合适的克重的纸张来打印。如果申报书内有彩色图表或框图，申请人可以采用彩色打印，确保纸质申请书呈现出更好的质感。

三、牢记撰写申请书的"十六字诀"

思考，提正确的问题。

积累，做时间的朋友。

勇敢，攀科研的高峰。

扎根，定精准的方向。

赋能，借团队的力量。

坚守，破逆境的迷局。

细节，求极致的精神。

成长，做最好的自己。

专题十九

国家社科基金高校思政课研究专项申报说明及建议

一、性质、定位及类别

思政课是落实立德树人根本任务的关键课程，作用不可替代。国家社科基金高校思政课研究专项作为国家社科基金单列项目必须以习近平新时代中国特色社会主义思想为指导，深入贯彻党的二十大和二十届二中、三中全会精神，贯彻落实习近平文化思想和习近平总书记关于学校思政课建设的重要指示以及新时代学校思政课建设推进会部署，认真落实《关于深化新时代学校思想政治理论课改革创新的若干意见》等文件要求，落实立德树人根本任务，围绕着力解决好培养什么人、怎样培养人、为谁培养人这个根本问题，深入研究思政课建设和教学基本规律、重大问题，守正创新推动思政课建设内涵式发展，不断提高思政课的针对性和吸引力，努力培养更多让党放心、爱国奉献、担当民族复兴重任的时代新人，确保党的事业和社会主义现代化强国建设后继有人。

国家社科基金高校思政课研究专项于 2019 年首次设立，于 2021 年开始设置重点项目和一般项目。项目资助额度为重点项目 35 万元，一般项目 20 万元。

2024 年国家社科基金高校思政课研究专项包括重点项目和一般项目。重点项目应围绕党和国家工作大局，聚焦思政课建设发展的重大理论和实践问题、教学重点难点问题开展体系化学理化研究。一般项目应立足于思政课教学实践，围绕对思政课教学创新具有理论支撑作用和实践指导作用的问题，开展具有学科视角的创新性研究。重点项目设置课题指南，一般项目不再设置课题指南。

申报重点项目的申请人可以根据《2024 年国家社会科学基金高校思想政治理论课研究专项课题指南（重点项目）》条目直接申报，也可以结合自身研究实际和教学实践适当修改课题名称申报。

申报一般项目的申请人可以对照近年课题指南的导向、已立项课题和研究成果，着眼推动思政课建设内涵式发展，科学拟定题目申报，避免脱离实际、简单重复或低水平研究。申请人应重点围绕目前开设的各门思政课程教学内容、教学方法、教学设计改革创新，中华优秀传统文化、革命文化和社会主义先进文化与思政课相融合，学校国防教育，课程思政教学创新，数字赋能思政课建设，思政课教学示范讲义、创新课件、优秀案例等方面开展深入研究。

选题表述要符合项目定位，突出问题导向、学科视角，科学严谨、简明规范，避免引起歧义或争议。

二、申报要求

国家社科基金高校思政课研究专项作为国家社科基金单列项目，与国家社科基金项目的申报既有相同的要求，也有一些特殊的要求，申请人需要仔细研读当年的申报公告和选题指南，严格按照要求填写。下面结合《2024 年国家社会科学基金高校思想政治理论课研究专项申报公告》的申报要求予以说明。

第一，重点项目申请人需具有副高级以上（含）专业技术职称；一般项目申请人需具有中级以上（含）专业技术职称，或者具有博士学位。

第二，申请人可以根据教学实践和研究实际自主确定课题组。课题组成员须征得本人同意并签字确认，否则视为违规申报。国家社科基金高校思政课研究专项支持全国高校思想政治理论课教学展示活动特等奖获得者、国家级课程思政教学名师等优秀思政课教师担任负责人申报课题；鼓励中小学思政课教师作为课题组成员参与申报，在涉及大中小学思想政治教育一体化建设相关课题中，必须有高级职称的中小学思政课教师担任课题组成员。

第三，在研的国家社会科学基金项目、国家自然科学基金及其他国家级科研项目负责人不得申请国家社科基金高校思政课研究专项，申报 2024 年度国家级科研项目的负责人及其课题组成员不得以相同或相近选题申请国家社科基金高校思政课研究专项，承担教育部人文社会科学项目的负责人不得以相同或相近选题申请国家社科基金高校思政课研究专项。

第四，预期成果类别在 2023 年"A. 专著""B. 论文""C. 研究报告"三类的基础上，新增了"D. 示范讲义""E. 创新课件""F. 教学案例"三类，总共六个类别，体现出国家社科基金高校思政课研究专项项目成果形式的多样性，更加突出项目研究的实践应用导向。

第五，申请人不得使用与已出版的内容基本相同的研究成果申请国家社科基金高校思政课研究专项。立项后凡以国家社会科学基金项目名义发表阶段性成果或最终成果，不得同时标注其他基金项目资助字样。

第六，凡以博士学位论文或博士后出站报告为基础申报国家社科基金高校思政课研究专项，申请人须在"2024 年国家社会科学基金高校思想政治理论课研究专项申请书"中注明所申请项目与学位论文（出站报告）的联系和区别，申请鉴定结项时须提交学位论文（出站报告）原件。

第七，国家社科基金高校思政课研究专项继续实行限额申报，限额指标另行下达。各省（自治区、直辖市）社科管理部门、在京委托管理机构和申请单位要精心组织，着力提高申报质量，从严控制申报数量，减少同类选题重复申报。

三、相关立项数据

1. 立项总数

2019—2024 年，国家社科基金高校思政课研究专项总计资助数量达到 981 项，2024 年达到历史最高的 186 项。

2019—2024 年国家社科基金高校思政课研究专项立项数如表 19-1 所示。

表 19-1　2019—2024 年国家社科基金高校思政课研究专项立项数

单位：项

年份	2019	2020	2021	2022	2023	2024
立项数	150	151	151	172	171	186

2. 项目类型

2019 年、2020 年国家社科基金高校思政课研究专项仅有一般项目，2021 年申报开始设置重点项目和一般项目。

2019—2024 年国家社科基金高校思政课研究专项重点项目与一般项目立项数如表 19-2 所示。

表 19-2　2019—2024 年国家社科基金高校思政课研究专项重点与一般项目立项数

单位：项

年份	2019	2020	2021	2022	2023	2024
重点项目	—	—	12	15	26	28
一般项目	150	151	139	157	145	158
总立项数	150	151	151	172	171	186

3. 各省（直辖市、自治区）高校立项总数统计

在 2019—2024 年国家社科基金高校思政课研究专项立项的各省（自治区、直辖市）统计中，北京市凭借 48 所高校共计立项 152 项的成绩在各地区中脱颖而出，拔得头筹；湖南省以 22 所高校立项 60 项的成绩紧随其后；河南省以 24 所高校立项 55 项的成绩位居第三。2019—2024 年部分省（自治区、直辖市）高校立项国家社科基金高校思政课研究专项汇总如表 19-3 所示。

表 19-3　2019—2024 年部分省（自治区、直辖市）高校立项

国家社科基金高校思政课研究专项汇总

序号	省（自治区、直辖市）	立项院校/所	重点项目/项	一般项目/项	总计/项
1	北京市	48	25	127	152
2	湖南省	22	6	54	60
3	河南省	24	3	52	55
4	江苏省	30	4	50	54
5	广东省	24	3	51	54
6	湖北省	22	1	50	51
7	浙江省	26	2	44	46
8	山东省	21	2	44	46
9	上海市	16	3	39	42
10	陕西省	17	4	37	41
11	辽宁省	15	3	29	32
12	四川省	12	2	28	30
13	河北省	12	1	27	28
14	新疆维吾尔自治区	12	0	28	28
15	重庆市	12	4	22	26
16	福建省	10	0	25	25

表19-3（续）

序号	省（自治区、直辖市）	立项院校/所	重点项目/项	一般项目/项	总计/项
17	江西省	11	2	22	24
18	吉林省	9	2	20	22
19	广西壮族自治区	10	1	20	21
20	安徽省	9	5	13	18

数据来源：根据全国哲学社会科学工作办公室有关公开资料整理。

4. 课题指南

2019 年国家社科基金高校思政课研究专项申报公告没有课题指南，从 2020 年以后，每年的申报公告都会同步发布课题指南。申请人可以按照课题指南罗列题目直接申报，也可以围绕课题申报的指导思想和基本要求，结合自身实际修改课题名称或自拟题目申报。自拟选题在评审程序、评审标准、立项指标、资助额度等方面同等对待。2023 年，课题指南共提供了"'习近平新时代中国特色社会主义思想概论'课程建设研究"和"思政课教学重点难点与教学方法改革创新研究"两个大类，共计 43 个选题条目。

2024 年，国家社科基金高校思政课研究专项申报公告课题指南仅面向重点项目设置了 33 个选题条目，一般项目不再设置课题指南。

2020—2024 年国家社科基金高校思政课研究专项指南原题目立项数如表 19-4 所示。

表 19-4　2020—2024 年国家社科基金思政课研究专项指南原题目立项数

年份	2020	2021	2022	2023	2024
指南原题目立项数/项	19	12	10	10	8
总立项数/项	151	151	172	171	186
占比/%	12.58	7.95	5.81	5.85	4.30

四、申请书填写经验和建议

1. 依规：提纲套模板与诚信不越界

国家社科基金高校思政课研究专项申报公告附有申请书和论证活页的参考模板，特别是申请书第二页、第三页还专门针对撰写内容的真实性、学术诚信、填写说明和填写数据表注意事项进行了逐条详尽说明。申请人在填写前务必认真阅读、深刻领会填写要求，守住学术道德底线，不踩制度规则红线。

申请人在撰写申请书课题设计论证模块和论证活页前，须严格套用公告模板给定的提纲内容，不得增减或更改提纲内容，也不能随意调整提纲内容逻辑顺序。课题论证中每个内容模块中的撰写要点可以通过小标题加粗形式，更加鲜明地体现出来。

2. 选题：大视角聚焦与小切口深入

课题指南是国家社科基金高校思政课研究专项的"风向标"与"指南针"，它代表党和国家关于高校思政课高质量建设和内涵式发展的政策方向和目标要求。选题要遵循大视角聚焦与小切口深入相结合的原则，申请人可以围绕提升思政课教学思想性、理论性、针对性和亲和力的时代之需，思想政治教育原理与方法的理论创新，新时代高校立德树人的实践推进，思政课程与课程思政同向同行的深度协同机制，大中小学思想政治教育一体化建设，"大思政课"建设实践创新机制，思想政治课教师队伍建设，新时代青年群体思想引领等关键领域，并深入思考找到选题大视角与申请人工作实际紧密结合的研究小切口，从而巧妙构思和科学设计选题。

大视角聚焦与小切口深入的选题原则，既能够避免选题过于宏大、过于空洞难以驾驭，又能够规避选题过于小众微观、缺乏典型性和代表性。我们通过对2020—2024年立项课题梳理发现，课题指南原题目立项的平均比例仅约为 6%，绝大多数立项课题都是在课题指南条目范畴内，结合特定的研究视角拟定题目。例如，2023 年立项课题中"新时代民族地区大中小学国家安全教育一体化研究""中外合作办学高校思想政治理论课体制机制建设研究""'习近平新时代中国特色社会主义思想概论'课标准化案例库建设研究""数字技术赋能'思想道德与法治'课效能评价与提升路径研究""理工类专业'自然辩证法'课教学改革创新研究""总体国家安全观视域下大学生国家安全素养提升研究"等，都属于"大视角"与"小切口"结合选题的典型代表。

3. 构思：大脉络清晰与小文采飞扬

问题是课题研究的逻辑起点，课题申报的论证也必须围绕着"提出问题→分析问题→解决问题"的逻辑展开。申请书的撰写过程就是从底层逻辑"提出问题"到顶层设计"解决问题"的科学系统论证。申请人在确定选题后，需要构建课题研究清晰明了的"路线图"和"任务表"，主要包括选题依据、研究内容、思路方法、创新之处、预期成果、研究基础和参考文献。申请书的脉络清晰与层次分明主要通过五个方面体现：其一，弄清课题研究问题；其二，厘清学术研究历史；其三，理清研究框架思路；其四，澄清现实困境制约；其五，讲清问题破解方法。

申请书的清晰逻辑思路和内容框架必须要通过语言文字来呈现，要善用语言的力量和文字的魅力。鲜明亮眼的主题句是申请书的"门面"。主题句要简洁明了表达核心观点，适当运用排比句式增强文字感染力，追求"为求一字稳，耐得半宵寒"式的反复推敲，字斟句酌。语言文字的功底并非朝夕之功，申请人要在日常生活中多研读《人民日报》《光明日报》《经济日报》以及《求是》等权威报刊，将高水准的主题句、排比句、过渡句、总结句及时摘录，持续丰富思政类课题写作的"金句"素材库。

4. 撰写：大负荷投入与小细节"死磕"

项目申请书虽然仅限 7 000 字的篇幅，但是从拟定题目到撰写申请书初稿，再到反复打磨、持续优化定稿，往往需要经历长时间的洗礼，经受身体上、精神上、心理上的三重历练。撰写申请书需要日复一日时间与精力的满负荷投入。为了保证思考的深入，申请人可以尽量选取相对完整的寒暑假、法定节假日或周末的时段，选择相对安静专注的环境来进行，避免被各种突发状况干扰或打断。人先坐下来，心态静下来，思想沉进去，尝试着捕捉全神贯注、高度专注、完全沉浸的"心流"体验。遇到撰写中的难点和堵点，申请人要想办法解决而非找理由放弃，拿出不达目的不罢休的劲头。申请人要认真对待项目申报，极致专注、精益求精，拒绝各种欲望的撕扯与内耗，冲破对各种未知不确定的恐惧，将全部精力聚焦于此并持续深入工作。

小事决定大事，细节决定成败。在项目申报上，细节从来不是"细枝末节"，而是用心，是一种认真态度和极致精神。项目申请书撰写的"最后一公里"就是用"显微镜"扫描内容和形式，找到漏洞，优化细节。例如，项目申请书的字体、字号、加粗、标点、间距，数据和表格的可视化呈现，研究框架思路图的设计、绘图与美化，语言文字的打磨与雕琢，参考文献的选用与规范，研究团队的学科覆盖、研究基础和任务分工，研究资源平台的有效支撑，申请书和论证活页的页面排版与布局等。申请书的任何一个环节，如果不能做到100%的满意，一定不能放过去，而是要发扬"死磕"精神，修改到满意为止。

5. 心态：空杯归零的境界与破圈重启的勇气

空杯，是清空内存汲取新知；归零，是随时可以重新出发。国家社科基金高校思政课研究专项旨在解决新时代思想政治理论课建设和教育教学的重大问题，申请人在选题时一定要立足国家战略需要和教育现实需求，适当结合个人专业方向和研究基础，将国家需要与个人特长有机结合，一定不能死守原有的研究兴趣和博（硕）论文选题方向。申请人要研究国家和时代需要的课题，而非自己擅长熟悉的方向。申请人要随时保持空杯心态虚心请教专家、专心学习同行，冲破信息时代"信息茧房"，广泛涉猎政治学、教育学、心理学、社会学、大数据、人工智能等相关学科，储备多学科交叉的知识结构，在学术研究领域走出"舒适圈"，拓展"学习圈"，精进"技能圈"，升级"成长圈"。

　　温馨提示：关于国家社科基金高校思政课研究专项更为系统、全面、精准、详实的申报规范、技巧与案例，请参见地方高校社科能力提升系列丛书之《高校思政社科研究规范、技巧与案例》。

专题二十

国家社科基金教育学项目申报说明及建议

一、性质、定位及类别

　　国家社科基金教育学项目作为国家社科基金单列项目必须坚持教育科研项目要为党育人、为国育才的根本宗旨，其基本性质在每年的申报公告中都有体现，即以习近平新时代中国特色社会主义思想为指导，全面贯彻落实党的二十大精神，深入实施《中共中央关于加快构建中国特色哲学社会科学的意见》，全面贯彻落实习近平总书记关于教育的重要论述和全国教育大会精神，坚持正确的政治方向、价值取向和学术导向，坚持以重大理论和现实问题为主攻方向，坚持基础研究和应用研究并重，充分发挥全国教育科学规划课题的示范引导作用，推动中国特色教育学学科体系、学术体系、话语体系建设，更好繁荣发展我国教育科研事业，更好服务党和国家工作大局。

　　国家社科基金教育学项目定位于体现鲜明的时代特征、问题导向和创新意识，着力推出代表正确方向、体现国家水准的研究成果。从研究成果的应用上一般将国家社科基金教育学项目分为两类：一是基础研究，二是应用研究。基础研究要密切跟踪国内外学术发展和学科建设前沿动态，着力推进学科体系、学术体系、话语体系创新，具有主体性、原创性和较高的学术思想价值；应用研究要立足党和国家事业发展需要，聚焦教育发展全局性、战略性和前瞻性重大理论和现实问题，具有现实性、针对性和较高的决策参考价值。

国家社科基金教育学项目根据申报时所填类别分为国家重大项目、国家重点项目、国家一般项目、国家青年项目、西部项目。不同类别项目资助额度分别是：国家重大项目为 60 万元；国家重点项目为 35 万元；国家一般项目、国家青年项目、西部项目均为 20 万元。其中，西部项目主要用于资助在西部地区工作的教育研究人员，重点围绕西部教育改革和发展中的重大理论与现实问题开展研究。西部项目与年度项目一同申报评审，申报时无需单独注明为西部项目，资助强度和要求与国家一般项目和国家青年项目相同，其管理办法按全国教育科学规划的国家一般项目或国家青年项目的项目管理要求执行。

二、申报要求

国家社科基金教育学项目与艺术学项目等一样属于国家社科基金的单列项目，每年与全国教育科学规划项目一并申报，每年申报公告和课题指南会有相应调整，申请人需仔细研究申报公告和课题指南，按规定申报。

1. 申请人须同时具备的条件

申请人须同时具备如下条件：

一是基本条件：申请人须遵守《中华人民共和国宪法》和法律；具有独立开展研究和组织开展研究的能力，能够承担实质性研究工作。

二是职称和年龄条件：国家重点项目申请人须具有正高级专业技术职称（职务），能够担负起项目研究实际组织者和指导者的责任；国家一般项目申请人须具有副高级以上（含）专业技术职称（职务）或博士学位。

不具有副高级以上（含）专业技术职称（职务）或博士学位的，可以申请国家青年项目、教育部重点和教育部青年课题，不需要专家书面推荐。国家青年项目及教育部青年课题申请人的年龄均不超过 35 周岁。

三是学历条件：全日制在读研究生不能申请。在站博士后人员可以申请，其中全脱产博士后须从所在博士后工作站申请，在职博士后可以从所在工作单位或博士后工作站申请。

四是成员条件：项目或课题组成员须征得本人同意并签字确认，否则视为违规申报。申请人可以根据研究的实际需要，吸收境外研究人员作为项目或课题组成员参与申请。

2. 学科范围

国家社科基金教育学项目的项目或课题申报范围涉及 14 个学科。申请人依照全国教育科学规划课题申请书列出的学科分类代码填写相应学科，跨学科研究项目或课题要以"靠近优先"原则，选择一个为主学科申报。

3. 选题来源

申请人根据全国教育科学规划项目选题指南（以下简称课题指南）选择并确定题目，分为重点条目和方向性条目两类。申报国家重点项目必须从重点条目中选择。申报其他级别项目或课题可以从课题指南中选择选题（包括重点条目），也可以结合自身研究兴趣和学术积累自拟选题。课题名称表述要科学严谨、简明规范，避免引起歧义或争议。

4. 申报项数分配

国家社科基金教育学项目每年实行限额申报，限额指标由全国教育科学规划办公室下达，并要求各省部级管理单位（含各省级教育规划办、部委直属高校和直属单位、部省合建高校）要着力提高申报质量，适当控制申报数量，特别是要减少同类选题重复申报。

三、申报者限定

为避免一题多报、交叉申请和重复立项，确保申请人有足够的时间和精力从事项目或课题研究，国家社科基金教育学项目每年对申请人做如下限定：

第一，项目或课题负责人同年度只能申报一个国家社科基金教育学单列课题，且不能作为项目或课题组成员参与其他全国教育科学规划课题的申请；项目或课题组成员同年度最多参与两个全国教育科学规划课题申请；在研的国家级项目组成员最多参与一个全国教育科学规划课题申请。

第二，在研的国家社会科学基金项目、国家自然科学基金项目、全国教育科学规划课题、教育部人文社会科学项目及其他国家级科研项目的负责人不得申请。

第三，申请国家自然科学基金、国家社会科学基金及其他国家级科研项目（包括教育部人文社会科学研究项目）的申请人，同年度不能申请全国教育科学规划课题，其项目组成员也不能作为负责人以内容相同或相近选题申请全国教育科学规划课题。

第四，凡在内容上与在研或已结题的各级各类项目或课题有较大关联的，申请人须在申请书中详细说明所申请项目或课题与已承担项目或课题的联系和区别，否则视为重复申请。申请人不得以内容基本相同或相近的同一成果申请多项基金项目结项。

四、2024 年相关立项数据

1. 立项频数分布

2024 年，国家社科基金教育学项目总计资助 361 项，项目类型频数分布如下：国家重大项目 12 项，国家重点项目 15 项，国家一般项目 220 项，国家青年项目 76 项，西部项目 38 项。

2. 立项院校分布

（1）国家重大项目分布

北京师范大学 2 项、东北师范大学 2 项、上海师范大学 2 项，北京大学、南京大学、华东师范大学、南京师范大学、首都师范大学、中国教育科学研究院各 1 项。

（2）国家重点项目分布

东北师范大学 3 项，浙江工业大学、湖南师范大学、河南大学、华中师范大学、深圳大学、华东师范大学、西南大学、北京教育科学研究院、清华大学、浙江师范大学、中国教育科学研究院、西北师范大学各 1 项。

（3）国家一般项目分布

陕西师范大学 11 项，华东师范大学 10 项，北京师范大学、东北师范大学、华南师范大学、西南大学各 7 项，华中科技大学 6 项，湖南师范大学 5 项，华中师范大学、沈阳师范大学、浙江大学、曲阜师范大学各 4 项，上海师范大学、南京大学、天津师范大学等各 3 项，其余各级各类院校 170 余所均有立项。

五、申请书填写经验和建议

1. 基于学术积累确定课题题目

（1）要有跨学科的研究视野和研究视角

教育学独特的方法论、理论体系并不丰富，申请人在平时工作中除了要读一些教育学方面的经典著作之外，要多读社会学、人类学、民族学等方面的经典书籍，以积累自己分析、解决教育学问题的视角。

例如，笔者从硕士开始一直从事教师教育领域相关研究，2019 年的国家社科基金项目，笔者申报的是社会学方向，题目是"新生代乡村教师的乡村社会融入问题研究"。这个题目主要基于笔者如下学术经历拟定：笔者博士论文主要从教师社会学视角关注"60后""70后"教师的教师职业认同发展轨迹，博士毕业工作后，就在慢慢思考今后到底要做什么样的研究。2013年，我国"特岗计划"（农村义务教育阶段学校教师特设岗位计划）在西部地区实施了8年，笔者无意中看到一篇文章探讨了乡村学校特岗教师的职业认同问题，正好与笔者博士论文中所探讨的"60后""70后"教师职业认同问题有一些共鸣之处，就开始有意识围绕特岗教师职业认同问题阅读文献，并在此基础上分别获立省级教育科学规划重点项目和教育部人文社科项目。在完成这两个项目的调研中，笔者产生了很多疑问，这些特岗教师几乎都是"80后"的教师，他们在乡村学校的基本服务年限是3年，但是3年后他们都会想要离开，到底是什么原因导致他们做出这样的选择？教育系统显然是不能完全回答这个问题的。在这个过程中，笔者开始从社会学、民族学、人类学等视角来看乡村学校的年轻教师，由此在2019年的国家社科基金项目申报时，查阅文献中无意中看到"新生代乡村教师"这个词，就一下确定了题目。

（2）持续关注教育学领域某个具体的现实问题

教育学是一门关注教育现象、解决教育问题、建构教育规律的学科，同时每一个国家的教育系统都与其他社会结构系统之间有着紧密的联系，教育现象、教育问题等的学理研究与分析都需要基于国家整体的战略需要和政策需求进行，这是每个教育学研究者该有的学术担当和责任。以笔者的研究经历为例，事实上，从博士毕业开始工作，笔者就发现每次申报的项目之所以能够立项，关键原因可能是每次的题目都有明确的现实问题，并且都是围绕一个研究点持续深挖。笔者的第一个省级教育科学规划重点项目的研究问题是省域特岗教师职业认同不高的问题；在此基础上的教育部人文社科项目则关注西部地区特岗教师职业认同中的个人认知矛盾问题，是想解决政策完善与人性矛盾之间的协调问题；在这两个课题研究基础上的国家社科基金项目则开始关注所有的新生代乡村教师（特岗教师是其中的一部分）与乡村社会关系问题。因为一直关注乡村教师队伍建设问题，所以笔者从不同学科视角看这个问题时发现：是否留得住新生代乡村教师，不一定是他们愿不愿意，可能还有乡村社会与城市社会关系、城市教育标准对他们职业认同影响的社会、制度等深层原因存在。

2. 反复打磨申请书

（1）研究缘起要精炼

研究缘起一般是在文献综述前，是申请书的第一段话，是评审专家判断课题研究是否有价值的关键段落。这段文字不求多，但一定要做到高度精炼且问题突出、意义重大。申请书第一段的撰写需要考虑的是有没有详细的、权威的数据或政策支撑研究问题的立意点或出发点？有没有抓住当前教育系统中的真正现实问题？有没有明确告诉读者本研究的特别创新之处？一般的写作逻辑是先呈现研究对象相关的数据或关键性政策原文，再明确提出研究问题，并高度提炼这个研究问题在教育领域中的现实表现，之后简明扼要地凸显本课题的关键性创新点和研究意义。申请书的内容一定要言之有物，不能有"假大空"的语言出现。研究缘起部分的撰写举例如下：

新生代是社会学领域专指 20 世纪 80 年代以后出生的各青年群体，新生代乡村教师则是指随着乡村教师队伍的代际更替，已成为乡村教师队伍主力军的 80 年代以后出生的青年教师（教育部官网 2015 年的数据是 330 万人）。实践表明，新生代乡村教师从小受到"离农教育"和"城市化教育"机制的深刻影响，很难在工作中融入乡村社会，极大地影响了乡村教师队伍的稳定建设和乡村教师乡村振兴融入机制建构，但学界尚缺乏对此问题的系统关注和研究。要回应乡村教师下不去、留不住、用不上的现实难题，重点在于新生代乡村教师融入乡村的社会支持体系建构。本研究基于新生代乡村教师与乡村社会的共生关系，力图构建新生代乡村教师的"经济—文化—行为—身份"的乡村社会融入体系，回答如何增强乡村教师职业的吸引力这一核心问题，这是构建乡村教师队伍持续稳定机制和乡村教师深度融入乡村振兴机制的现实需要，具有重要意义。

这一段的撰写逻辑如下：笔者先明确对"关键性概念"进行解释，然后提出"新生代乡村教师"的数量，为抛出研究新生代乡村教师的重要性作铺垫，紧接着提出乡村教师队伍建设中一直以来的难题——留不住新生代乡村教师，但根源是他们与乡村社会之间不能很好地融入，并回答基于此课题想要实现的研究目标是什么，具有什么样的研究价值等。

（2）文献综述要系统

笔者不建议文献综述按照国内、国际这样的结构写，而是要紧紧围绕研究问题相关的理论、既有研究及其变迁，基于时间纵向维度和思想、观点等横向维度系统性梳理。研究综述的述评部分要从综述出发回应课题的研究问题，要做到与既有研究之间有逻辑联系性。笔者 2019 年的国家社科基金项目申请书中的撰写逻辑如下：文献综述部分主要围绕乡村教师队伍建设问题的既有研究与现实难题之间落差、新生代乡村教师与乡村社会融入关系和其他群体与社会融入关系梳理、社会融入与研究问题关系展开。每个部分都边综边述，且每个部分都用标黑的一句话清晰明了地进行总结。文献综述部分的撰写举例如下：

在城乡二元结构语境中，乡村教师队伍稳定问题的研究主要基于保障政策和社会流动视角，缺乏基于乡村社会结构视角和新生代乡村教师本体视角的研究。

新生代乡村教师的研究受到新生代研究领域中对农民工群体集中关注的启发，主要研究新生代乡村教师的离职问题，但由于新生代乡村教师工作场域的"离城"与城市化进程中其他群体的"进城"相反，因此关注新生代乡村教师与工作场域之间的融入问题显得尤为重要。

社会融入理论广泛用于流动群体的研究，关注流动群体与流入社会结构之间的关系主题，为新生代乡村教师身份重构、适应乡村社会文化进而融入乡村社会场域等提供了崭新且恰切的理论视角。

笔者对每个部分相关的文献（特别是经典的、代表性的文献）依照由远及近的时间逻辑分层、分类进行总结提炼，最后在总的述评部分对既有研究用简单的一两句话进行总结，自然转折到与本研究相关的哪些问题值得系统性探索上。比如基于前述，提出："结合已有相关研究应进一步反思：一是传统社会融入视角多基于对象不平等对弱势群体进行单向性的适应研究，新生代乡村教师是乡村振兴战略实施、乡村建设发展的智力保障，不适宜用弱势群体界定，也非静态单向的乡村社会融入问题；二是缺乏对新生代乡村教师生活实践的细微观察，而且不同乡村生活实践形态各异，也缺乏针对不同类型乡村境遇中新生代乡村教师的乡村社会融入问题进行研究。"在此部分，笔者再次回应申请书第一段所提出的研究问题。

（3）整体逻辑要严密

申请人在撰写申请书时一定要时刻牢记课题的研究问题到底是什么，申请书每个部分的内容都要紧密围绕这个问题来撰写。每个部分的文字都要具有层次性，申请人写完后要反复阅读，边读边思考前后逻辑是否一致。任何课题的申请书都是一篇严谨且系统的学术论文，要基于问题提出、综述合理、方法得当、计划合理等方面反复进行前后逻辑一致性的思考和修改。申请人要在语句方面反复推敲，不要出现废话、大话、套话。例如，在研究价值部分，申请人既可以分层平行写，也可以层层递进写。同样以2019年笔者获批的国家社科基金项目为例，当时的研究价值按照要求主要从学术价值和应用价值两个角度写，学术价值第一是"丰富社会融入理论"，因为丰富理论是学术层面高阶价值，所以笔者将其放在第一位；第二是"揭示新生代乡村教师的乡村社会融入特征"，这是基于理论价值进一步从学理层面解释课题的研究假设；第三是"构建新生代乡村教师的乡村社会融入指标体系"，这是基于研究假设进一步可操作化新生代乡村教师的乡村社会融入特征。与学术价值由抽象到具象的撰写逻辑一致，笔者在应用价值部分也是采用由上至下层层细化的递进式逻辑进行撰写。笔者首先提出"服务国家乡村振兴战略"的国家层面价值，其次提出"破解城乡教育公平难题"的教育系统层面价值，最后提出"提供乡村教师队伍建设决策建议"的教师教育领域层面价值。

（4）成员构成要合理

成员构成要早准备，不能到每年申报通知出来再考虑。具体哪些成员纳入研究队伍要从以下几个方面考虑：一是首选在与研究问题相关领域有研究基础的成员。二是基于申请人所在单位性质考虑不同层级和类别单位的成员，比如地方师范院校申请者建议增加部属院校或"双一流"院校等成员；高等院校建议增加中小学、幼儿园或教育科学研究院所等成员。三是成员构成职称、年龄结构要合理布局，做到老中青搭配合理。例如，笔者获批的国家社科基金项目的成员构成如表 20-1 所示。

表 20-1　成员构成

	姓名	出生年月	专业职称	学位	工作单位	研究专长	本人签字
课题组成员	××	1966.01	教授	博士	长江师范学院	教育社会学	
	××	1974.09	教授	博士	北京师范大学	教师教育政策	
	××	1987.03	副教授	博士	云南大学	教育法学	
	××	1980.12	副教授	博士	江苏第二师范学院	教育社会学	
	××	1976.05	讲师	硕士	长江师范学院	教师社会学	
	××	1978.09	副教授	博士	重庆科技学院	教育经济与管理	
	××	1993.07	硕士在读	硕士	贵州师范大学	教育政策	

附录

附录一：长江上游【流域】复合生态系统管理创新团队发展概况

一、概况及发展历程

长江上游【流域】复合生态系统管理创新团队（以下简称"上游团队"）始于微末，从三峡库区到乌江流域再到整个长江上游流域，在流域可持续发展的道路上勇毅笃行，步履铿锵。

一是萌芽阶段。20世纪90年代中期，文传浩教授跟随陕西师范大学王秀安教授进行太白山植被调查，从此对全球区域可持续发展产生兴趣。2002年，文传浩教授成功立项国家自然科学基金项目"珠江上游少数民族区域环境安全与预警系统研究"，坚定了为流域可持续发展研究，尤其是为长江上游流域可持续发展研究贡献一分力量的想法。

二是创立阶段。2010年，成立不久的"上游团队"在首席专家文传浩教授带领下成功入选"重庆高校创新团队建设计划"。2011年，文传浩教授成功立项国家社科基金重大项目"三峡库区独特地理单元'环境-经济-社会'发展变化研究"，这意味着团队成员基本确定，研究方向基本稳定。

近年来，"上游团队"不断打破传统模式，不等、不靠、不要，大胆改革创新，引入市场机制，主动调整团队发展策略，不断探索，打通科研转化的"最后一公里"，十年耕耘，厚积薄发，团队建设进入高速发展期。2018 年以来，团队获批立项国家社科基金项目 39 项（含重大项目），并荣获教育部第八届高等学校科学研究优秀成果奖（人文社会科学）一等奖和首届中国智库资政建言"地方贡献奖"……目前，"上游团队"已进入成熟阶段，团队规模已壮大到 120 余人，其中副高级及以上职称 40 余人，涵盖经济学、生态学、管理学、金融学、历史学、法学等多学科领域，培育并组建了 13 个上游科研分队，其中有 3 个分队成功获批重庆市教委创新研究团队（培育群体）或重庆市新型重点智库。

近年来，高校交流协作已成为促进地区教育均衡发展，推动师资生源质量提升的重要抓手，但针对教育相对薄弱地区的资源投入与落地实践依然任重而道远。"上游团队"长期致力于流域生态保护和区域经济研究，经过数年发展，已形成若干子团队。子团队依托的高校多为地方高校、民办高校等，这类地方应用型本科院校科研基础较弱，教学质量及素质与能力提升受限较多。因此，帮扶地方本科院校，助力其科研教学水平全方位提升具有重大意义，推动"平民高等教育水平"提升，"上游团队"已经在路上，期待更多行业精英参与和社会力量支持。

二、团队特色

顶天立地，人才培养显优势

"上游团队"致力于培养出顶天立地、有本事、能担当的当代青年。"顶天"，就是关注学科前沿，聚焦大江大河流域可持续发展，在发展、引领学科方面有创新、有突破；"立地"，就是聚焦区域人才的结构性短板，服务于地方经济社会发展，培养实用型创新人才。在科研选题上，"上游团队"发挥好专家教授的核心引领作用，引导青年学者聚焦大江大河流域可持续发展开展创新研究。在论文撰写上，"上游团队"注重发挥青年学者的纽带作用，帮助研究生更快入门，少走弯路、错路，高产科研成果，加速成果转化。在课题研究中，"上游团队"定期组织实地调研活动，贴近地方发展，发现真问题，提出好建议，服务地方经济社会发展。

不忘初心，社会公益显担当

"上游团队"从微末逐渐发展壮大到当前的局面，自团队建设以来，一直致力于社会公益活动，承担社会责任，展现"上游团队"的家国情怀。从 1998 年抗洪抢险到 2019 年设立"浩燃奖学金"，从 2008 年汶川大地震到 2019 年宜宾地震，从 2003 年抗击"非典"到 2020 年防控"新冠"，"上游团队"热衷公益事业，不断营造良好的热心公益的氛围，践行公益行动，为长江流域乃至全国社会经济可持续发展做出积极贡献。2021 年，"上游团队"将重庆工商大学发放的教育部第八届高等学校科学研究优秀成果奖（人文社会科学）一等奖的 6 万元科研成果奖金全部捐赠给重庆财经学院，作为对优秀本科学生的奖励。

智政互动，资政服务献良策

"上游团队"始终追寻"功成不必在我"的精神境界和扛起"功成必定有我"的历史担当，将科学研究与资政服务有机结合，聚焦国家重大战略需求，坚持把科研文章写在祖国大地上。在首席专家文传浩教授的带领下，"上游团队"借助"两号一网"平台窗口，建立智库与政府深度融合的"智政互动"体系，每年产出了一系列资政成果，为地区经济社会可持续发展不断贡献力量。近三年，首席专家文传浩教授带领团队取得 70 余篇资政建议成果，被中共中央办公厅、国务院办公厅、中央统战部、国家税务总局、九三学社中央委员会、重庆市政协办公厅、四川省政府研究室、昆明市政府研究室、中共重庆市委统战部、中共重庆市委全面深化改革委员会办公室、重庆市商务委员会等中央或地方相关部门采纳或批示。

能打硬仗，社科申报显成效

"上游团队"学习借鉴理工科团队模式，积极发挥"召之即来，来之能战，战之必胜"的优良作风，有组织、有计划、有规模地进行"阵地战"，运用"集团作战"和"群狼战术"立于不败之地，实现从"流浪者"到"丐帮"再到"狼群"的转变，在社科研究领域形成自身特色和优势，筑牢创新成果产出的基石。从国家社科基金一般项目到教育部人文社科重大项目，从重庆市教委重大专项到国家社科重大招标项目，在没有硝烟的学术战场上，次次都有博士、硕士研究生"冲锋陷阵"的身影。他们沉浸在学术氛围里，沉浸在团队合作里，沉浸在艰苦奋斗里，锤炼人格品质，弘扬拼搏精神，提升学术修养。首席专家文传浩教授多次强调："项目申报结果既重要也不重要，我们的目标是锻炼团队，锤炼出一群狼的队伍"。

附录二：项目申请书

项目登记号		项目序号	

国家社会科学基金项目

申　请　书

学　科　分　类＿＿＿＿＿＿＿管理学＿＿＿＿＿＿＿

项　目　类　别＿＿＿＿＿＿＿重点项目＿＿＿＿＿＿

课　题　名　称＿新时代中国特色社会主义流域生态文明理论研究＿

申　请　人　姓　名＿＿＿＿＿＿＿×××＿＿＿＿＿＿＿

申请人所在单位＿＿＿＿＿＿×××
×大学＿＿＿＿＿＿

填　表　日　期＿＿＿＿＿2018 年 2 月 28 日＿＿＿＿

全国哲学社会科学工作办公室制

2017 年 12 月

一、数据表

课题名称	新时代中国特色社会主义流域生态文明理论研究					
关键词	新时代 中国特色社会主义 流域生态文明					
项目类别	A	A.重点项目 B.一般项目 C.青年项目 D.一般自选项目 E.青年自选项目				
学科分类	GLZ	管理学其他学科				
研究类型	C	A.基础研究 B.应用研究 C.综合研究 D.其他研究				
课题负责人		性别	男	民族	汉族	出生日期
行政职务		专业职称 A	教授(二级)	研究专长	GLZ	管理学其他学科
最后学历	A	研究生 最后学位 A	博士	担任导师	A	博士生导师
所在省(自治区、直辖市)	N		所属系统	A	高等院校、其他学校	
工作单位				联系电话		
通信地址				邮政编码		

	姓名	出生年月	专业职称	学位	研究专长	工作单位	本人签字
课题组成员		1977.08	副教授	博士	生态哲学	×××大学	
		1975.03	研究员	博士	环境经济	××社会科学院	
		1975.12	正高级工程师	博士	环境制度	×××环境工程评估中心	
		1977.09	副教授	博士	环境法	××××大学	
		1981.12	副教授	博士	生态经济	××××学院	
		1990.01	博士研究生	硕士	环境政策	××××大学	
		1988.12	中级会计师	硕士	环境制度	××××学校	

第一推荐人		专业职称		工作单位		
第二推荐人		专业职称		工作单位		
预期成果	C D	A.专著 B.译著 C.论文集 D.研究报告 E.工具书 F.电脑软件 G.其他		字数(千字)	300	
申请经费(单位:万元)	35		计划完成时间	2020 年 9 月 1 日		

二、课题设计论证

本表参照以下提纲撰写，要求逻辑清晰，主题突出，层次分明，内容翔实，排版清晰。除"研究基础"填在表三外，本表内容与活页内容一致。

一、选题依据：国内外相关研究的学术史梳理及研究动态；本课题相对于已有研究的独到学术价值和应用价值等

本课题参考《国家社会科学基金项目 2018 年度课题指南》"管理学"第 48 条、第 51 条综合拟定，同时与"理论经济"第 6 条高度相关。

习近平生态文明思想是习近平新时代中国特色社会主义思想的重要组成部分，作为马克思主义中国化最新理论成果，新时代中国特色社会主义生态文明理论推动了一场广泛而深刻的环境变革。党的十八大以来，以习近平同志为核心的党中央站在新的历史方位，对流域生态安全、流域环境综合治理与流域生态文明给予高度重视，先后提出"共抓大保护，不搞大开发"（习近平，2016），"统筹山水林田湖草系统治理""实施流域环境和近岸海域综合治理""以共抓大保护、不搞大开发为导向推动长江经济带发展""健全耕地草原森林河流湖泊休养生息制度"（习近平，2017）等一系列富有突破性的新论断，为新时代中国特色社会主义生态文明理论与流域可持续发展进一步纵深推进提供了理论创新方向和实践指导路径。我国河湖众多，流域面积超过 100 平方千米的河流有 22 909 条，水面大于 1 平方千米的天然湖泊有 2 865 个，其中，全国七大水系流域面积约占国土面积的 43%，流域内人口密集，经济体量巨大，生态资源丰富，是我国重要的生产生活和生态场所。在"建设生态文明是中华民族永续发展的千年大计"的战略高度要求下，按照以自然属性为主的流域为切入点开展生态文明建设是对过去以行政区为单位建设模式在理论、方法与路径上的一项重要补充，创造性总结提炼中国特色社会主义流域生态文明的理论框架显得更加重要和紧迫。

（一）国内外相关研究的学术史梳理及研究动态

1. 国外研究现状。国外学者很少直接提出生态文明这一概念，而大多是相近的概念和思想，并且研究主线主要围绕可持续发展及绿色发展或绿色文明展开。20 世纪初爆发的环境公害和污染事件，刺激着人们新的环保意识的觉醒。此后，1987 年联合国环境与发展委员会发表的《我们共同的未来》中正式提出可持续发展概念，并在 1992 年提出人类可持续发展的新战略和新概念。Magdoff F（2011）认为在尊重其他生命体的基础上，从经济社会生态系统整体出发促进人、自然、经济与社会的和谐统一。同时在建设举措及其路径研究方面，主要涉及采取合理的生态指标评价体系、采用有效市场化工具（Morrison R S，2007）、采取道德话语的价值形式（Sauer

T. J. et al., 2011)、进行制度建设（Egare A., 2010）。**国外学者关于流域环境的研究实现了由关注流域生态环境保护的理论层面到提出流域生态管理治理措施的实践方面的转变**。一是**理论研究**。在对生态系统部分自我调节能力的认识的基础上，Reynolds P. J.（1985）强调了生态环境保护的重要性，此后学者探讨了经济活动对流域生态环境的影响（Petrov B. V. et al., 1993；Nienhuis P. H. et al., 2002）。近年来流域生态环境保护的理论研究涉及气候变化对流域环境的影响（Kristie L. E., 2013）、海岸线生态保护的必要性（Burak G. et al., 2013）、森林资源在流域可持续管理中的作用等方面（Sarmila B. et al., 2015）。二是**流域生态管理治理的实践研究**。①**水域管理**。水域作为流域基本组成单元，在流域可持续发展方面具有举足轻重的作用，运用合理模型进行水域管理具有重要意义（Galiulin R. V. et al., 2005）。②**流域资产管理**。Taeil J. et al.（2013）提出采取农业最佳管理模型，可以对流域内的有限资源进行优化管理。③**流域综合管理**。在实证研究的基础上，流域生态系统可持续管理得到了高度重视，学者提出加强流域综合治理，促进流域可持续发展（Lynch H. J. et al., 2008；Mohd Y. K. et al., 2016）。

2. **国内研究现状**。学者们从不同研究视角对生态文明的内涵、特征、理论基础、实现机制等进行研究，主要集中以下方面：一是**生态问题产生的原因**。刘湘溶（2015）强调了唯经济增长是问的传统生产活动的反自然性质对生态的不利影响，不合理的生产生活方式（邓玲，2015）、自然资源的不合理利用（薛纪恬，1992）也是重要因素。二是**生态文明内涵的界定**。孙要良（2013）认为生态文明是对现代文明的补充和完善，郇庆治（2014）则从哲学理论、政治意识形态、实践层面及现代化发展语境四个方面对生态文明意蕴进行了更为细致的阐释。三是**生态文明建设的路径选择**。其主要包括生态文明生态意识的培养与思想观念的转变、消费模式转型、生态文明建设的政策选择等（赵玲，2000；张文斌 等，2013；邓玲，2014）。四是**生态文明建设模式探究**。彭向刚（2015）认为超越传统生态文明建设模式的"政府、市场与社会协同治理模式"可有效发挥政府、非政府组织、企业、公民等各子系统作用，实现多元化共同治理。五是**生态文明体制改革研究**。其主要包括生态文明评价体制研究、生态文明制度创新、生态文明法律制度研究（任勇 等，2006；夏光 等，2012；刘湘溶，2014）。随着城镇化、工业化的快速发展，流域环境污染防治压力日益增大，跨行政区流域环境污染问题对地区经济可持续发展、上下游地方政府及人民之间矛盾解决及社会稳定等问题提出了严峻挑战。**国内学者从 20 世纪 50 年代就开始关注流域治理。随着研究的深化，流域生态文明建设的研究视角逐渐向流域生态治理方面转变，积极探索流域治理与生态文明建设的理论以及实践**。其主要有水污染防治能力研究、生态系统管理研究（黄艺 等，2009；周亮 等，2013）及流域生态文明建设体制机制研究，包括水污染治理管理机制、流域合作治理机制以及流域生态补偿机制（施祖麟 等，2007；尚海洋 等，2017）。从 20 世纪 90 年代开始，我国开始关注经济、社会与环境协调发展问题。从 1994 年发布《中国 21 世纪议程》，到党的十七大将建设生态文明写入党的报告（陈洪波 等，2013 年），到党的十八大和党的十九大，生态文明的战略定位持续提升。国家先后出台 150 多项生态文明建设相关的政策、环境标准。目前全国推行的河长制、湖长制等就是流域层面的生态文明体制创新，具有深远意义。

3. 相关研究述评。研究发现：（1）既有研究集中于**自然科学**领域，从**人文社科尤其是科学社会主义**研究视角对流域环境的综合性、复杂性、持续性问题关注不够，理论研究不足。（2）以行政区域为单位的生态文明理论及实践研究较多，而流域视角的中国特色社会主义生态文明理论研究不足。（3）近年来生态文明理论研究以及实践虽有长足进步，但新时代视角下对流域生态文明建设的"不平衡不充分"问题关注度不够。

（二）本课题相对于已有研究的独到学术价值和应用价值

1. 学术价值：（1）本课题是对"共抓大保护、不搞大开发"指导思想内涵与外延的丰富发展，也是对中国特色社会主义理论精髓的补充完善。（2）本课题试图通过生态环境、生态经济、生态政治、生态社会、生态文化五个维度对流域生态文明理论进行丰富和拓展，是对流域生态文明理论体系和研究框架的补充完善。（3）本课题以区域经济学、流域经济学、流域生态学推进流域生态文明理论，是对交叉学科研究方法的丰富和拓展。

2. 应用价值：（1）在新时代背景下构建中国特色社会主义流域生态文明理论框架，是对流域生态文明及环境可持续发展的重要指导。（2）选取跨界典型流域乌江为案例，完成流域为自然地理单元的生态文明实践探索，对推进典型流域生态文明建设具有重要的现实指导意义。（3）为河长制、湖长制等生态文明制度建设过程中的现实障碍提供解决思路，对生态文明制度推行具有现实指导意义。

二、研究内容：本课题的研究对象、总体框架、重点难点、主要目标等

（一）研究对象

本课题的研究对象是流域生态文明。生态兴则文明兴，生态衰则文明衰。生态文明建设是党中央引领中国实现"两个阶段目标"的重要举措，中国河流湖泊众多，在我国七大流域 78 条主要河流中，约超过 60%的河流受到不同程度的污染，以流域为视角开展生态文明研究是对传统行政单元模式的必要补充，是实现美丽中国梦不可或缺的重要路径。

（二）总体框架

1. 中国特色社会主义生态文明理论的历史演进分析。系统梳理中国特色社会主义生态文明理论历史演进轨迹，总结阶段性特征、核心思想、演进动力，澄清生态文明在内涵外延、建设内容以及指标体系层面上的误区。

2. 中国特色社会主义流域生态文明理论的形成发展研究。一是理论基础研究，包括马克思主义生态观、中国古代生态哲学思想以及中国共产党生态文明思想等层面的细致挖掘；二是发展脉络研究，剖析重要论断的科学内涵、逻辑格局、哲学意蕴。

3. 新时代中国特色社会主义流域生态文明理论框架构建。在明确理论框架维度的基础上，阐释流域生态环境、生态经济、生态政治、生态社会及生态文化的内涵外延、角色地位、内在关联、梯度差异等重要内容。

4. 新时代中国特色社会主义流域生态文明制度评价与优化。对流域市场化多元化生态补偿机制、河长制、环境治理体系等实施状况进行健康诊断，深入剖析其实施背景、发展历程、主要作用、组织形式等具体内容，并提出改革方案。

5. 典型流域生态文明理论探索与实践案例研究。选取乌江流域典型案例进行深入剖析，挖掘该典型地区生态文明理论演进机理，并重点分析其水污染防治、生态补偿、生态产品交易、绿色金融、流域综合管理体制改革等生态文明实践概况。

6. 新时代中国特色社会主义流域生态文明对策建议。一是基于环境、政治、经济、社会、文化五个维度的流域生态文明实现路径；二是生态文明传统行政单元治理模式与流域单元治理模式的融合路径；三是典型流域典型地区生态文明建设机理及发展对策。

（三）重点难点

1. **重点：**（1）**新时代中国特色社会主义流域生态文明建设"不平衡不充分"问题探究。**行政单元治理模式与流域单元治理模式、流域内部各系统之间的"不平衡不充分"问题是研究重点。（2）**新时代中国特色社会主义流域生态文明理论框架的维度确定。**剖析各维度的内涵外延、找准各维度的地位作用、探究各维度相互关系是科学构建理论框架的研究主体。（3）**关于流域生态文明建设的典型案例研究。**选取乌江流域为典型案例，由于乌江流域跨行政区域尺度范围广，不同区域协调难度大，构建乌江流域生态文明数据资料库、建立长期跟踪调研基地将是本课题的一项实践中的研究重点。

2. **难点：生态文明传统行政单元治理模式与流域单元治理模式的融合路径。**以自然地理特征划分的流域单元与人为区划为界的行政单元存在的治理区域矛盾是生态文明实践亟待解决的重要难点问题，探索两种模式有机融合的实践路径是本课题拟待解决的难点。

（四）主要目标

1. **理论目标：**生态文明自提出以来，其理论意蕴不断深化发展，最初的纯自然生态观到现阶段多维度的生态文明彰显了新时代价值。基于此，本课题试图**探索构建新时代中国特色社会主义流域生态文明理论框架**。

2. 应用目标：在探寻乌江流域生态文明建设背后动态、复杂运行机制的基础上提炼规律，为乌江流域生态文明建设的具体实践提供理论解决方案与发展对策。

三、思路方法：本课题研究的基本思路、具体研究方法、研究计划及其可行性等

（一）基本思路（见图1）

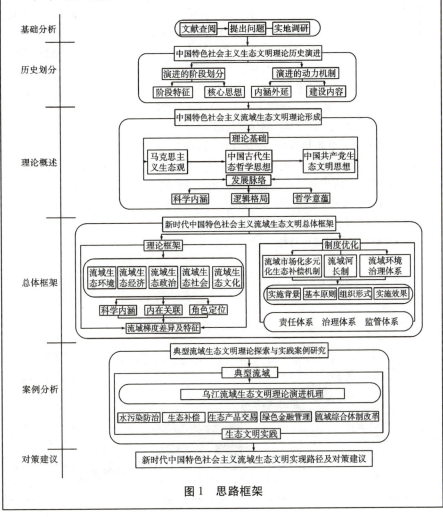

图 1 思路框架

（二）具体研究方法

1. 静态分析与动态分析相结合。一是根据当前的经济社会发展现状明确流域生态文明建设体系内容的重点领域和主要任务，又要根据未来生态文明建设目标，明确未来生态文明建设方向，不断完善生态文明建设体系内容框架。二是从现阶段流域梯度特征生态文明内涵出发，以人与自然关系为主线，综合考虑流域生态文明建设的梯度性、阶段性、动态性等特征。

2. 比较分析法与系统分析法相结合。一是对流域上中下游生态文明体制的区域异质性进行比较研究，确定上中下游"共抓大保护，不搞大开发"导向的生态文明体制各自的侧重点。二是将流域生态文明体制发展的历史、现状、未来看作一个系统，将上中下游看作一个系统，确定"共抓大保护，不搞大开发"导向的流域整体生态文明体制改革的总方向与总目标。

3. 实地调查与案例分析相结合。选取贵阳、遵义、武隆、涪陵等基地对政府部门（小组座谈法）、企业（资料分析法）、公众（问卷调查法）调研乌江流域生态环境治理和保护的意识、宣传与机制体制的建立情况等。

4. 定性与定量分析相结合。横断历史元分析（Cross-Temporal Meta-Analysis）划分流域生态文明理论历史发展过程；地理信息系统（Geographic Information System，GIS）重点应用在案例实践；运用集对分析法（Set Pair Analysis，SPA）构建乌江流域生态文明评价指标体系，运用系统动力学（System Dynamics，SD）评价分析政策、环境等因素对乌江生态风险的影响。

（三）研究计划及其可行性

1. 研究计划

计划从 2018 年 3 月启动，2020 年 9 月完成，合计 2 年 6 个月时间。具体进度见表 1。

表 1　课题研究步骤和进度安排

序号	内容		时间	2018年			2019年				2020年			目标任务
				3~5月	6~8月	9~12月	1~2月	3~5月	6~9月	9~12月	1~3月	4~6月	7~9月	
1	研究准备		文献研究	■										整理收集文献资料
2			方案设计		■									探讨设计研究方案
3	正式启动		内容构思			■								撰写专题研究报告
4			专题调研			■	■							开展典型区域调研
5			专题研究					■						构建案例数据库
6	重点研究		修改论证						■					攻关重难点问题
7			阶段报告						■	■				撰写修改阶段报告
8	项目结题		成果完善									■		完善课题研究成果
9			结题报告									■	■	总结提交研究成果

2. 可行性

（1）研究基础的可行性。项目申请人 20 多年长期致力于流域可持续发展与流域生态文明研究，先后主持完成国家社会科学基金重大招标项目、国家自然科学基金项目、国家社科基金一般项目、国家软科学项目等纵向项目 30 余项；被国务院、全国政协、统战部、九三学社中央委员会、环保部等采纳或立案 30 余项决策建议。其中，关于长江上游地区、乌江、三峡库区等建议获温家宝（2013）、张高丽（2017）、韩启德（2016）等国家领导人批示。

（2）研究平台的可行性。本课题依托的平台是教育部重点研究基地。近年来，平台长期围绕三峡库区—重庆地区—长江上游地区的经济社会环境可持续发展重大问题展开研究，并建有"长江上游经济研究数据库"等多个特色专题数据信息库；在 151 个教育研究重点基地中社会服务能力居第 12 位，决策支持能力排名第 8 位。

（3）研究选题的可行性。继 2016 年《长江经济带发展规划纲要》将长江经济带建设成为"生态文明建设的先行示范带"作为首要战略定位，党的十九大报告提出"实施流域环境和近岸海域综合治理"等论断，都表明流域生态环境保护任重道远，亟须探索建立中国特色流域生态文明理论体系。但我国的大多数流域生态文明建设还存在"不平衡不充分"问题：流域上下游、左右岸、干支流发展不平衡与以流域为主导的生态文明建设模式发展不充分等问题。因此，本课题拟探索建立中国特色流域生态文明理论框架。

四、创新之处：在学术思想、学术观点、研究方法等方面的特色和创新

（一）**学术思想**：课题组认为新时代流域生态文明建设存在"不平衡不充分"现象，表现在上下游、左右岸、干支流三个方面。上游多为经济欠发达及生态环境脆弱地区，下游多为经济发达地区，上下游发展不平衡不充分；由于地理、环境、经济等因素，左右岸发展不平衡不充分；干流多经济发达，而支流发展较缓慢，干支流发展不平衡不充分。

（二）**学术观点**：流域生态文明理论是对中国特色社会主义生态文明理论的重要补充与完善；梳理流域生态文明理论，应以流域为基本单元，从流域生态环境、生态经济、生态政治、生态社会以及生态文化五个维度进行系统阐述；与西方国家相比，生态政治是当前和今后生态文明建设中发挥中国特色社会主义制度优势的主要体现。

（三）**研究方法**：本研究将地理学、统计学、工程学等学科的地理信息系统、集对分析、系统动力学等方法有机嫁接融合到科学社会主义生态文明理论研究中，是一种新尝试。

五、预期成果：成果形式、使用去向及预期社会效益等

（一）成果形式

1. 研究报告：1 份，30 万字。2. 学术论文：10～15 篇。3. 决策建议：10～15 篇。4. 特色资料库：流域生态文明文献资料库、基础数据库、乌江流域实践案例库。5. 调研基地：选取贵阳、遵义、武隆、涪陵等流域生态文明调研基地。

（二）使用去向及预期社会效益

1. 研究报告提交国家社科办，服务于国家决策。2. 学术论文发表在高层次期刊。3. 成果要报将报送全国哲学社会科学工作办公室，决策建议将报送九三学社中央委员会、统战部及市委市政府。4. 智库共享给地方政府相关部门及相关学者，为其提供决策参考及学术支撑。5. 调研基地将共享给多个高校研究机构及地方政府相关部门。

六、开展本课题研究的主要中外参考文献

［1］REYNOLDS P J. Ecosystem approaches to river basin planning ［J］. Springer Netherlands，1985（6）：41-48.

［2］PETROV B V，SINICHENKO E K，RABKOVA E K. Effect of engineering and economic activities on ecological conditions in river basins ［J］. Hydrotechnical Construction，1993，27（3）：182-184.

［3］NIENHUIS P H，BUIJSE A D，LEUVEN R S E W，et al. Ecological rehabilitation of the lowland basin of the river rhine（NW Europe）［J］. Hydrobiologia，2002，478（1-3）：53-72.

［4］MORRISON R S. Building an ecological civilization ［J］. Social Science Electronic Publishing，2007，38：18.

［5］GUANGYU，WANG，SHARI，et al. Integrated watershed management：evolution，development and emerging trends ［J］. Journal of Forestry Research，2016，27（5）：967-994.

［6］任勇，等. 建立生态补偿机制的战略与政策框架 ［J］. 环境保护，2006（19）：18-23.

［7］孙要良. 生态文明建设与唯物史观的创新空间 ［J］. 马克思主义研究，2013（7）：93-98.

［8］邓玲. 我国生态文明发展战略及其区域实现研究 ［M］. 北京：人民出版社，2014.

［9］刘湘溶. 生态文明建设：文化自觉与协同推进 ［J］. 哲学研究，2015（3）：122-126.

［10］郇庆治. 生态文明理论及其绿色变革意蕴 ［J］. 马克思主义与现实，2015（5）：167-175.

三、研究基础和条件保障

本表参照以下提纲撰写，要求填写内容真实准确。

一、学术简历：课题负责人的主要学术简历、学术兼职，在相关研究领域的学术积累和贡献等

（一）学术简历

1996.09—1999.07 ×××大学生态学硕士学位，主要从事环境可持续发展、人类生态学与生态教育方面的研究。

1999.09—2002.07 ×××大学生态学博士学位，主要从事区域（流域）生态文明与流域可持续发展研究，在读博士期间联合主持完成科技部/云南省专项科技重大攻关项目子课题**"滇池流域面源污染水旱轮作系统 N、P 空间动态流失规律及精准化平衡施肥示范研究"（总课题由清华大学陈吉宁教授主持）**，并于在读博士期间成功申请了国家自然科学基金项目**"珠江上游少数民族区域环境安全与预警系统研究"**（40261009）。

2002.07—2007.07 在×××大学（原×××学院）工作，主持创建了×××大学资源与环境管理系，主持"北盘江流域生态预警安全研究"等 8 项课题。其中，2003.12 破格晋升生态经济学教授，2005.03—2006.02 在加拿大 McGill 大学农业与环境科学学院访问学习，主要从事环境可持续发展领域高级访问学者，并对生态政治有所关注。

2007.08 至今在教育部人文社科重点研究基地×××大学×××工作，从事区域（流域）生态文明与流域可持续发展研究。其中，2009.01—2017.03 担任中心常务副主任，2012 年被评为经济学二级教授和×××市"产业经济学"巴渝学者特聘教授，2013 年被评为博士生导师，2017.04—2017.08 在英国 Northumbria University 纽卡斯尔商学院做高级访问学者，主要从事河流或湖泊流域可持续发展的学术交流。

（二）学术兼职

课题申请人在教学和科研的同时，也兼任与生态文明、区域经济可持续发展相关的学术职务，先后兼任全国区域经济学会常务理事、全国长江技术经济学会理事以及全国区域科学协会可持续发展专委会、中国区域科学协会生态文明专委会副主任委员和全国区域经济学会长江经济带专业委员副主任委员等；先后为市管领导干部等开展系列关于生态文明建设的学术讲座。

（三）在相关研究领域的学术积累和贡献等

1. 学术积累

申请人近 20 年来先后（1）主持并完成 1 项国家社科基金重大招标项目"三峡

库区独特地理单元'环境-经济-社会'发展变化研究（11&ZD161）"、1项国家社科基金项目"基于生态系统管理理论的西部民族地区生态文明建设模式研究"（08XMZ030）、1项国家软科学项目"基于县域尺度的流域复合生态系统管理创新模式研究——以乌江流域为例（2010GXQ5D353）"以及重庆市科委软科学重大项目、重点项目、一般项目、国家软科学和其他省部级项目30余项；（2）出版专著《长江上游生态文明研究》、案例集《国外流域管理典型案例研究》以及《流域经济评论》辑刊等10余部；（3）在《光明日报》（理论版）《新华文摘》《思想战线》等重要期刊发表论文《流域生态安全须高度重视》《论政治生态化》等50余篇；（4）为党中央、国务院、全国政协、九三学社中央委员会、重庆市委市政府和政协等提交各类决策建议30余项，部分被李克强、张高丽等国家领导人批示或有关部委、厅局采纳；（5）《流域环境变迁与生态安全预警理论与实践》《流域生态产业理论与实践：以乌江为例》等成果获得省部级科研三等奖4项。

2. 学术贡献

（1）**在生态文明方面**：认为生态文明建设应该是一个从一种文明发展理念转化为具体的实际建设模式和实现路径的过程。同时，以西部民族地区为理论建构背景，分析了西部民族地区生态文明建设与生态功能区耦合机制，提出了普遍适用于我国西部民族地区的生态文明建设理论（见《西部民族地区生态文明建设模式研究》2013年7月科学出版社）。

（2）**在流域生态文明方面**：针对乌江流域，提出政府合作机制、法律协同机制、政策联动机制等绿色协同发展机制（见《中国环境报》2018年2月6日第003版）；针对长江上游典型流域，提出"1+4+18+X"生态经济总体布局的思路，即1个成渝经济区、4个国家级新区、18个国家开发区以及若干个省级开发区（见《长江上游生态文明研究》2016年9月科学出版社）；针对长江经济带绿色发展，分析了"共抓大保护，不搞大开发"的哲学意蕴和实践维度（见《中国环境报》2018年2月23日第003版）。

（3）**在流域生态安全预警与可持续方面**：指出实现我国流域生态安全需要结合我国区域功能分区的理论和实践，将以自然地理区划为特征的流域与有中国行政管理特色的县域经济单元有机结，要从流域环境与经济发展统一的角度，建立流域生态系统、流域经济系统和流域社会系统，以此实现和推进流域发展的动态化、可视化和预警管理（见《光明日报》2009年4月9日第006版）。该观点契合党的十九大关于"实施流域环境和近岸海域综合治理"等方面的要求。

（4）**在流域经济与绿色发展方面**：结合乌江流域的具体情况，提出在流域内形成节约资源和保护生态环境的生态产业结构、持续增长方式、绿色消费模式，在三峡库区一级支流率先建成生态产业带的发展范式，推进乌江（经济与环境）和谐流域战略（见《流域生态产业初探——以乌江为例》2013 年 7 月科学出版社）。观点契合"保护好三峡库区和长江母亲河，事关重庆长远发展，事关国家发展全局"的战略要求。

（5）在流域综合治理方面：针对长江上游流域治理面临的问题，从深化落实主体功能区建设、狠抓支流保护以推进流域保护"一盘棋"、培育环保产业以引领壮大战略性新兴产业等层面提出具体实践路径（见《零讯》2017 年专报第 152 期）。该观点在新时代生态文明建设过程中发展趋势日渐明显。

（6）在流域特色数据库方面：研究团队长期致力于对典型流域资料的系统整理与收集，目前已经建立三峡库区 1 个收录宏观数据的三峡库区数据管理系统、1 套定期连续追踪调查三峡库区经济—社会—环境发展的综合调查问卷以及 1 套为三峡库区可持续发展系列案例集等资料库，为新时代流域生态文明理论研究的特色资料获取与实践经验借鉴提供了便利，也为地方经济社会发展的政策制定提供了可靠的数据支撑。

二、研究基础：课题负责人前期相关研究成果、核心观点及社会评价等

（一）前期相关研究成果及社会评价

1. 主要学术著作

（1）×××. 流域环境变迁与生态安全预警理论与实践——以珠江上游流域为例 [M]. 北京：科学出版社，2008. 独著。**该书获重庆市社科三等奖。**

（2）×××，××，×××，等. 流域生态产业初探——以乌江为例 [M]. 北京：科学出版社，2013. 3 排 1。中国社科院已故荣誉学部委员**陈栋生**先生亲自为该书写序。该书获重庆市政府发展研究奖三等奖。

（3）×××，××，×××，等. 西部民族地区生态文明建设模式研究 [M]. 北京：科学出版社，2013. 3 排 1。部分内容曾在《光明日报》等报刊上发表，**并被评为重庆市社科优秀成果奖。**

（4）×××，×××，×××，等. 长江上游生态文明研究 [M]. 北京：科学出版社，2016. 5 排 1。该书获得相关专家高度认可，**并获重庆市政府发展研究奖（待公示）。**

（5）流域经济·管理与可持续发展系列丛书，主编，已出版《国外流域管理典型案例研究》（西南财经大学出版社，2015 年 7 月）和《莱茵河流域可持续发展案例研究》（西南财经大学出版社，2016 年 10 月）。丛书被多所高校馆藏，部分研究成果**受到重庆都市频道《为你喝彩》节目专访。**

（6）三峡库区可持续发展系列案例集主编，包括印刷中的《三峡库区生态农业案例集》《三峡库区物流业案例集》《三峡库区低碳发展案例集》《三峡库区旅游发展案例集》《三峡库区（创意）文化产业案例集》5 部。部分研究成果在三峡库区县、区、市干部学习中做专题讲座。

（7）流域经济评论主编，已出版《流域经济评论（第一辑）》（北京：科学出版社，2016 年 1 月）、《流域经济评论（第二辑）》（北京：科学出版社，2016 年 10 月），《流域经济评论（第三辑）》印刷中。丛书被北京大学等多所高等院校馆藏。

（8）×××，×××，×××，等. 三峡库区发展概论［M］. 北京：科学出版社，2016. 3 排 2。该书被中央财经大学等多所高校馆藏。

2. 主要教材

（1）×××，×××（主编），×××（主撰）. 污染生态学［M］. 北京：高等教育出版社，2002. 该书**获教育部优秀教材二等奖**。

（2）×××（主编），×××（主撰）. 环境与发展［M］. 北京：高等教育出版社，2003.

3. 主要学术论文

（1）×××，×××，×××. 三峡库区移民城市绿化问题的初步探讨——以万县市为例［J］. 云南环境科学（一般期刊），1997 年第 4 期。下载 58 次，被引 5 次。

（2）×××. 论政治生态化［J］. 思想战线（中文核心期刊，CSSCI 来源期刊），2000 年第 6 期。下载 1319 次，被引 54 次。

（3）×××，×××，××. 马岭河峡谷漂流探险生态旅游开发研究［J］. 经济地理（中文核心期刊，CSSCI 来源期刊），2002 年第 1 期。下载 1097 次，被引 49 次。

（4）×××，×××，×××. 滇西北香格里拉生态旅游示范区环境效应初步研究［J］. 农业环境科学学报（中文核心期刊，CSCD 来源期刊），2003 年第 1 期。下载 447 次，被引 14 次。

（5）×××，××. 珠江上游少数民族县域生态环境变迁及其安全预警研究——以关岭布依族苗族自治县为个案［J］. 贵州民族研究（中文核心期刊，CSSCI 来源期刊），2008 年第 1 期。下载 281 次，被引 5 次。

（6）×××. 流域生态安全须高度重视［N］. 光明日报（中共中央机关报），2009 年 4 月。下载 13 次。

（7）×××. 生态文明建设亟须建立一套统一规范的指标体系［N］. 光明日报（中共中央机关报），2009 年 12 月。下载 90 次，被引 1 次。

（8）×××，××，××，等. 珠江上游流域环境退化及生态重建的社会工程途径分析［J］. 贵州财经学院学报（中文核心期刊，CSSCI 扩展期刊），2009 年第 3 期。下载 209 次。

（9）×××，××，××. 生态文明建设中的若干理论误区与实践问题［J］. 西部论坛（中文核心期刊，CSSCI 扩展期刊），2010 年第 6 期。下载 552 次，被引 14 次。

（10）×××，××. 生态文明建设理论需不断深化［N］. 中国环境报（国家级环保专报），2012 年 11 月。下载 116 次，被引 5 次，2013 年 2 月被《新华文摘》第 3 期全文转载。

（11）×××. 生态经济空间发展新格局的"1+3"模式［J］. 区域经济评论（一般期刊），2015 年第 2 期。部分研究成果得到地方政府的采纳。

（12）×××，×××，×××，等. 从库区管理到流域治理：三峡库区水环境管理的战略转变［J］. 西部论坛（中文核心期刊，CSSCI 扩展期刊），2017 年第 3 期。下载 173 次，被引 1 次。

（13）×××. 全面推行河长制，深化推进重庆流域治理［N］. 重庆日报，2017 年 5 月。下载 37 次。

（14）×××，×××. 长江经济带转型发展的方向［J］. 开放导报（中文核心期刊），2017 年第 3 期。下载 77 次。

（15）×××，×××，××，等. 长江上游环境治理应加强公众参与［N］. 中国环境报（国家级环保专报），2017 年 10 月。下载 18 次。

（16）×××，××，××，等. 构建绿色协同发展机制推动乌江流域生态保护［N］. 中国环境报（国家级环保专报），2018 年 2 月。

（17）××，×××. 脆弱农业区域生态安全预警指标体系研究——以珠江上游流域为例［J］. 贵州财经学院学报（中文核心期刊，CSSCI 来源期刊），2004 年第 6 期。下载 422 次，被引 37 次。

（18）×××，×××. 珠江流域民族文化与生态旅游开发研究——以贵州段为分析个案［J］. 学术探索（中文核心期刊），2006 年第 1 期。下载 514 次，被引 3 次。

（19）×××，×××，×××. 乌江中下游典型县域的可持续发展能力研究——基于生态足迹法［J］. 内蒙古财经学院学报（一般期刊），2009 年第 5 期。下载 91 次，被引 1 次。

（20）××，×××，×××. 改革开放以来中国共产党生态文明执政方略演进［J］. 甘肃社会科学（中文核心期刊），2010 年 3 期。下载 690 次，被引 10 次。

（21）×××，×××. 乌江流域产业发展与生态环境耦合关系研究［J］. 重庆师范大学学报（哲学社会科学版），2010 年 3 期。下载 301 次，被引 3 次。

（22）××，×××，×××. 复合生态系统管理理论与实践述评——兼论流域生态系统管理［J］. 西部论坛（中文核心期刊，CSSCI 扩展期刊），2010 年第 1 期。下载 535 次，被引 10 次。

（23）××，×××，×××，等. 加强长江经济带环境审计［N］. 中国环境报（国家级环保专报），2018 年 1 月。下载 9 次。

（24）×××，×××，××，等. 坚持"共抓大保护，不搞大开发"不动摇［N］. 中国环境报（国家级环保专报），2018 年 2 月。

（25）×××，×××，×××．珠江上游农业区域生态现状及生态安全预警系统的可行性研究［J］．贵州民族研究（中文核心期刊，CSSCI 来源期刊），2005 年第 1 期。下载 447 次，被引 25 次。

（26）××，×××，×××．乌江流域生态农业体系的构建——以贵州省沿河县为例［J］．安徽农业科学（中文核心期刊），2010 年 3 月。下载 239 次。

（27）×××，×××，×××．基于县域生态足迹的乌江流域可持续发展能力研究——以重庆武隆县为例［J］．生态经济（中文核心期刊，CSSCI 扩展期刊），2010 年第 1 期。下载 282 次，被引 3 次。

（28）××，×××，×××．三峡库区环境—经济—社会复合生态系统耦合协调发展研究［J］．西部论坛（中文核心期刊，CSSCI 扩展期刊），2017 年第 4 期。下载 189 次。

4. 主要决策建议

（1）《关于实施三峡库区及其上游流域水污染防治重大工程的建议》，主要执笔人，时任国务院总理**温家宝**同志对该文作出重要批示。

（2）《关于加强"后三峡"时期库区环保工作的建议》，6 排 1，被**全国政协**中央委员会部分采纳，被全国政协十二届五次会议立案。

（3）《建议推进长江上游全流域综合治理》，7 排 1，得到时任国务院副总理**张高丽**同志重要批示。

（4）《统筹谋划长江上游流域综合治理，纵深推进"大保护、小开发"长江经济带战略的建议》，7 排 1，被九三学社中央委员会采纳，部分建议被时任全国政协副主席、九三学社中央主席**韩启德**吸纳到高层协商建言中。

（5）《关于构建三峡库区"五维一体"生态补偿机制的建议》，4 排 2，获时任国务院三峡办主任聂卫国重要批示。

（6）《建议尽快促进"生态政治化"全面形成"生态政治意识"》，1 排 1，被九三学社重庆市委员会采纳。

（7）《把战略环境影响评价作为科学决策的前置条件夯实三峡库区生态文明先行示范区建设的制度基础》，4 排 1，被九三学社中央委员会采纳。

（8）《建议全面推行三峡库区重庆区域一体化河长制》，4 排 1，被中共重庆市委统战部采纳。

（9）《长江上游支流污染不容忽视建议实施全流域综合治理》，4 排 1，被中共重庆市委办公厅采纳。

（10）《构建生态产品交易制度，推进三峡库区生态经济示范区建设》，5 排 1，被中共重庆市委办公厅采纳。

（11）《积极打造乌江全流域绿色协同发展机制，推动长江经济带一体化绿色发展之路》，4排1，被九三学社重庆市委员会采纳。

（12）《关于以"共抓大保护、不搞大开发"为导向推动长江经济带环境审计的建议》，4排1，被九三学社重庆市委员会采纳。

（13）《构建公众参与长江上游生态文明建设环境治理体系的建议》，4排1，被重庆社会科学智库成果要报收录，被中共重庆市委办公厅、九三学社重庆市委员会采纳。

（14）《创新乌江"流域旅游+绿色扶贫"新模式，探索深度贫困区域长效脱贫路径》，4排1，被九三学社重庆市委员会采纳。

（15）《以绿色金融为引擎，助推长江上游绿色产业发展》，4排1，被九三学社重庆市委员会采纳。

（16）《纵深推进乌江流域生态文明建设，共护"美丽长江"》，4排1，被重庆社会科学智库成果要报收录。

（17）《关于支持"万开云"板块打造国家级"战略性新兴环保产业"高地，推进三峡库区绿色发展的建议》，4排1，得到了重庆市发展和改革委员会的高度重视，并作为重庆市政协四届四次会议提案。

（18）《加快推进三峡库区蚕桑生态产业发展，绘就库区生态涵养发展新蓝图》，4排1，得到了重庆市商务委员会的高度重视，并作为重庆市政协四届五次会议提案。

（二）前期相关研究成果的核心观点

（1）**生态政治方面**：在政治领域，政治与生态之间具有辩证的双重互动效应，需要尽快促进"生态政治化"，全面形成"生态政治意识"。

（2）**流域生态补偿方面**：提出公益性、市场性和混合性等三种类型补偿形式，拓展公益性社会救济补偿服务，建立长江中下游生态产品交易制度，探索政府、市场以及民众共同参与的飞地园区生态补偿模式。

（3）**流域环境治理体系建构方面**：提出重构流域少数民族生态环境保护的文化基因；系统科学普及环保行动，强化舆论正向引导；为公众参与生态环境治理提供法制保障等。

（4）**流域生态文明建设的重点领域**：指出依据流域生态文明建设在时间进程上的先后次序以及上中下游梯度差异，确定流域生态文明建设内容的主要任务和重点领域。

三、承担项目：负责人承担的各级各类科研项目情况，包括项目名称、资助机构、资助金额、结项情况、研究起止时间等

（1）珠江上游少数民族区域环境安全与预警系统研究（项目编号40261009），国家自然科学基金项目，16万元，结题，起止时间：2003—2006。

（2）贵州省生态旅游景区环境承载力研究，贵州省省长基金项目，3万元，结题，起止时间：2004—2007。

（3）中华人民共和国成立以来滇黔桂交接区少数民族生态环境变迁及其生态重建的社会工程途径研究，贵州省高层次人才特别项目，12万元，结题，起止时间：2004—2006。

（4）贵州新农村环境建设及其信息管理系统构建，贵州省教育厅项目，16万元，结题，起止时间：2005—2008。

（5）流域生态安全预警理论与实践研究，重庆工商大学人才引进项目，10万元，结题，起止时间：2007—2009。

（6）基于三峡库区环境安全的乌江流域生态产业体系与对策研究（项目编号CSTC，2008CE9060），重庆市科委软科学项目，2.7万元，结题，起止时间：2008—2009。

（7）乌江上游流域农业经济活动的环境效应及其生态安全预警研究（项目编号08JWSK067），重庆市教委项目，0.8万元，结题，起止时间：2008—2009。

（8）基于生态系统管理理论的乌江中下游县域生态产业理论与实证研究（项目编号08JA790141），教育部人文社科规划项目，7万元，结题，起止时间：2008—2011。

（9）基于生态系统管理理论的乌江中下游县域生态产业理论与实证研究（项目编号08JA79014），教育部人文社科研究项目，7万元，结题，起止时间：2008—2013。

（10）三峡库区石柱县、武隆县、北碚区、巴南区"移民生态工业园区规划"（项目编号09710046），重庆国际投资咨询集团委托项目，28万元，结题，起止时间：2009—2010。

（11）重庆建设长江上游地区生态文明示范区研究（项目编号ZB2009-27），重庆市十二五规划前期重大项目，8万元，结题，起止时间：2009—2010。

（12）基于县域尺度的流域复合生态系统管理创新模式研究——以乌江流域为例（项目编号010GXQ5D353），国家软科学研究计划，2万元，结题，起止时间：2010—2013。

（13）渝东南经济不发达地区跨越式发展研究——以生态产业为突破口（项目编号2009JJ17），重庆市社会科学规划项目，0.8万元，结题，起止时间：2010—2012。

（14）三峡库区独特地理单元"环境-经济-社会"发展变化研究（项目编号11&ZD161），全国哲学社会科学工作办公室，80万元，结题，起止时间：2011—2017。

（15）长江上游地区脆弱生态系统管理研究（项目编号KJTD201021），重庆市教育委员会项目，20万元，结题，起止时间：2011—2013。

（16）乌江流域典型水电库区复合生态系统管理创新研究，重庆市教育委员会项目，2万元，结题，起止时间：2012—2013。

（17）重庆市生态文明与新型城镇化融合发展研究，重庆市规划展览馆项目，16万元，起止时间：2014—2014。

（18）天池乡村生态休闲旅游示范区（西城生态农业示范基地）总体规划方案，重庆市谊德农业开发有限公司项目，20万元，结题，起止时间：2014—2014。

（19）"十三五"重庆生态文明建设研究（项目编号1471057），重庆市发展和改革委员会"十三五"规划前期研究重大课题，10万元，结题，起止时间：2014—2014。

（20）基于长江经济带国家战略的长江上游地区生态文明研究（项目编号1456003），重庆社会科学院2014年度科研平台开放课题，2万元，结题，起止时间：2015—2016。

（21）长江上游（流域）复合生态系统管理创新团队（项目编号CJSYTD201708），教育部人文社科重点研究基地长江上游经济研究中心智库创新团队重大培育项目，200万元，在研，起止时间：2017—2020。

（22）长江上游地区生态文明建设体系研究，教育部人文社会科学重点研究基地长江上游经济研究中心十三五重大招标项目，60万元，在研（已列入教育部社科司基地重大规划），起止时间：2018—2019。

四、与已承担项目或博士论文的关系：凡以各级各类项目或博士学位论文（博士后出站报告）为基础申报的课题，须阐明已承担项目或学位论文（报告）与本课题的联系和区别

课题负责人近年来主持完成国家社科基金一般项目与重大招标项目"基于生态系统管理理论的西部民族地区生态文明建设模式研究（08XMZ030）""三峡库区独特地理单元'环境-经济-社会'发展变化研究（11&ZD161）"，有扎实的理论功底和丰富的实际研究经验。在此基础上结合习近平总书记关于流域生态文明方面的思想拟定该选题，是对过去流域生态文明研究的一种深化和延续，并将区域经济学、流域经济学、流域生态学等学科交叉结合起来，是对流域生态文明理论框架的创新性设计与系统研究。

五、条件保障：完成本课题研究的时间保证、资料设备等科研条件

（一）完成时间保证

课题申请人为教育部人文社科重点研究基地长江上游经济研究中心专职研究人员，按照学校规定，年度工作量中80%为科研任务，可以保证有充足的时间从事该项目的研究。课题组成员大部分来自高校，具有较强的研究能力，学校对于科学研究也提供了政策保障和寒暑假条件，每年均可以保障4个月以上的时间投入科学研究。部分来自重庆市政府发展研究中心综合处的成员，在自身岗位上具备基层一线实践经验，提高了课题在深入开展实践调研层面的工作效率，有效利用实践研究时间。

（二）资料设备等科研条件保障

首先，课题负责人主持完成了国家社科基金一般项目、重大招标项目、教育部规划项目等国家和省市级项目，已经积累和梳理总结了较为完善的国内外有关流域生态文明研究资料，并建立了特色数据库和跟踪调研点，对本项目的深入研究提供了坚实的前期资料基础。其次，长江上游经济研究中心作为教育部重点研究基地，近年来购买收藏了近 3 万册关于长江上游地区区域经济、社会、环境、人口等领域的专业图书资料，并建有"长江上游经济研究数据库""产业经济数据库""区域经济数据库"等多个特色专题数据信息库，购置有包括 JSTOR、Springer LINK Online Journals、Socolar-Open Access 在内的大量专业资料检索服务平台，有利于迅速获取国外的文献资料。在科研设备和研究手段方面，课题研究依托教育部人文社科重点研究基地重庆工商大学长江上游经济研究中心、重庆市环境工程评估中心、西南政法大学，在使用先进研究设备、图书资料等方面拥有极大便利性。

说明：前期相关研究成果中的成果名称、形式（如论文、专著、研究报告等）须与课题论证活页相同，活页中不能填写的成果作者、发表刊物或出版社名称、发表或出版时间等信息要在本表中加以注明。与本课题无关的成果不能作为前期成果填写；合作者注明作者排序。

附录三：申报感想

附录四：团队关于"流域"和"山地"主题国家社科基金项目研究成果

流域研究的多维特征与热点态势

——基于 1991—2021 年国家社科基金项目的量化分析

山地社会生态系统研究的多维特征与发展态势

——基于 1991—2021 年国家社科基金项目的研究